Klaus Wagner

Die spanischen
Verben

dnf-Verlag

Die spanischen Verben

von
Klaus Wagner

unter der Leitung der
Verlagsredaktion Neue Sprachen, dnf-Verlag Das Neue Fachbuch GmbH.

ISBN 3-89831-302-6

2. Auflage 03 | 2003

© dnf-Verlag Das Neue Fachbuch GmbH, Göppingen 2003.
Dieses Buch ist urheberrechtlich geschützt. Nach dem Urheberrecht ist die Verviel-
fältigung des gesamten Buches oder einzelner Auszüge – auch für Zwecke der Un-
terrichtsgestaltung – durch Fotokopie, der Übertragung auf Matrizen, der Speiche-
rung auf Bänder, Platten, Transparenten oder anderen Medien nur nach vorheriger
Vereinbarung mit dem Verlag gestattet. Ausgenommen hiervon sind die in den §§
53 und 54 URG ausdrücklich genannten Sonderfälle.

Druck: dnf-Verlag, Germany.

Vorwort

Die spanischen Verben ist ein lehrbuchunabhängiges Lern- und Nachschlagewerk zur Konjugation und richtet sich an alle Schüler und Studenten, Volkshochschüler und Selbstlerner.

Das Buch ist in 3 Teile gegliedert, einem Grammatikteil, einem Verbenteil, dem Index.

Im Grammatikteil werden die für die Konjugation relevanten grammatischen Themen behandelt. Er vermittelt durch seinen übersichtlichen Aufbau auf leicht verständliche Art und Weise das für das Gesamtverständnis wichtige Hintergrundwissen.

Der Verbenteil stellt die Bildung der spanischen Verben anhand von 77 ausgewählten Beispielverben dar.
Die einzelnen Beispielverben sind in jeweils *einer* übersichtlichen Tabelle und nicht in vielen, in die einzelnen Zeiten unterteilten Tabellen, dargestellt. So sind Veränderungen in den einzelnen Verbformen zu erkennen und damit leichter zu lernen.
Alle dargestellten Beispielverben wurden nach ähnlichen Konjugationsmustern und nicht nach Alphabet geordnet. Dies macht die Unterschiede bzw. Parallelen bei der Bildung der einzelnen Verbformen deutlich und man vermeidet doppelte Lernarbeit.
Zu jeder Verbgruppe sind ihre charakteristischen Besonderheiten ausführlich erläutert und zusätzlich in Kurzform am oberen rechten Rand jeder Tabelle dargestellt.
Die farbige Hervorhebung aller Besonderheiten, Kursivdruck aller Verbendungen und nicht zuletzt die Symbole zur Kennzeichnung aller Merkhinweise und zur Kennzeichnung aller Übersichten und Auflistungen lassen das Wesentliche auf den ersten Blick erkennen und stellen eine unentbehrliche Lernhilfe dar.
Übersichten über die Verbgruppen mit deren charakteristischen Besonderheiten sorgen für den notwendigen Gesamtüberblick.

Der Index enthält über 12000 Verbeinträge. Jedes einzelne Verb ist mit einer Ziffer versehen, die auf die Seite verweist, auf der das entsprechende Beispielverb dargestellt ist. Zusätzlich sind Informationen wie wichtige Präpositionen, Transitivität, Intransitivität, Reflexivität und nicht zuletzt die deutschen Bedeutungen zu jedem einzelnen Verb gegeben.

Verfasser und Verlag

Inhaltsverzeichnis

Abkürzungen und Symbole	5
Verbformen und Verbarten	6
Die Hilfsverben	8
Reflexive und reziproke Verben	9
Transitive und intransitive Verben	12
Infinite Verbformen	14
Die Modi	16
Die Zeiten	18
Das Passiv	21
Die Konjugation	26
Übersicht über die Endungen der Hauptverbgruppen	30
Die Verben haber, ser und estar	32
Die Verben auf –AR	42
Die Verben auf -ER	84
Die Verben auf –IR	138
Verben mit unregelmäßigen Partizipien	198
Unvollständige Verben	201
INDEX	202

Abkürzungen und Symbole

a.	algo	Plur.	Plural
afirm.	afirmativo	P. P.	pretérito perfecto
alg.	alguien	präd.	prädikativ
		Pres.	presente
Con.	condicional		
C. P.	condicional perfecto	r.	reflexivo
d. h.	das heißt	Sing.	Singular
		Sub.	subjuntivo
etc.	etcetera		
etw.	etwas	t.	transitiv
F. P.	futuro perfecto	Vok.	Vokal
fem.	feminin		
Fut.	futuro	wd.	wieder
Ger.	gerundio	z.B.	zum Beispiel
		zs.	zusammen
i.	intransitiv	zur.	zurück
im.	impersonal		
Imp.	imperativo, Imperativ		
Imperf.	pretérito imperfecto		
Ind.	indicativo, Indikativ		
Inf.	infinitivo, Infinitiv		
jd.	jemand		
jm.	jemandem		
jn.	jemanden		
js.	jemandes		
Kon.	Konsonant		
Mod.	Modus		
negat.	negativo		
P. A.	pretérito anterior		
Part.	participio		
P. C.	pluscuamperfecto		
Perf.	perfecto		
Pers.	Person		
P. I.	pretérito indefinido		

 Symbol für Auflistungen

 Symbol für Übersichten

 Symbol für Merkhinweise und Beachtenswertes

Verbformen und Verbarten

Verbformen und Verbarten (los verbos y sus formas)

Das Verb ist ein unentbehrlicher Teil eines Satzes. Es drückt einen Zustand oder Vorgang, eine Tätigkeit oder Handlung aus (Zeitwort, Tätigkeitswort, Tunwort).

Infinite Verbformen (las formas no personales del verbo)

Infinite Verbformen sind nicht konjugierte Formen. Sie sind nicht durch Person und Zahl bestimmt. Hierzu zählen der Infinitiv, das Partizip und das gerundio.

- amar
- amado
- amando

Finite Verbformen (las formas personales del verbo)

Finite Verbformen sind konjugierte Formen. Person (1., 2. Person etc.), Zahl (Singular, Plural), Zeit (Präsens, Futur etc.) und Modus (Indikativ, subjuntivo etc.) sind durch die Endung gekennzeichnet.

- Compro un libro.
  (Indikativ Präsens, 1. Person Singular)
- María lee este libro.
- Pedro abrió la puerta.
- Escribíais una carta.

Transitive Verben (los verbos transitivos)

Transitive Verben stehen mit einem direkten oder indirekten Objekt.

- Compro un libro.
- Daré este libro a María.

Intransitive Verben (los verbos intransitivos)

Intransitive Verben sind Verben, die ohne Objekt stehen.

- Estoy enfermo.
- He partido este mediodía.

Vollverben (los verbos)

Vollverben können das Prädikat alleine bilden.

- Compro un libro.
- Escribía una carta.

Hilfsverben (los verbos auxiliares)

Die Hilfsverben haber, ser und estar werden zur Bildung der zusammengesetzten Zeiten und des Passivs benötigt.

- He comprado un libro.
- María está invitada.
- María es invitada por Pepe.

Verbformen und Verbarten

Modalverben (los verbos modales)

Modalverben sind Verben, die mit dem Infinitiv (ohne Präposition) eines anderen Verbs das Prädikat bilden.

- Debemos *hacer* todo el trabajo hasta mañana.
- Tengo que *hacer*lo hoy.

- deber (de) (müssen, sollen)
- haber de (müssen, sollen)
- tener que (müssen, sollen)

- querer (wollen)
- quisiera (wollen)
- poder (können)

- saber (wissen, können)
- hacer ((zu)lassen)

Reflexive Verben (los verbos reflexivos)

Reflexive Verben (rückbezügliche Verben) bezeichnen dieselbe Person oder Sache wie das Subjekt und werden von einem Reflexivpronomen begleitet.

- Pedro *se lava*.
  (Pedro wäscht *sich*.)
- La puerta *se abre*.
- María *se aburrió*.

Reziproke Verben (los verbos recíprocos)

Reziproke Verben drücken die Gegenseitigkeit, Wechselbeziehung aus (einander, gegenseitig) und werden von einem Reflexivpronomen begleitet.

- Nos *conocemos* desde hace mucho tiempo.
  (Wir kennen *uns/einander* seit langem).
- María y Pedro *se quieren* mucho.

Unpersönliche Verben (los verbos impersonales)

Unpersönliche Verben und Ausdrücke werden nur in der 3. Person Singular verwendet. Im Index sind diese Verben durch *im* gekennzeichnet.

- Esta noche *ha nevado*.
- Ayer *llovió*.
- Lo que *importa* es que digas la verdad.

Unvollständige Verben (los verbos defectivos)

Einige Verben werden nur in bestimmten Zeiten oder Personen verwendet. Diese sind auf Seite 201 in einer separaten Verbliste mit den möglichen Verbformen zusammengestellt. Zusätzlich sind sie im Index in alphabetischer Reihenfolge aufgeführt.

Die Hilfsverben

Die Hilfsverben (los verbos auxiliares)

Die Hilfsverben haber (haben), ser (sein) und estar (sein) dienen vor allem zur Bildung der zusammengesetzten Zeiten und des Passivs.

Haber

Haber dient zur Bildung der zusammengesetzten Zeiten. Das Partizip ist stets unveränderlich. In der Bedeutung von *haben, besitzen* wird auch in den zusammengesetzten Zeiten als Vollverb immer nur tener verwendet.
Hay ist die unpersönliche Verbform und steht in der Bedeutung *es gibt.*

- Todavía no he *escrito* la carta a Pepe.
  (Ich habe den Brief an Pepe noch nicht geschrieben.)
- No tengo dinero.
  (Ich habe kein Geld.)
- No he tenido dinero.
  (Ich habe kein Geld gehabt.)
- Hay dos posibilidades para resolver este problema.

Estar

Als Hilfsverb dient estar zur Bildung des Zustandspassivs. Das Partizip richtet sich in Geschlecht und Zahl nach dem Subjekt.

- Pepe está *invitado.*
  (Pepe ist eingeladen.)
- La ventana estaba *abierta.*

Als Vollverb dient estar vor allem zur Bezeichnung des Zustands, der Lage, des Ortes allgemein und der unter bestimmten Umständen gegebenen Eigenschaft.

- ¿Como estás? - Estoy muy bien.
- Pedro está en una situación difícil.
- Cerca de la estación está el hotel 'Xenia'.
- Esta noche estás muy elegante.

Ser

Als Hilfsverb dient ser zur Bildung des Vorgangspassivs. Das Partizip richtet sich in Geschlecht und Zahl nach dem Subjekt.

- Pepe es *invitado* por María.
  (Pepe wird von María eingeladen.)
- La ventana fue *abierta* por Pepe.

Als Vollverb dient ser vor allem zur Identifikation von Personen oder Dingen, zur Bezeichnung der allgemeinen Lage, eines bestimmten Ortes und der allgemein gegebenen Eigenschaft.

- El señor Garrote es médico.
- ¿Qué ha sido de Pepe?
- Mira este hotel. Es ahí donde Pepe ha pernoctado.
- El coche es nuevo.

Reflexive und reziproke Verben

Reflexive Verben (los verbos reflexivos)

Reflexive Verben bezeichnen dieselbe Person oder Sache wie das Subjekt und werden von einem Reflexivpronomen (rückbezügliches Fürwort) (me, te, se etc.) begleitet.

Es ist zu beachten, dass nicht jedes Verb, das im Deutschen reflexiv verwendet wird, auch im Spanischen reflexiv verwendet werden kann und umgekehrt.
Die ausschließlich reflexiv verwendeten Verben sind im Index mit *r* gekennzeichnet.

- Pedro se lava.
  (Pedro wäscht sich.)
  (Pedro und se bezeichnen dieselbe Person.)
- Miguel se queja siempre de su esposa.
- No puedo dormirme.
  (Ich kann nicht einschlafen.)

Einige Verben können sowohl reflexiv als auch nicht reflexiv verwendet werden. Es ist zu beachten, dass zwischen reflexiv verwendetem und nicht reflexiv verwendetem Verb ein Bedeutungsunterschied vorliegen kann.

- Acostumbro a pasar las vacaciones en España.
  (Ich verbringe die Ferien gewöhnlich in Spanien.)
- Espero que ella se acostumbre a este trabajo.
  (Ich hoffe, dass sie sich an diese Arbeit gewöhnt.)

Reflexive Verben werden häufig statt des Passivs oder zur Umschreibung eines unbestimmten Subjekts verwendet.

- Esto se ve raras veces.
  (Das sieht man nicht oft.)
- Esta casa se vende bien.
  (Dieses Haus verkauft sich gut.)

Reziproke Verben (los verbos recíprocos)

Reziproke Verben drücken die Gegenseitigkeit, Wechselbeziehung aus (einander, gegenseitig). Auch diese Verben werden von einem Reflexivpronomen begleitet und nur im Plural verwendet.

- Nos conocemos desde hace mucho tiempo.
  (Wir kennen uns/einander seit langem.)
- María y Pepe se quieren mucho.

Reflexive und reziproke Verben

Die Konjugation reflexiver Verben

Mod.	Zeit	1. Person Singular		2. Person Singular		3. Person Singular	
Ind.	Pres.	me	lavo	te	lavas	se	lava
	Imperf.	me	lavaba	te	lavabas	se	lavaba
	P. I.	me	lavé	te	lavaste	se	lavó
	P. P.	me he	lavado	te has	lavado	se ha	lavado
	P. C.	me había	lavado	te habías	lavado	se había	lavado
	P. A.	me hube	lavado	te hubiste	lavado	se hubo	lavado
	Fut.	me	lavaré	te	lavarás	se	lavará
	F. P.	me habré	lavado	te habrás	lavado	se habrá	lavado
Con.	Con.	me	lavaría	te	lavarías	se	lavaría
	C. P.	me habría	lavado	te habrías	lavado	se habría	lavado
Sub.	Pres.	me	lave	te	laves	se	lave
	Imperf.	me	lavara	te	lavaras	se	lavara
		me	lavase	te	lavases	se	lavase
	P. P.	me haya	lavado	te hayas	lavado	se haya	lavado
	P. C.	me hubiera	lavado	te hubieras	lavado	se hubiera	lavado
		me hubiese	lavado	te hubieses	lavado	se hubiese	lavado
	Fut.	me	lavare	te	lavares	se	lavare
	F. P.	me hubiere	lavado	te hubieres	lavado	se hubiere	lavado
Imp.	afirm.				lávate		lávese
	negat.			no	te laves	no se	lave
Inf.	Pres.		lavarse				
	Perf.	haberse	lavado				
Part.			-				
Ger.	Pres.		lavándose				
	Perf.	habiéndose	lavado				

Die Konjugation reflexiver Verben

1. Person Plural		2. Person Plural		3. Person Plural	
nos	lavamos	os	laváis	se	lavan
nos	lavábamos	os	lavabais	se	lavaban
nos	lavamos	os	lavasteis	se	lavaron
nos hemos	lavado	os habéis	lavado	se han	lavado
nos habíamos	lavado	os habíais	lavado	se habían	lavado
nos hubimos	lavado	os hubisteis	lavado	se hubieron	lavado
nos	lavaremos	os	lavaréis	se	lavarán
nos habremos	lavado	os habréis	lavado	se habrán	lavado
nos	lavaríamos	os	lavaríais	se	lavarían
nos habríamos	lavado	os habríais	lavado	se habrían	lavado
nos	lavemos	os	lavéis	se	laven
nos	laváramos	os	lavarais	se	lavaran
nos	lavásemos	os	lavaseis	se	lavasen
nos hayamos	lavado	os hayáis	lavado	se hayan	lavado
nos hubiéramos	lavado	os hubierais	lavado	se hubieran	lavado
nos hubiésemos	lavado	os hubieseis	lavado	se hubiesen	lavado
nos	laváremos	os	lavareis	se	lavaren
nos hubiéremos	lavado	os hubiereis	lavado	se hubieren	lavado
	lavémonos		lavaos		lávense
no	nos lavemos	no	os lavéis	no	se laven

Transitive und intransitive Verben

Transitive und intransitive Verben (verbos transitivos e intransitivos)

Transitive Verben werden mit den folgenden Ergänzungen, d.h. Objekten verbunden, intransitive Verben stehen ohne Objektergänzung.

Transitive Verben (verbos transitivos)

Verben mit direktem Objekt (verbos con objeto directo)

Das direkte Objekt (Akkusativobjekt) ist ein Satzglied im vierten Fall, dem wen-Fall. Es wird folglich erfragt durch die Frage wen oder was?. Die meisten Verben, die im Deutschen mit direktem Objekt stehen, schließen im Spanischen auch ein direktes Objekt mit oder ohne die Präposition a an.

Mit der Präposition a werden die Objekte, die Personen, Tiere (zu denen ein persönliches Verhältnis besteht) oder sonstige personifizierte Begriffe bezeichnen, angeschlossen. Ohne Präposition stehen persönliche Objekte, wenn die bezeichnete Person nicht (genau) bekannt ist. Dies ist vor allem der Fall, wenn diese mit dem unbestimmten Artikel verwendet werden.
Im Index sind die transitiven Verben durch *t* gekennzeichnet.

- ¿Conoces *al señor Garrote*?
- ¿Conoces *un cierto señor Garrote*?
- Buscamos *a nuestro gato Sultán*.
- Buscamos *un animal doméstico para mi hermana pequeña*.
- ¿Has visto esta mañana *a María* en la escuela?
- ¿Has visto *ese señor* con los pantalones rasgados?

Verben mit indirektem Objekt (verbos con objeto indirecto)

Das indirekte Objekt (Dativobjekt) ist ein Satzglied im dritten Fall, dem wem-Fall. Es wird folglich erfragt durch die Frage wem oder was?.

Das indirekte Objekt wird im Spanischen mit der Präposition a an das Verb angeschlossen.

- Daré este libro *a María*.
- Desde luego, yo no le digo *a nadie* que tú has roto la ventana.

Verben mit Genitivobjekt (verbos con objeto genitivo)

Das Genitivobjekt ist ein Satzglied im zweiten Fall, dem wessen-Fall. Es wird folglich erfragt durch die Frage wessen oder was?.

Transitive und intransitive Verben

Das Genitivobjekt wird im Spanischen mit der Präposition de angeschlossen.

- Éste es el libro de Pedro.
- Esta casa es la casa de Juan.

Verben mit präpositionalem Objekt (verbos con objeto preposicional)

Präpositionale Objekte werden mit einer Präposition an das Verb angeschlossen. Welche Präposition das ist, hängt davon ab, welche Präposition das Verb verlangt.

- He hablado con Pedro esta mañana. (hablar con)
- Si viene o no depende de su padre. (depender de)

Intransitive Verben (verbos intransitivos)

Intransitive Verben haben keine Objektergänzung. Im Index sind diese Verben durch i gekennzeichnet.

- Estoy enfermo.
- He partido este mediodía.

Transitive, intransitive Verben (verbos transitivos, intransitivos)

Manche Verben können sowohl transitiv als auch intransitiv verwendet werden. Häufig liegt ein Unterschied in der Bedeutung vor. Im Index sind diese Verben durch t,i gekennzeichnet. Bei Bedeutungsunterschieden wird die des transitiv gebrauchten Verbs zuerst aufgeführt.

- Pedro ha abotonado la camisa.
  (Pedro hat das Hemd zugeknöpft.)
- Los tulipanes comienzan a abotonar.
  (Die Tulpen fangen an Knospen zu treiben.)

Infinite Verbformen

Infinite Verbformen (las formas no personales del verbo)

Die infiniten Verbformen sind, im Gegensatz zu den finiten Verbformen, Verbformen, die nicht konjugiert sind.

Der Infinitiv (el infinitivo)

Der Infinitiv ist die Grundform des Verbs. Er steht ohne Präposition (reiner Infinitiv) nach vielen transitiven Verben, nach einigen Modalverben, nach den unpersönlichen Verben, nach den Verben des Veranlassens, Zulassens und nach den Verben der Sinneswahrnehmung.

Es ist zu beachten, dass der Infinitiv im Spanischen viel weniger häufig mit einer Präposition angeschlossen wird als der deutsche Infinitiv mit *zu*.

- ¿*Puede* Vd. explicarme esta regla otra vez?
- *Es aconsejable* prepararse bien para los exámenes.
- *Déjame* terminar este trabajo.
- Te he *visto* salir de casa.

Der Infinitiv steht an Stelle von Haupt- und vor allem von Nebensätzen und stellt in dieser Funktion ein wichtiges Stilmittel der Satzverkürzung dar.

- ¿Qué hacer?
  (¿Qué debemos hacer?)
- Al llegar a la estación, el tren había partido ya.
  (Cuando llegué a la estación ...)

Das Partizip (el participio)

Das Partizip steht mit haber zur Bildung der zusammengesetzten Zeiten und ist in dieser Funktion unveränderlich. Mit ser und estar steht es zur Bildung des Passivs und richtet sich in dieser Funktion nach dem Wort, auf das es sich bezieht.

- *He* leído el libro.
- ¿*Ha* partido ya?
- *Hemos* comprado un libro.
- María *está* invitada.
- Pedro *es* invitado por María.

Das Partizip steht mit estar zum Ausdruck eines abgeschlossenen Vorgangs.

- Pedro *está* sentado.
  (Pedro sitzt.)

Infinite Verbformen

Das Partizip kann an Stelle von Nebensätzen stehen und stellt in dieser Funktion ein wichtiges Stilmittel der Satzverkürzung dar.

- Después de hecho todo el trabajo, me fui a casa.
  (Después de que hubiera hecho todo el trabajo ...)

Das gerundio

Das gerundio steht mit estar zum Ausdruck, dass ein Vorgang im Moment des Sprechens stattfindet.

- Los niños *están* jugando en el jardín.
  (Die Kinder spielen gerade im Garten.)
- Mi hermano *está* telefoneando.

Das gerundio steht vor allem nach den Verben der Sinneswahrnehmung. Es kann sich auf das Subjekt oder Objekt beziehen und sollte unmittelbar nach dem Wort stehen, auf das es sich bezieht.

- *(Yo)* saliendo de casa, vi a mi hermano.
  (Als *ich* das Haus verließ, sah ich meinen Bruder.)
- Vi a *mi hermano* saliendo de casa.
  (Ich sah *meinen Bruder* das Haus verlassen.)

Das gerundio steht an Stelle von Nebensätzen und stellt in dieser Funktion ein wichtiges Stilmittel der Satzverkürzung dar.

- Llegando a la estación, me di cuenta de que había olvidado el pasaporte.
  (Cuando llegué a la estación ...)

Die Modi

Die Modi (los modos)

Die Modi bringen die Art und Weise einer Aussage zum Ausdruck, d.h. ob in einer Aussage persönliche Empfindungen und Auffassungen des Sprechers oder ob eine Tatsache oder Wirklichkeit zum Ausdruck kommt.

Der Indikativ (el indicativo)

Der Indikativ (Wirklichkeitsform) stellt einen Vorgang oder Zustand als tatsächlich oder wirklich dar.

Der Indikativ steht vor allem zum Ausdruck von Tatsachen, des Wissens.	■ Desde luego, yo no le digo a nadie que tú has roto la ventana. ■ Es seguro que viene. ■ No puedo venir porque llueve.

Der subjuntivo (el subjuntivo)

Der subjuntivo (Möglichkeitsform) stellt einen Vorgang oder Zustand als nicht wirklich, sondern als erwünscht oder von einem anderen nur behauptet dar.
Der subjuntivo presente steht vor allem bezüglich von Vorgängen der Gegenwart und Zukunft. Der subjuntivo imperfecto steht vor allem bezüglich von Vorgängen der Gegenwart, Zukunft und der Vergangenheit. Subjuntivo perfecto und pluscuamperfecto stehen bezüglich von Vorgängen der Vergangenheit. Subjuntivo futuro und subjuntivo futuro perfecto stehen bezüglich möglicher Vorgänge der Zukunft, sind in der modernen Sprache jedoch, außer in der Juristensprache, nicht mehr gebräuchlich. Die folgende Zusammenfassung stellt die Verwendung des subjuntivo im Allgemeinen dar.

Meist steht der subjuntivo im Nebensatz nach einleitendem que. Im Hauptsatz wird er selten verwendet.	■ Cueste lo que cueste. (Hauptsatz) ■ Quisiera que venga mañana. (Nebensatz)

Der subjuntivo steht zum Ausdruck des Wunsches, der Aufforderung, des Vorschlags, der Erlaubnis.	■ Quisiera que venga mañana. ■ Le advierto que tenga ciudado. ■ Tu padre consiente que pases las vacaciones con tus amigos.

Die Modi

Der subjuntivo steht zum Ausdruck des Zweifels, der Unwahrscheinlichkeit.

- *No creo que vaya a pasar el examen.*

Der subjuntivo steht zum Ausdruck des persönlichen Empfindens (Furcht, Freude, Ärger, Hoffnung etc.).

- *Quisiera que venga mañana.*
- *Lamento que no puedas venir.*

Der subjuntivo steht nach einer Reihe von unpersönlichen Ausdrücken und Konjunktionen (vor allem wenn sie Zweifel, persönliches Empfinden etc. ausdrücken).

- *Es posible que venga mañana.*
- *Partimos pronto a fin de que lleguemos a tiempo.*

Das Konditional (el condicional)

Als Modus steht das Konditional vor allem zum Ausdruck des Wunsches, der höflichen Bitte, der Möglichkeit.

- *Quisiera (querría) pasar las vacaciones en España.*
- *¿Tendría razón?*

Meist steht das Konditional in Verbindung mit Bedingungssätzen. Dabei steht das condicional, wenn die Erfüllung der Bedingung unwahrscheinlich ist, das condicional perfecto steht zum Ausdruck unerfüllter Bedingungen. Es ist zu beachten, dass im Bedingungssatz kein condicional oder futuro stehen darf.

- *Te iría a buscar si vinieras/vinieses a tiempo.*
  (Ich würde dich abholen, wenn du rechtzeitig kämst.)
- *Te habría ido a buscar si hubieras/hubieses venido a tiempo.*
  (Ich hätte dich abgeholt, wenn du rechtzeitig gekommen wärst.)

Der Imperativ (el imperativo)

Der Imperativ oder die Befehlsform drückt einen Befehl, eine Aufforderung aus.
Er kommt nicht in der 1. Person Singular vor. Die Personalpronomen werden dem Imperativ nachgestellt. Dem verneinten Imperativ wird no vorangestellt.

- *Compra (tú) un libro.*
- *Compre (él, Vd.) un libro.*
- *Compremos (nosotros) un libro.*
- *Comprad (vosotros) un libro.*
- *Compren (ellos, Vds.) un libro.*
- *No compres un libro.*

Die Zeiten

Die Zeiten (los tiempos)

Mit Hilfe der Zeiten werden bestimmte Vorgänge oder Zustände der Gegenwart, Zukunft oder der Vergangenheit zugeordnet.

Einfache Zeiten (los tiempos simples)

Die einfachen Zeiten werden ohne Hilfsverb gebildet.

- Escribo una carta.
- Escribía una carta.

Zusammengesetzte Zeiten (los tiempos compuestos)

Die zusammengesetzten Zeiten werden mit Hilfsverb gebildet.

- He escrito una carta.
- Había escrito una carta.

Das presente

Das presente dient vor allem zum Ausdruck der Gegenwart und der nahen Zukunft.

- Escribo una carta.
- Mañana tenemos que empezar a trabajar lo más tarde a las seis.

Das pretérito imperfecto

Das pretérito imperfecto dient vor allem zum Ausdruck eines Vorgangs der Vergangenheit, der noch andauert, während ein anderer neu einsetzt oder von gleichzeitig verlaufenden Vorgängen der Vergangenheit.

- Mientras yo escribía una carta, mi hermano hacía sus deberes.
- Escribía una carta y de repente mi madre entró.

Das pretérito indefinido (pretérito perfecto simple)

Das pretérito indefinido dient vor allem zum Ausdruck völlig abgeschlossener Vorgänge der Vergangenheit. Im Gegensatz zum pretérito imperfecto dient es zum Ausdruck aufeinander folgender oder neu eintretender Vorgänge.

- Colón descubrió América en 1492.
- Me levanté temprano, desayuné un café y fui a comprar el periódico.
- Escribía una carta y de repente mi madre entró.

Die Zeiten

Das pretérito perfecto

Das pretérito perfecto dient vor allem zum Ausdruck von Vorgängen der Vergangenheit, die erst kürzlich geschehen sind oder deren Folgen für die Gegenwart noch von Bedeutung sind.

- *Esta mañana he escrito una carta a mi amigo Pepe.*
- Hemos esperado *durante una hora.*

Das pretérito pluscuamperfecto

Das pretérito pluscuamperfecto dient zum Ausdruck eines Vorgangs, der beendet war, bevor ein anderer einsetzte.

- Había terminado mi trabajo *cuando mi madre entró.*
  (Ich hatte meine Arbeit beendet, *als meine Mutter hereinkam.)*

Das pretérito anterior

Das pretérito anterior dient zum Ausdruck eines Vorgangs, der unmittelbar vor dem Einsetzen eines anderen beendet war. Es wird in der modernen Sprache selten verwendet.

- En cuanto hube salido de la casa *sonó el teléfono.*
  (Sobald ich das Haus verlassen hatte, *klingelte das Telefon.)*

Das futuro (futuro imperfecto)

Das futuro dient vor allem zum Ausdruck eines von der Gegenwart aus gesehen zukünftigen Vorgangs.

- *La semana que viene* iré *a Madrid.*
- *Mañana* trabajaremos *más tiempo.*

Das futuro perfecto

Das futuro perfecto dient zum Ausdruck eines Vorgangs, der zu einem bestimmten Zeitpunkt in der Zukunft abgeschlossen sein wird.

- Habré terminado este trabajo para mañana.
  (Ich werde diese Arbeit bis morgen beendet haben.)

Das condicional

Das condicional dient vor allem zum Ausdruck eines Vorgangs, der in der Gegenwart oder Zukunft stattfinden könnte.

- He dicho que lo haría más tarde.
  (Ich habe gesagt, dass ich es später machen würde.)

Die Zeiten

Das condicional perfecto

Das condicional perfecto dient zum Ausdruck eines Vorgangs, der zu einem bestimmten Zeitpunkt in der Zukunft abgeschlossen sein könnte.

> ■ Sabía que Pedro habría abandonado la oficina a las diez.
> (Ich wusste, dass Pedro das Büro um 10 Uhr verlassen haben würde.)

Das Passiv

Das Passiv (la voz pasiva)

Im Passiv vollzieht sich ein Vorgang am Subjekt, d.h. das Subjekt des Satzes ist nicht selbst der Handelnde, sondern der „Leidende" (Leideform).

Das Passiv wird aus ser oder estar + participio gebildet, d.h. steht das Prädikat des Aktivsatzes im presente, so steht ser bzw. estar im Passivsatz ebenfalls im presente und das participio des Vollverbs wird hinzugefügt. Das direkte Objekt des Aktivsatzes wird zum Subjekt des Passivsatzes. Der Urheber, die Ursache der Handlung wird weggelassen, wenn er bzw. sie unbekannt oder irrelevant ist. Soll der Urheber genannt werden, wird er meist mit por angeschlossen.

	Subjekt	Prädikat	direktes Objekt
Aktiv	El conserje	abre	la puerta.
Passiv	La puerta	es abierta	por el conserje.

Das Zustandspassiv (pasiva con estar)

Das Zustandspassiv bezeichnet einen Zustand und wird mit estar gebildet.

> Pepe está invitado.
> (Pepe ist eingeladen.)

Das Vorgangspassiv (pasiva con ser)

Das Vorgangspassiv bezeichnet einen Vorgang und wird mit ser gebildet.

> Pepe es invitado por María.
> (Pepe wird von María eingeladen.)

Bei einem männlichen Subjekt (1. - 3. Person Singular) endet das participio auf -o, bei mehreren auf -os. Bei einem weiblichen Subjekt endet es auf -a, bei mehreren auf -as. Bei einem, mehreren männlichen Subjekten (1. - 3. Person Plural) und einem, mehreren weiblichen Subjekten endet das participio auf -os, selbst wenn unter mehreren weiblichen nur ein männliches ist. Dies ist in den Konjugationstabellen durch -o(a), -o(a)s dargestellt.

Subjekt/ Geschlecht	eine Person, Sache (1. - 3. Person Singular)	mehrere Personen, Sachen (1. - 3. Person Plural)
männlich	Pedro está invitado.	Pedro y Juan están invitados.
weiblich	María está invitada.	María y Mercedes están invitadas.
männlich und weiblich	-	Pedro y María están invitados.

21

Das Passiv

Die Konjugation des Vorgangspassivs

Mod.	Zeit	1. Person Singular	2. Person Singular	3. Person Singular
Ind.	Pres.	soy amado(a)	eres amado(a)	es amado(a)
	Imperf.	era amado(a)	eras amado(a)	era amado(a)
	P. I.	fui amado(a)	fuiste amado(a)	fue amado(a)
	P. P.	he sido amado(a)	has sido amado(a)	ha sido amado(a)
	P. C.	había sido amado(a)	habías sido amado(a)	había sido amado(a)
	P. A.	hube sido amado(a)	hubiste sido amado(a)	hubo sido amado(a)
	Fut.	seré amado(a)	serás amado(a)	será amado(a)
	F. P.	habré sido amado(a)	habrás sido amado(a)	habrá sido amado(a)
Con.	Con.	sería amado(a)	serías amado(a)	sería amado(a)
	C. P.	habría sido amado(a)	habrías sido amado(a)	habría sido amado(a)
Sub.	Pres.	sea amado(a)	seas amado(a)	sea amado(a)
	Imperf.	fuera amado(a) fuese amado(a)	fueras amado(a) fueses amado(a)	fuera amado(a) fuese amado(a)
	P. P.	haya sido amado(a)	hayas sido amado(a)	haya sido amado(a)
	P. C.	hubiera sido amado(a) hubiese sido amado(a)	hubieras sido amado(a) hubieses sido amado(a)	hubiera sido amado(a) hubiese sido amado(a)
	Fut.	fuere amado(a)	fueres amado(a)	fuere amado(a)
	F. P.	hubiere sido amado(a)	hubieres sido amado(a)	hubiere sido amado(a)
Imp.	afirm.		sé amado(a)	sea amado(a)
	negat.		no seas amado(a)	no sea amado(a)
Inf.	Pres.	ser amado		
	Perf.	haber sido amado		
Part.		sido amado		
Ger.	Pres.	siendo amado		
	Perf.	habiendo sido amado		

Die Konjugation passiver Formen

1. Person Plural			2. Person Plural			3. Person Plural		
	somos	amado(a)s		sois	amado(a)s		son	amado(a)s
	éramos	amado(a)s		erais	amado(a)s		eran	amado(a)s
	fuimos	amado(a)s		fuisteis	amado(a)s		fueron	amado(a)s
hemos	sido	amado(a)s	habéis	sido	amado(a)s	han	sido	amado(a)s
habíamos	sido	amado(a)s	habíais	sido	amado(a)s	habían	sido	amado(a)s
hubimos	sido	amado(a)s	hubisteis	sido	amado(a)s	hubieron	sido	amado(a)s
	seremos	amado(a)s		seréis	amado(a)s		serán	amado(a)s
habremos	sido	amado(a)s	habréis	sido	amado(a)s	habrán	sido	amado(a)s
	seríamos	amado(a)s		seríais	amado(a)s		serían	amado(a)s
habríamos	sido	amado(a)s	habríais	sido	amado(a)s	habrían	sido	amado(a)s
	seamos	amado(a)s		seáis	amado(a)s		sean	amado(a)s
	fuéramos	amado(a)s		fuerais	amado(a)s		fueran	amado(a)s
	fuésemos	amado(a)s		fueseis	amado(a)s		fuesen	amado(a)s
hayamos	sido	amado(a)s	hayáis	sido	amado(a)s	hayan	sido	amado(a)s
hubiéramos	sido	amado(a)s	hubierais	sido	amado(a)s	hubieran	sido	amado(a)s
hubiésemos	sido	amado(a)s	hubieseis	sido	amado(a)s	hubiesen	sido	amado(a)s
	fuéremos	amado(a)s		fuereis	amado(a)s		fueren	amado(a)s
hubiéremos	sido	amado(a)s	hubiereis	sido	amado(a)s	hubieren	sido	amado(a)s
	seamos	amado(a)s		sed	amado(a)s		sean	amado(a)s
no	seamos	amado(a)s	no	seáis	amado(a)s	no	sean	amado(a)s

Das Passiv

Die Konjugation des Zustandspassivs

Mod.	Zeit	1. Person Singular		2. Person Singular		3. Person Singular	
Ind.	Pres.		estoy amado(a)		estás amado(a)		está amado(a)
	Imperf.		estaba amado(a)		estabas amado(a)		estaba amado(a)
	P. I.		estuve amado(a)		estuviste amado(a)		estuvo amado(a)
	P. P.	he	estado amado(a)	has	estado amado(a)	ha	estado amado(a)
	P. C.	había	estado amado(a)	habías	estado amado(a)	había	estado amado(a)
	P. A.	hube	estado amado(a)	hubiste	estado amado(a)	hubo	estado amado(a)
	Fut.		estaré amado(a)		estarás amado(a)		estará amado(a)
	F. P.	habré	estado amado(a)	habrás	estado amado(a)	habrá	estado amado(a)
Con.	Con.		estaría amado(a)		estarías amado(a)		estaría amado(a)
	C. P.	habría	estado amado(a)	habrías	estado amado(a)	habría	estado amado(a)
Sub.	Pres.		esté amado(a)		estés amado(a)		esté amado(a)
	Imperf.		estuviera amado(a) estuviese amado(a)		estuvieras amado(a) estuvieses amado(a)		estuviera amado(a) estuviese amado(a)
	P. P.	haya	estado amado(a)	hayas	estado amado(a)	haya	estado amado(a)
	P. C.	hubiera hubiese	estado amado(a) estado amado(a)	hubieras hubieses	estado amado(a) estado amado(a)	hubiera hubiese	estado amado(a) estado amado(a)
	Fut.		estuviere amado(a)		estuvieres amado(a)		estuviere amado(a)
	F. P.	hubiere	estado amado(a)	hubieres	estado amado(a)	hubiere	estado amado(a)
Imp.	afirm.				está amado(a)		esté amado(a)
	negat.			no	estés amado(a)	no	esté amado(a)
Inf.	Pres.		estar amado				
	Perf.	haber	estado amado				
Part.			estado amado				
Ger.	Pres.		estando amado				
	Perf.	habiendo	estado amado				

Die Konjugation passiver Formen

	1. Person Plural			2. Person Plural			3. Person Plural	
	estamos	amado(a)s		estáis	amado(a)s		están	amado(a)s
	estábamos	amado(a)s		estabais	amado(a)s		estaban	amado(a)s
	estuvimos	amado(a)s		estuvisteis	amado(a)s		estuvieron	amado(a)s
hemos	estado	amado(a)s	habéis	estado	amado(a)s	han	estado	amado(a)s
habíamos	estado	amado(a)s	habíais	estado	amado(a)s	habían	estado	amado(a)s
hubimos	estado	amado(a)s	hubisteis	estado	amado(a)s	hubieron	estado	amado(a)s
	estaremos	amado(a)s		estaréis	amado(a)s		estarán	amado(a)s
habremos	estado	amado(a)s	habréis	estado	amado(a)s	habrán	estado	amado(a)s
	estaríamos	amado(a)s		estaríais	amado(a)s		estarían	amado(a)s
habríamos	estado	amado(a)s	habríais	estado	amado(a)s	habrían	estado	amado(a)s
	estemos	amado(a)s		estéis	amado(a)s		estén	amado(a)s
	estuviéramos	amado(a)s		estuvierais	amado(a)s		estuvieran	amado(a)s
	estuviésemos	amado(a)s		estuvieseis	amado(a)s		estuviesen	amado(a)s
hayamos	estado	amado(a)s	hayáis	estado	amado(a)s	hayan	estado	amado(a)s
hubiéramos	estado	amado(a)s	hubierais	estado	amado(a)s	hubieran	estado	amado(a)s
hubiésemos	estado	amado(a)s	hubieseis	estado	amado(a)s	hubiesen	estado	amado(a)s
	estuviéremos	amado(a)s		estuviereis	amado(a)s		estuvieren	amado(a)s
hubiéremos	estado	amado(a)s	hubiereis	estado	amado(a)s	hubieren	estado	amado(a)s
	estemos	amado(a)s		estad	amado(a)s		estén	amado(a)s
no	estemos	amado(a)s	no	estéis	amado(a)s	no	estén	amado(a)s

Die Konjugation

Die Konjugation (la conjugación)

Konjugation bedeutet Abwandlung der Grundform (Infinitiv) des Verbs bezüglich Person und Zeit, d.h. der Verbstamm (el raíz, radical) wird nicht verändert, die Verbendung (la terminación, desinencia) wird bezüglich Person und Zeit abgewandelt.

Infinitiv	Person	Stamm	Endung
			(indicativo presente der Verben auf -AR)
am-ar	(yo)	am	o
	(tú)	am	as
	(él/ella)	am	a
	(nosotros, -as)	am	amos
	(vosotros, -as)	am	áis
	(ellos/ellas)	am	an

Die Verben lassen sich in die Verbgruppen
der Verben haber, ser und estar,
der Verben auf -AR,
der Verben auf -ER,
der Verben auf -IR,
die wiederum zahlreiche Untergruppen bilden, einteilen. Die einzelnen Verbgruppen sind vor den zu einer Hauptgruppe gehörenden Konjugationstabellen in einer Übersicht dargestellt. Als Kriterium für die Bildung einer Untergruppe dienen die Endungen der Verben. Dadurch lässt sich jedes beliebige Verb der entsprechenden Verbgruppe zuordnen.

Die Konjugation jeder einzelnen Verbgruppe ist anhand eines Beispielverbs dargestellt. Anhand dieser Beispielverben lässt sich jedes andere Verb konjugieren. Beim Verb buscar zum Beispiel, lässt die Endung -ar erkennen, dass es sich zunächst um ein Verb der Hauptgruppe -AR und die Endung -car, dass es sich um ein Verb der Verbgruppe -car handelt. Die in dieser Verbgruppe charakteristischen Merkmale (-c wird zu -qu) können nun auf ein anderes Verb dieser Verbgruppe wie zum Beispiel to-c-ar übertragen werden. Im Index ist zu jedem Verb die Seitenzahl angegeben, die auf die Konjugationstabelle verweist, die für das gesuchte Verb gilt.

Die einzelnen Beispielverben sind in jeweils *einer* übersichtlichen Tabelle und nicht in vielen, in die einzelnen Zeiten unterteilten Tabellen, dargestellt. Veränderungen in den einzelnen Verbformen werden so deutlich.
Die für die Konjugation der einzelnen Verbgruppen charakteristischen Merkmale sind in einem Hinweiskasten ausführlich erläutert und zusätzlich in Kurzform oben

Die Konjugation

rechts dargestellt und mit 💡 gekennzeichnet.
Die Erläuterungen finden sich ebenfalls in der Übersicht über die einzelnen Verbgruppen am Anfang jeder Hauptgruppe.

Alle Verbendungen sind in Kursivschrift dargestellt, die charakteristischen Merkmale innerhalb der einzelnen Verbformen sind blau gekennzeichnet. Bei abweichenden und unregelmäßigen Verbformen ist die gesamte Verbform blau gedruckt.

Alle dargestellten Beispielverben sind nach ähnlichen Konjugationsmustern und nicht etwa alphabetisch geordnet. Dies macht die Unterschiede bzw. Parallelen in der Konjugation verschiedener Verbgruppen deutlich, und man lernt die entsprechenden Verbformen besser und schneller.

Neben den für die einzelnen Verbgruppen charakteristischen Endungen gibt es noch einige wichtige Ableitungsregeln, mit deren Hilfe ein Großteil der Formen gebildet werden kann.

Ableitung des pretérito imperfecto

Der Verbstamm des infinitivo bildet den Verbstamm des pretérito imperfecto. Die für das pretérito imperfecto charakteristischen Endungen brauchen nun nur noch an diesen Verbstamm angehängt zu werden.

Ableitung des futuro und condicional

Die Verbformen des futuro und des condicional leiten sich direkt vom infinitivo ab.

Ableitung des subjuntivo presente

Der Verbstamm der 1. Person Singular des presente bildet den Verbstamm des subjuntivo presente. Die für den subjuntivo presente charakteristischen Endungen brauchen nun nur noch an diesen Verbstamm angehängt zu werden.

Die Konjugation

Ableitung des subjuntivo imperfecto

Die Verbformen des subjuntivo imperfecto leiten sich von der 3. Person Plural des pretérito indefinido ab.

Ableitung des subjuntivo futuro

Die Verbformen des subjuntivo futuro leiten sich von den Verbformen des subjuntivo imperfecto ab.

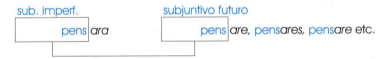

Ableitung des imperativo afirmativo

Die 3. Person Singular des indicativo presente liefert den imperativo afirmativo in der 2. Person Singular. Der imperativo afirmativo der 2. Person Plural wird direkt vom infinitivo abgeleitet, das -r der Endung wird in -d umgewandelt. Alle anderen Verbformen können direkt von den entsprechenden Verbformen des subjuntivo presente übernommen werden.

Die Konjugation

Ableitung des imperativo negativo

Die Verbformen des subjuntivo presente werden unverändert im imperativo negativo übernommen. Die 1. Person Singular des subjuntivo presente wird dabei nicht berücksichtigt, da der imperativo nicht in der 1. Person Singular gebildet wird.

Ableitung des participio

Der Verbstamm des infinitivo bildet den Verbstamm des participio, dessen charakteristische Endung an diesen Verbstamm angehängt wird.

Ableitung des gerundio

Das gerundio wird vom participio abgeleitet. Die Endung des participio der Verben auf -ar wird um -n, die der Verben auf -er und -ir wird jeweils um -en erweitert.

In der folgenden Konjugationsübersicht sind die Endungen der Hauptgruppen -AR, -ER und -IR zusammengestellt. Dabei sind in der jeweils 1. Spalte (blau) die Endungen der Verben auf -AR, in der jeweils 2. Spalte (fett gedruckt) die Endungen der Verben auf -ER und in der jeweils 3. Spalte (nicht blau und nicht fett gedruckt) die Endungen der Verben auf -IR aufgeführt.

Die Verben auf -AR, -ER, -IR

Übersicht über die Endungen der Hauptverbgruppen

Mod.	Zeit	1. Person Singular			2. Person Singular			3. Person Singular		
Ind.	Pres.	-o	-o	-o	-as	-es	-es	-a	-e	-e
	Imperf.	-aba	-ía	-ía	-abas	-ías	-ías	-aba	-ía	-ía
	P. I.	é	-í	-í	-aste	-iste	-iste	-ó	-ió	-ió
	P. P.	-ado	-ido	-ido	-ado	-ido	-ido	-ado	-ido	-ido
	P. C.	-ado	-ido	-ido	-ado	-ido	-ido	-ado	-ido	-ido
	P. A.	-ado	-ido	-ido	-ado	-ido	-ido	-ado	-ido	-ido
	Fut.	-aré	-eré	-iré	-arás	-erás	-irás	-ará	-erá	-irá
	F. P.	-ado	-ido	-ido	-ado	-ido	-ido	-ado	-ido	-ido
Con.	Con.	-aría	-ería	-iría	-arías	-erías	-irías	-aría	-ería	-iría
	C. P.	-ado	-ido	-ido	-ado	-ido	-ido	-ado	-ido	-ido
Sub.	Pres.	-e	-a	-a	-es	-as	-as	-e	-a	-a
	Imperf.	-ara / -ase	-iera / -iese	-iera / -iese	-aras / -ases	-ieras / -ieses	-ieras / -ieses	-ara / -ase	-iera / -iese	-iera / -iese
	P. P.	-ado	-ido	-ido	-ado	-ido	-ido	-ado	-ido	-ido
	P. C.	-ado	-ido	-ido	-ado	-ido	-ido	-ado	-ido	-ido
	Fut.	-are	-iere	-iere	-ares	-ieres	-ieres	-are	-iere	-iere
	F. P.	-ado	-ido	-ido	-ado	-ido	-ido	-ado	-ido	-ido
Imp.	afirm.				-a	-e	-e	-e	-a	-a
	negat.				-es	-as	-as	-e	-a	-a
Inf.	Pres.	-ar	-er	-ir						
	Perf.	-ado	-ido	-ido						
Part.		-ado	-ido	-ido						
Ger.	Pres.	-ando	-iendo	-iendo						
	Perf.	-ado	-ido	-ido						

Diese Übersicht stellt die Endungen der 3 Hauptgruppen -AR, -ER und -IR dar. Da weils 2. Spalte (fett gedruckt) stellt die Endungen der Hauptgruppe -IR dar. Die jeweils –ER dar. Das Hilfsverb haber in den zusammengesetzten Zeiten wurde aus Grün

Übersicht über die Endungen der Hauptverbgruppen

1. Person Plural			2. Person Plural			3. Person Plural		
-amos	-emos	-imos	-áis	-éis	-ís	-an	-en	-en
-ábamos	-íamos	-íamos	-abais	-íais	-íais	-aban	-ían	-ían
-amos	-imos	-imos	-asteis	-isteis	-isteis	-aron	-ieron	-ieron
-ado	-ido	-ido	-ado	-ido	-ido	-ado	-ido	-ido
-ado	-ido	-ido	-ado	-ido	-ido	-ado	-ido	-ido
-ado	-ido	-ido	-ado	-ido	-ido	-ado	-ido	-ido
-aremos	-eremos	-iremos	-aréis	-eréis	-iréis	-arán	-erán	-irán
-ado	-ido	-ido	-ado	-ido	-ido	-ado	-ido	-ido
-aríamos	-eríamos	-iríamos	-aríais	-eríais	-iríais	-arían	-erían	-irían
-ado	-ido	-ido	-ado	-ido	-ido	-ado	-ido	-ido
-emos	-amos	-amos	-éis	-áis	-áis	-en	-an	-an
-áramos	-iéramos	-iéramos	-arais	-ierais	-ierais	-aran	-ieran	-ieran
-ásemos	-iésemos	-iésemos	-aseis	-ieseis	-ieseis	-asen	-iesen	-iesen
-ado	-ido	-ido	ado	ido	ido	ado	ido	-ido
-ado	-ido	-ido	-ado	-ido	-ido	-ado	-ido	-ido
-áremos	-iéremos	-iéremos	-areis	-iereis	-iereis	-aren	-ieren	-ieren
-ado	-ido	-ido	-ado	-ido	-ido	-ado	-ido	-ido
-emos	-amos	-amos	-ad	-ed	-id	-en	-an	-an
-emos	-amos	-amos	-éis	-áis	-áis	-en	-an	-an

bei stellt die jeweils 1. Spalte (blau) die Endungen der Hauptgruppe -AR, die je-
3. Spalte (nicht blau und nicht fett gedruckt) stellt die Endungen der Hauptgruppe
den der Übersichtlichkeit weggelassen.

Die Verben haber, ser und estar

Das Verb haber

Mod.	Zeit	1. Person Singular	2. Person Singular	3. Person Singular
Ind.	Pres.	he	has	ha (hay)
	Imperf.	había	habías	había
	P. I.	hube	hubiste	hubo
	P. P.			ha habido
	P. C.			había habido
	P. A.			hubo habido
	Fut.	habré	habrás	habrá
	F. P.			habrá habido
Con.	Con.	habría	habrías	habría
	C. P.			habría habido
Sub.	Pres.	haya	hayas	haya
	Imperf.	hubiera hubiese	hubieras hubieses	hubiera hubiese
	P. P.			haya habido
	P. C.			hubiera habido hubiese habido
	Fut.	hubiere	hubieres	hubiere
	F. P.			hubiere habido
Imp.	afirm.		he	haya
	negat.		no hayas	no haya
Inf.	Pres.	haber (haben)		
	Perf.	haber habido		
Part.		habido		
Ger.	Pres.	habiendo		
	Perf.	habiendo habido		

 Als Hilfsverb dient haber zur Bildung der zusammengesetzten Zeiten aller Verben. in unpersönlicher Bedeutung verwendet. In der Bedeutung haben, besitzen wird ist die unpersönliche Verbform mit der Bedeutung es gibt.

Das Verb haber

1. Person Plural	2. Person Plural	3. Person Plural
hemos	habéis	han
habíamos	habíais	habían
hubimos	hubisteis	hubieron
habremos	habréis	habrán
habríamos	habríais	habrían
hayamos	hayáis	hayan
hubiéramos	hubierais	hubieran
hubiésemos	hubieseis	hubiesen
hubiéremos	hubiereis	hubieren
hayamos	habed	hayan
no hayamos	no hayáis	no hayan

Als Vollverb wird es in den zusammengesetzten Zeiten nur in der 3. Person Singular als Vollverb tener verwendet (he tenido un libro (ich habe ein Buch gehabt)). Hay

Die Verben *haber, ser* und *estar*

Das Verb *ser*

Mod.	Zeit	1. Person Singular		2. Person Singular		3. Person Singular	
Ind.	Pres.		soy		eres		es
	Imperf.		era		eras		era
	P. I.		fui		fuiste		fue
	P. P.	he	sido	has	sido	ha	sido
	P. C.	había	sido	habías	sido	había	sido
	P. A.	hube	sido	hubiste	sido	hubo	sido
	Fut.		seré		serás		será
	F. P.	habré	sido	habrás	sido	habrá	sido
Con.	Con.		sería		serías		sería
	C. P.	habría	sido	habrías	sido	habría	sido
Sub.	Pres.		sea		seas		sea
	Imperf.		fuera		fueras		fuera
			fuese		fueses		fuese
	P. P.	haya	sido	hayas	sido	haya	sido
	P. C.	hubiera	sido	hubieras	sido	hubiera	sido
		hubiese	sido	hubieses	sido	hubiese	sido
	Fut.		fuere		fueres		fuere
	F. P.	hubiere	sido	hubieres	sido	hubiere	sido
Imp.	afirm.				sé		sea
	negat.			no	seas	no	sea
Inf.	Pres.		ser (sein)				
	Perf.	haber	sido				
Part.			sido				
Ger.	Pres.		siendo				
	Perf.	habiendo sido					

Das Verb ser

1. Person Plural		2. Person Plural		3. Person Plural	
	somos		sois		son
	éramos		erais		eran
	fuimos		fuisteis		fueron
hemos	sido	habéis	sido	han	sido
habíamos	sido	habíais	sido	habían	sido
hubimos	sido	hubisteis	sido	hubieron	sido
	seremos		seréis		serán
habremos	sido	habréis	sido	habrán	sido
	seríamos		seríais		serían
habríamos	sido	habríais	sido	habrían	sido
	seamos		seáis		sean
	fuéramos		fuerais		fueran
	fuésemos		fueseis		fuesen
hayamos	sido	hayáis	sido	hayan	sido
hubiéramos	sido	hubierais	sido	hubieran	sido
hubiésemos	sido	hubieseis	sido	hubiesen	sido
	fuéremos		fuereis		fueren
hubiéremos	sido	hubiereis	sido	hubieren	sido
	seamos		sed		sean
no	seamos	no	seáis	no	sean

Die Verben *haber, ser* und *estar*

Das Verb *estar*

Mod.	Zeit	1. Person Singular		2. Person Singular		3. Person Singular	
Ind.	Pres.		estoy		estás		está
	Imperf.		estaba		estabas		estaba
	P. I.		estuve		estuviste		estuvo
	P. P.	he	estado	has	estado	ha	estado
	P. C.	había	estado	habías	estado	había	estado
	P. A.	hube	estado	hubiste	estado	hubo	estado
	Fut.		estaré		estarás		estará
	F. P.	habré	estado	habrás	estado	habrá	estado
Con.	Con.		estaría		estarías		estaría
	C. P.	habría	estado	habrías	estado	habría	estado
Sub.	Pres.		esté		estés		esté
	Imperf.		estuviera estuviese		estuvieras estuvieses		estuviera estuviese
	P. P.	haya	estado	hayas	estado	haya	estado
	P. C.	hubiera hubiese	estado estado	hubieras hubieses	estado estado	hubiera hubiese	estado estado
	Fut.		estuviere		estuvieres		estuviere
	F. P.	hubiere	estado	hubieres	estado	hubiere	estado
Imp.	afirm.				está		esté
	negat.			no	estés	no	esté
Inf.	Pres.		estar (sein)				
	Perf.	haber	estado				
Part.			estado				
Ger.	Pres.		estando				
	Perf.	habiendo estado					

Das Verb estar

1. Person Plural		2. Person Plural		3. Person Plural	
	estamos		estáis		están
	estábamos		estabais		estaban
	estuvimos		estuvisteis		estuvieron
hemos	estado	habéis	estado	han	estado
habíamos	estado	habíais	estado	habían	estado
hubimos	estado	hubisteis	estado	hubieron	estado
	estaremos		estaréis		estarán
habremos	estado	habréis	estado	habrán	estado
	estaríamos		estaríais		estarían
habríamos	estado	habríais	estado	habrían	estado
	estemos		estéis		estén
	estuviéramos		estuvierais		estuvieran
	estuviésemos		estuvieseis		estuviesen
hayamos	estado	hayáis	estado	hayan	estado
hubiéramos	estado	hubierais	estado	hubieran	estado
hubiésemos	estado	hubieseis	estado	hubiesen	estado
	estuviéremos		estuviereis		estuvieren
hubiéremos	estado	hubiereis	estado	hubieren	estado
	estemos		estad		estén
no	estemos	no	estéis	no	estén

Die Verben auf -AR

Übersicht über die Verbgruppen der Verben auf -AR

-AR		
▶ amar		
-car	-c → -qu	vor -e wird -c zu -qu.
▶ buscar		
-gar	-g → -gu	vor -e wird -g zu -gu.
▶ pagar		
-guar	-gu → -gü	vor -e wird -gu zu -gü.
▶ fraguar		
-zar	-z → -c	vor -e wird -z zu -c.
▶ cruzar		

-eblar		
-ebrar		
-edrar		
-elar		
-emblar		
-embrar		
-endar		
-endrar		
-ensar	-e → -ie	Stamm-e wird zu -ie in den stammbetonten Verbformen.
-entar		
-erbar		
-ernar		
-errar		
-ertar		
-esar		
-estar		
-etar		
-evar		
-ezmar		
▶ pensar		

-obar		
-oblar		
-odar		
-olar	-o → -ue	Stamm-o wird zu -ue in den stammbetonten Verbformen.
-oldar		
-ollar		
-onar		
-ontar		

Übersicht über die Verbgruppen der Verben auf -AR

-ontrar -oñar -orar -ordar -ornar -ortar -osar -ostar -ostrar -ovar ▶ mostrar -ollar -orar ▶ agorar	-o → -üe	Stamm-o wird zu -üe in den stammbetonten Verbformen.
-osar ▶ desosar	-o → -hue	Stamm-o wird zu -hue in den stammbetonten Verbformen.
-iar ▶ criar	-i → -í	Stammendung -i wird zu -í in den stammbetonten Verbformen.
-uar ▶ continuar	-u → -ú	Stammendung -u wird zu -ú in den stammbetonten Verbformen.
▶ errar	e- → ye-	Anfangs-e wird zu ye- in den stammbetonten Verbformen.
-egar ▶ negar	-e → -ie, -g → -gu	Stamm-e wird zu -ie in den stammbetonten Verbformen, -g wird vor -e zu -gu.
-enzar -ezar ▶ comenzar	-e → -ie, -z → -c	Stamm-e wird zu -ie in den stammbetonten Verbformen, -z wird vor -e zu -c.
-ocar -olcar -orcar ▶ trocar	-o → ue, -c → -qu	Stamm-o wird zu -ue in den stammbetonten Verbformen, -c wird vor -e zu -qu.

Übersicht über die Verbgruppen der Verben auf -AR

-ogar **-olgar** **-ongar** ▶ rogar	-o → -ue, -g → -gu	Stamm-o wird zu -ue in den stammbetonten Verbformen, -g wird vor -e zu -gu.
-orzar ▶ forzar	-o → -ue, -z → -c	Stamm-o wird zu -ue in den stammbetonten Verbformen, -z wird vor -e zu -c.
-onzar ▶ avergonzar	-o → -üe, -z → -c	Stamm-o wird zu -üe in den stammbetonten Verbformen, -z wird vor -e zu -c.
-ugar ▶ jugar	-u → -ue, -g → -gu	Stamm -u wird zu -ue in den stammbetonten Verbformen, -g wird vor -e zu -gu.
▶ **andar**	-é, -ó → –e, -o, Stamm + -uv, + Endung -ER	der Akzent entfällt auf der Endung der 1. und 3. Person Singular des p. i., Verbstamm + -uv im p. i., sub.imperf. und sub.fut., 2. Pers. Sing., und 1. –3. Pers. Plur. des p. i. und alle Personen des sub.imperf. und sub.fut. erhalten die entsprechenden Endungen der Verben auf –ER.
▶ **dar**	Akzent entfällt, + Endung –ER, -e → -é	der Akzent der Endung entfällt in der 2. Pers. Plur. des pres., sub.pres., imp. negat., die Verbformen des p.i., sub. imperf., sub. fut. erhalten die entsprechenden Endungen der Verben auf –ER. Dabei entfällt der Akzent in der 1. und 3. 3. Pers. Sing. des p.i., 1. und 3. Pers. Sing. des sub. pres. und 3. Pers. Sing. des imp. erhält den Akzent auf dem –e.

Die Verben auf –AR

Die Verben auf -AR

Mod.	Zeit	1. Person Singular		2. Person Singular		3. Person Singular	
Ind.	Pres.		amo		amas		ama
	Imperf.		amaba		amabas		amaba
	P. I.		amé		amaste		amó
	P. P.	he	amado	has	amado	ha	amado
	P. C.	había	amado	habías	amado	había	amado
	P. A.	hube	amado	hubiste	amado	hubo	amado
	Fut.		amaré		amarás		amará
	F. P.	habré	amado	habrás	amado	habrá	amado
Con.	Con.		amaría		amarías		amaría
	C. P.	habría	amado	habrías	amado	habría	amado
Sub.	Pres.		ame		ames		ame
	Imperf.		amara		amaras		amara
			amase		amases		amase
	P. P.	haya	amado	hayas	amado	haya	amado
	P. C.	hubiera	amado	hubieras	amado	hubiera	amado
		hubiese	amado	hubieses	amado	hubiese	amado
	Fut.		amare		amares		amare
	F. P.	hubiere	amado	hubieres	amado	hubiere	amado
Imp.	afirm.				ama		ame
	negat.			no	ames	no	ame
Inf.	Pres.		amar (lieben)				
	Perf.	haber	amado				
Part.			amado				
Ger.	Pres.		amando				
	Perf.	habiendo	amado				

Die Verben auf -AR

1. Person Plural		2. Person Plural		3. Person Plural	
	amamos		amáis		aman
	amábamos		amabais		amaban
	amamos		amasteis		amaron
hemos	amado	habéis	amado	han	amado
habíamos	amado	habíais	amado	habían	amado
hubimos	amado	hubisteis	amado	hubieron	amado
	amaremos		amaréis		amarán
habremos	amado	habréis	amado	habrán	amado
	amaríamos		amaríais		amarían
habríamos	amado	habríais	amado	habrían	amado
	amemos		améis		amen
	amáramos		amarais		amaran
	amásemos		amaseis		amasen
hayamos	amado	hayáis	amado	hayan	amado
hubiéramos	amado	hubierais	amado	hubieran	amado
hubiésemos	amado	hubieseis	amado	hubiesen	amado
	amáremos		amareis		amaren
hubiéremos	amado	hubiereis	amado	hubieren	amado
	amemos		amad		amen
no	amemos	no	améis	no	amen

Die Verben auf -AR

Die Verben auf -car

Mod.	Zeit	1. Person Singular	2. Person Singular	3. Person Singular
Ind.	Pres.	busco	buscas	busca
	Imperf.	buscaba	buscabas	buscaba
	P. I.	busqué	buscaste	buscó
	P. P.	he buscado	has buscado	ha buscado
	P. C.	había buscado	habías buscado	había buscado
	P. A.	hube buscado	hubiste buscado	hubo buscado
	Fut.	buscaré	buscarás	buscará
	F. P.	habré buscado	habrás buscado	habrá buscado
Con.	Con.	buscaría	buscarías	buscaría
	C. P.	habría buscado	habrías buscado	habría buscado
Sub.	Pres.	busque	busques	busque
	Imperf.	buscara / buscase	buscaras / buscases	buscara / buscase
	P. P.	haya buscado	hayas buscado	haya buscado
	P. C.	hubiera buscado / hubiese buscado	hubieras buscado / hubieses buscado	hubiera buscado / hubiese buscado
	Fut.	buscare	buscares	buscare
	F. P.	hubiere buscado	hubieres buscado	hubiere buscado
Imp.	afirm.		busca	busque
	negat.		no busques	no busque
Inf.	Pres.	buscar (suchen)		
	Perf.	haber buscado		
Part.		buscado		
Ger.	Pres.	buscando		
	Perf.	habiendo buscado		

Vor allen Endungen, die mit -e beginnen, wird das -c des Verbstamms in -qu um stumm), andernfalls würde -c vor -e wie ein stimmloser Lispellaut [θ] ausgesprochen.

Die Verben auf -car

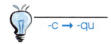
-c → -qu

1. Person Plural		2. Person Plural		3. Person Plural	
	buscamos		buscáis		buscan
	buscábamos		buscabais		buscaban
	buscamos		buscasteis		buscaron
hemos	buscado	habéis	buscado	han	buscado
habíamos	buscado	habíais	buscado	habían	buscado
hubimos	buscado	hubisteis	buscado	hubieron	buscado
	buscaremos		buscaréis		buscarán
habremos	buscado	habréis	buscado	habrán	buscado
	buscaríamos		buscaríais		buscarían
habríamos	buscado	habríais	buscado	habrían	buscado
	busquemos		busquéis		busquen
	buscáramos		buscarais		buscaran
	buscásemos		buscaseis		buscasen
hayamos	buscado	hayáis	buscado	hayan	buscado
hubiéramos	buscado	hubierais	buscado	hubieran	buscado
hubiésemos	buscado	hubieseis	buscado	hubiesen	buscado
	buscáremos		buscareis		buscaren
hubiéremos	buscado	hubiereis	buscado	hubieren	buscado
	busquemos		buscad		busquen
no	busquemos	no	busquéis	no	busquen

gewandelt. Somit kann der k-Laut des Infinitivs beibehalten werden (das -u bleibt
Dies gilt für alle Verben auf -car.

Die Verben auf -AR

Die Verben auf -gar

Mod.	Zeit	1. Person Singular	2. Person Singular	3. Person Singular
Ind.	Pres.	pago	pagas	paga
	Imperf.	pagaba	pagabas	pagaba
	P. I.	pagué	pagaste	pagó
	P. P.	he pagado	has pagado	ha pagado
	P. C.	había pagado	habías pagado	había pagado
	P. A.	hube pagado	hubiste pagado	hubo pagado
	Fut.	pagaré	pagarás	pagará
	F. P.	habré pagado	habrás pagado	habrá pagado
Con.	Con.	pagaría	pagarías	pagaría
	C. P.	habría pagado	habrías pagado	habría pagado
Sub.	Pres.	pague	pagues	pague
	Imperf.	pagara pagase	pagaras pagases	pagara pagase
	P. P.	haya pagado	hayas pagado	haya pagado
	P. C.	hubiera pagado hubiese pagado	hubieras pagado hubieses pagado	hubiera pagado hubiese pagado
	Fut.	pagare	pagares	pagare
	F. P.	hubiere pagado	hubieres pagado	hubiere pagado
Imp.	afirm.		paga	pague
	negat.		no pagues	no pague
Inf.	Pres.	pagar ((be)zahlen)		
	Perf.	haber pagado		
Part.		pagado		
Ger.	Pres.	pagando		
	Perf.	habiendo pagado		

 Vor allen Endungen, die mit -e beginnen, wird das -g des Verbstamms in -gu um bleibt stumm), andernfalls würde es vor -e wie [ch] ausgesprochen. Dies gilt für alle

Die Verben auf -gar

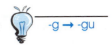
-g → -gu

	1. Person Plural		2. Person Plural		3. Person Plural
	pagamos		pagáis		pagan
	pagábamos		pagabais		pagaban
	pagamos		pagasteis		pagaron
hemos	pagado	habéis	pagado	han	pagado
habíamos	pagado	habíais	pagado	habían	pagado
hubimos	pagado	hubisteis	pagado	hubieron	pagado
	pagaremos		pagaréis		pagarán
habremos	pagado	habréis	pagado	habrán	pagado
	pagaríamos		pagaríais		pagarían
habríamos	pagado	habríais	pagado	habrían	pagado
	paguemos		paguéis		paguen
	pagáramos		pagarais		pagaran
	pagásemos		pagaseis		pagasen
hayamos	pagado	hayáis	pagado	hayan	pagado
hubiéramos	pagado	hubierais	pagado	hubieran	pagado
hubiésemos	pagado	hubieseis	pagado	hubiesen	pagado
	pagáremos		pagareis		pagaren
hubiéremos	pagado	hubiereis	pagado	hubieren	pagado
	paguemos		pagad		paguen
no	paguemos	no	paguéis	no	paguen

gewandelt. Somit kann das -g, wie im Infinitiv, wie [g] ausgesprochen werden (das -u Verben auf -gar.

Die Verben auf -AR

Die Verben auf -guar

Mod.	Zeit	1. Person Singular	2. Person Singular	3. Person Singular
Ind.	Pres.	fraguo	fraguas	fragua
	Imperf.	fraguaba	fraguabas	fraguaba
	P. I.	fragüé	fraguaste	fraguó
	P. P.	he fraguado	has fraguado	ha fraguado
	P. C.	había fraguado	habías fraguado	había fraguado
	P. A.	hube fraguado	hubiste fraguado	hubo fraguado
	Fut.	fraguaré	fraguarás	fraguará
	F. P.	habré fraguado	habrás fraguado	habrá fraguado
Con.	Con.	fraguaría	fraguarías	fraguaría
	C. P.	habría fraguado	habrías fraguado	habría fraguado
Sub.	Pres.	fragüe	fragües	fragüe
	Imperf.	fraguara / fraguase	fraguaras / fraguases	fraguara / fraguase
	P. P.	haya fraguado	hayas fraguado	haya fraguado
	P. C.	hubiera fraguado / hubiese fraguado	hubieras fraguado / hubieses fraguado	hubiera fraguado / hubiese fraguado
	Fut.	fraguare	fraguares	fraguare
	F. P.	hubiere fraguado	hubieres fraguado	hubiere fraguado
Imp.	afirm.		fragua	fragüe
	negat.		no fragües	no fragüe
Inf.	Pres.	fraguar (schmieden)		
	Perf.	haber fraguado		
Part.		fraguado		
Ger.	Pres.	fraguando		
	Perf.	habiendo fraguado		

Vor allen Endungen, die mit -e beginnen, wird das -gu des Verbstamms in -gü um wird ausgesprochen), andernfalls würde -gu vor -e wie [g] ausgesprochen, das -u

Die Verben auf -guar

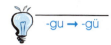 -gu → -gü

	1. Person Plural		2. Person Plural		3. Person Plural
	fraguamos		fraguáis		fraguan
	fraguábamos		fraguabais		fraguaban
	fraguamos		fraguasteis		fraguaron
hemos	fraguado	habéis	fraguado	han	fraguado
habíamos	fraguado	habíais	fraguado	habían	fraguado
hubimos	fraguado	hubisteis	fraguado	hubieron	fraguado
	fraguaremos		fraguaréis		fraguarán
habremos	fraguado	habréis	fraguado	habrán	fraguado
	fraguaríamos		fraguaríais		fraguarían
habríamos	fraguado	habríais	fraguado	habrían	fraguado
	fragüemos		fragüéis		fragüen
	fraguáramos		fraguarais		fraguaran
	fraguásemos		fraguaseis		fraguasen
hayamos	fraguado	hayáis	fraguado	hayan	fraguado
hubiéramos	fraguado	hubierais	fraguado	hubieran	fraguado
hubiésemos	fraguado	hubieseis	fraguado	hubiesen	fraguado
	fraguáremos		fraguareis		fraguaren
hubiéremos	fraguado	hubiereis	fraguado	hubieren	fraguado
	fragüemos		fraguad		fragüen
no	fragüemos	no	fragüéis	no	fragüen

gewandelt. Somit kann -gü, wie im Infinitiv, wie [gu] ausgesprochen werden (das -u bliebe stumm. Dies gilt für alle Verben auf -guar.

Die Verben auf -AR

Die Verben auf -zar

Mod.	Zeit	1. Person Singular	2. Person Singular	3. Person Singular
Ind.	Pres.	cruzo	cruzas	cruza
	Imperf.	cruzaba	cruzabas	cruzaba
	P. I.	crucé	cruzaste	cruzó
	P. P.	he cruzado	has cruzado	ha cruzado
	P. C.	había cruzado	habías cruzado	había cruzado
	P. A.	hube cruzado	hubiste cruzado	hubo cruzado
	Fut.	cruzaré	cruzarás	cruzará
	F. P.	habré cruzado	habrás cruzado	habrá cruzado
Con.	Con.	cruzaría	cruzarías	cruzaría
	C. P.	habría cruzado	habrías cruzado	habría cruzado
Sub.	Pres.	cruce	cruces	cruce
	Imperf.	cruzara / cruzase	cruzaras / cruzases	cruzara / cruzase
	P. P.	haya cruzado	hayas cruzado	haya cruzado
	P. C.	hubiera cruzado / hubiese cruzado	hubieras cruzado / hubieses cruzado	hubiera cruzado / hubiese cruzado
	Fut.	cruzare	cruzares	cruzare
	F. P.	hubiere cruzado	hubieres cruzado	hubiere cruzado
Imp.	afirm.		cruza	cruce
	negat.		no cruces	no cruce
Inf.	Pres.	cruzar (kreuzen)		
	Perf.	haber cruzado		
Part.		cruzado		
Ger.	Pres.	cruzando		
	Perf.	habiendo cruzado		

 Vor allen Endungen, die mit -e beginnen, wird das -z des Verbstamms in -c umge

Die Verben auf -zar

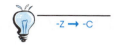
-z → -c

1. Person Plural		2. Person Plural		3. Person Plural	
	cruzamos		cruzáis		cruzan
	cruzábamos		cruzabais		cruzaban
	cruzamos		cruzasteis		cruzaron
hemos	cruzado	habéis	cruzado	han	cruzado
habíamos	cruzado	habíais	cruzado	habían	cruzado
hubimos	cruzado	hubisteis	cruzado	hubieron	cruzado
	cruzaremos		cruzaréis		cruzarán
habremos	cruzado	habréis	cruzado	habrán	cruzado
	cruzaríamos		cruzaríais		cruzarían
habríamos	cruzado	habríais	cruzado	habrían	cruzado
	crucemos		crucéis		crucen
	cruzáramos		cruzarais		cruzaran
	cruzásemos		cruzaseis		cruzasen
hayamos	cruzado	hayáis	cruzado	hayan	cruzado
hubiéramos	cruzado	hubierais	cruzado	hubieran	cruzado
hubiésemos	cruzado	hubieseis	cruzado	hubiesen	cruzado
	cruzáremos		cruzareis		cruzaren
hubiéremos	cruzado	hubiereis	cruzado	hubieren	cruzado
	crucemos		cruzad		crucen
no	crucemos	no	crucéis	no	crucen

wandelt. Dies gilt für alle Verben auf -zar.

Die Verben auf -AR

Die Verben mit betontem -e in der Stammsilbe

Mod.	Zeit	1. Person Singular	2. Person Singular	3. Person Singular
Ind.	Pres.	pienso	piensas	piensa
	Imperf.	pensaba	pensabas	pensaba
	P. I.	pensé	pensaste	pensó
	P. P.	he pensado	has pensado	ha pensado
	P. C.	había pensado	habías pensado	había pensado
	P. A.	hube pensado	hubiste pensado	hubo pensado
	Fut.	pensaré	pensarás	pensará
	F. P.	habré pensado	habrás pensado	habrá pensado
Con.	Con.	pensaría	pensarías	pensaría
	C. P.	habría pensado	habrías pensado	habría pensado
Sub.	Pres.	piense	pienses	piense
	Imperf.	pensara / pensase	pensaras / pensases	pensara / pensase
	P. P.	haya pensado	hayas pensado	haya pensado
	P. C.	hubiera pensado / hubiese pensado	hubieras pensado / hubieses pensado	hubiera pensado / hubiese pensado
	Fut.	pensare	pensares	pensare
	F. P.	hubiere pensado	hubieres pensado	hubiere pensado
Imp.	afirm.		piensa	piense
	negat.		no pienses	no piense
Inf.	Pres.	pensar (denken)		
	Perf.	haber pensado		
Part.		pensado		
Ger.	Pres.	pensando		
	Perf.	habiendo pensado		

In allen auf dem Verbstamm betonten Verbformen wird das -e des Verbstamms in Verben auf –eblar, -ebrar, -edrar, -elar, -endar, -ensar, -entar, -erbar, -ernar, -errar, die Verben auf -AR konjugiert. Das Verb errar und seine Zusammensetzungen stammbetonten Verbformen in -ye um.

Die Verben mit betontem -e in der Stammsilbe

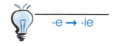
-e → -ie

1. Person Plural		2. Person Plural		3. Person Plural	
	pensamos		pensáis		piensan
	pensábamos		pensabais		pensaban
	pensamos		pensasteis		pensaron
hemos	pensado	habéis	pensado	han	pensado
habíamos	pensado	habíais	pensado	habían	pensado
hubimos	pensado	hubisteis	pensado	hubieron	pensado
	pensaremos		pensaréis		pensarán
habremos	pensado	habréis	pensado	habrán	pensado
	pensaríamos		pensaríais		pensarían
habríamos	pensado	habríais	pensado	habrían	pensado
	pensemos		penséis		piensen
	pensáramos		pensarais		pensaran
	pensásemos		pensaseis		pensasen
hayamos	pensado	hayáis	pensado	hayan	pensado
hubiéramos	pensado	hubierais	pensado	hubieran	pensado
hubiésemos	pensado	hubieseis	pensado	hubiesen	pensado
	pensáremos		pensareis		pensaren
hubiéremos	pensado	hubiereis	pensado	hubieren	pensado
	pensemos		pensad		piensen
no	pensemos	no	penséis	no	piensen

-ie umgewandelt. Dies gilt für alle Verben auf -emblar, -embrar, -endrar und die -ertar, -esar, -estar, -etar, -evar und -ezmar. Die meisten dieser Verben werden wie bildet eine eigene Verbgruppe und wandelt den Anfangsbuchstaben -e in den

Die Verben auf –AR

Die Verben mit betontem -o in der Stammsilbe

Mod.	Zeit	1. Person Singular		2. Person Singular		3. Person Singular	
Ind.	Pres.		muestro		muestras		muestra
	Imperf.		mostraba		mostrabas		mostraba
	P. I.		mostré		mostraste		mostró
	P. P.	he	mostrado	has	mostrado	ha	mostrado
	P. C.	había	mostrado	habías	mostrado	había	mostrado
	P. A.	hube	mostrado	hubiste	mostrado	hubo	mostrado
	Fut.		mostraré		mostrarás		mostrará
	F. P.	habré	mostrado	habrás	mostrado	habrá	mostrado
Con.	Con.		mostraría		mostrarías		mostraría
	C. P.	habría	mostrado	habrías	mostrado	habría	mostrado
Sub.	Pres.		muestre		muestres		muestre
	Imperf.		mostrara		mostraras		mostrara
			mostrase		mostrases		mostrase
	P. P.	haya	mostrado	hayas	mostrado	haya	mostrado
	P. C.	hubiera	mostrado	hubieras	mostrado	hubiera	mostrado
		hubiese	mostrado	hubieses	mostrado	hubiese	mostrado
	Fut.		mostrare		mostrares		mostrare
	F. P.	hubiere	mostrado	hubieres	mostrado	hubiere	mostrado
Imp.	afirm.				muestra		muestre
	negat.			no	muestres	no	muestre
Inf.	Pres.		mostrar (zeigen)				
	Perf.	haber	mostrado				
Part.			mostrado				
Ger.	Pres.		mostrando				
	Perf.	habiendo mostrado					

In allen auf dem Verbstamm betonten Verbformen wird das -o des Verbstamms in -onar, -ontrar, -oñar, -ordar, -ornar, -ortar, -ostar, -ostrar, -ovar und einige Verben ben auf -AR konjugiert. Die Verben degollar und agorar bzw. desosar bilden eine Verbformen in -üe bzw. -hue um.

Die Verben mit betontem -o in der Stammsilbe

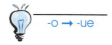 -o → -ue

1. Person Plural		2. Person Plural		3. Person Plural	
	mostramos		mostráis		muestran
	mostrábamos		mostrabais		mostraban
	mostramos		mostrasteis		mostraron
hemos	mostrado	habéis	mostrado	han	mostrado
habíamos	mostrado	habíais	mostrado	habían	mostrado
hubimos	mostrado	hubisteis	mostrado	hubieron	mostrado
	mostraremos		mostraréis		mostrarán
habremos	mostrado	habréis	mostrado	habrán	mostrado
	mostraríamos		mostraríais		mostrarían
habríamos	mostrado	habríais	mostrado	habrían	mostrado
	mostremos		mostréis		muestren
	mostráramos		mostrarais		mostraran
	mostrásemos		mostraseis		mostrasen
hayamos	mostrado	hayáis	mostrado	hayan	mostrado
hubiéramos	mostrado	hubierais	mostrado	hubieran	mostrado
hubiésemos	mostrado	hubieseis	mostrado	hubiesen	mostrado
	mostráremos		mostrareis		mostraren
hubiéremos	mostrado	hubiereis	mostrado	hubieren	mostrado
	mostremos		mostrad		muestren
no	mostremos	no	mostréis	no	muestren

-ue umgewandelt. Dies gilt für einige Verben auf -obar, -oblar, -odar, -olar, -oldar, auf -ollar, -ontar, -orar und -osar. Die meisten dieser Verben werden wie die Ver- eigene Verbgruppe und wandeln das -o des Verbstamms in den stammbetonten

Die Verben auf -AR

Die Verben mit betontem -o in der Stammsilbe

Mod.	Zeit	1. Person Singular	2. Person Singular	3. Person Singular
Ind.	Pres.	agüero	agüeras	agüera
	Imperf.	agoraba	agorabas	agoraba
	P. I.	agoré	agoraste	agoró
	P. P.	he agorado	has agorado	ha agorado
	P. C.	había agorado	habías agorado	había agorado
	P. A.	hube agorado	hubiste agorado	hubo agorado
	Fut.	agoraré	agorarás	agorará
	F. P.	habré agorado	habrás agorado	habrá agorado
Con.	Con.	agoraría	agorarías	agoraría
	C. P.	habría agorado	habrías agorado	habría agorado
Sub.	Pres.	agüere	agüeres	agüere
	Imperf.	agorara / agorase	agoraras / agorases	agorara / agorase
	P. P.	haya agorado	hayas agorado	haya agorado
	P. C.	hubiera agorado / hubiese agorado	hubieras agorado / hubieses agorado	hubiera agorado / hubiese agorado
	Fut.	agorare	agorares	agorare
	F. P.	hubiere agorado	hubieres agorado	hubiere agorado
Imp.	afirm.		agüera	agüere
	negat.		no agüeres	no agüere
Inf.	Pres.	agorar (voraussagen)		
	Perf.	haber agorado		
Part.		agorado		
Ger.	Pres.	agorando		
	Perf.	habiendo agorado		

In allen auf dem Verbstamm betonten Verbformen wird das -o des Verbstamms in de -u nach -g und folgendem -e nicht ausgesprochen. Dies gilt für die Verben de auf -AR konjugiert, einige dieser Verben wandeln das -o des Verbstamms in den

Die Verben mit betontem -o in der Stammsilbe

-o → -üe

	1. Person Plural		2. Person Plural		3. Person Plural
	agoramos		agoráis		agüeran
	agorábamos		agorabais		agoraban
	agoramos		agorasteis		agoraron
hemos	agorado	habéis	agorado	han	agorado
habíamos	agorado	habíais	agorado	habían	agorado
hubimos	agorado	hubisteis	agorado	hubieron	agorado
	agoraremos		agoraréis		agorarán
habremos	agorado	habréis	agorado	habrán	agorado
	agoraríamos		agoraríais		agorarían
habríamos	agorado	habríais	agorado	habrían	agorado
	agoremos		agoréis		agüeren
	agoráramos		agorarais		agoraran
	agorásemos		agoraseis		agorasen
hayamos	agorado	hayáis	agorado	hayan	agorado
hubiéramos	agorado	hubierais	agorado	hubieran	agorado
hubiésemos	agorado	hubieseis	agorado	hubiesen	agorado
	agoráremos		agorareis		agoraren
hubiéremos	agorado	hubiereis	agorado	hubieren	agorado
	agoremos		agorad		agüeren
no	agoremos	no	agoréis	no	agüeren

-üe umgewandelt. Somit kann -üe wie [ue] ausgesprochen werden, andernfalls würgollar und agorar. Die meisten Verben auf -ollar und -orar werden wie die Verben stammbetonten Verbformen in -ue um.

Die Verben auf -AR

Die Verben mit betontem -o in der Stammsilbe

Mod.	Zeit	1. Person Singular	2. Person Singular	3. Person Singular
Ind.	Pres.	deshueso	deshuesas	deshuesa
	Imperf.	desosaba	desosabas	desosaba
	P. I.	desosé	desosaste	desosó
	P. P.	he desosado	has desosado	ha desosado
	P. C.	había desosado	habías desosado	había desosado
	P. A.	hube desosado	hubiste desosado	hubo desosado
	Fut.	desosaré	desosarás	desosará
	F. P.	habré desosado	habrás desosado	habrá desosado
Con.	Con.	desosaría	desosarías	desosaría
	C. P.	habría desosado	habrías desosado	habría desosado
Sub.	Pres.	deshuese	deshueses	deshuese
	Imperf.	desosara desosase	desosaras desosases	desosara desosase
	P. P.	haya desosado	hayas desosado	haya desosado
	P. C.	hubiera desosado hubiese desosado	hubieras desosado hubieses desosado	hubiera desosado hubiese desosado
	Fut.	desosare	desosares	desosare
	F. P.	hubiere desosado	hubieres desosado	hubiere desosado
Imp.	afirm.		deshuesa	deshuese
	negat.		no deshueses	no deshuese
Inf.	Pres.	desosar (entbeinen; entsteinen)		
	Perf.	haber desosado		
Part.		desosado		
Ger.	Pres.	desosando		
	Perf.	habiendo desosado		

 In allen auf dem Verbstamm betonten Verbformen wird das -o des Verbstamms in die Verben auf -AR konjugiert, einige dieser Verben wandeln das -o des Verbstamms

Die Verben mit betontem -o in der Stammsilbe

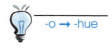
-o → -hue

1. Person Plural		2. Person Plural		3. Person Plural	
	desosamos		desosáis		deshuesan
	desosábamos		desosabais		desosaban
	desosamos		desosasteis		desosaron
hemos	desosado	habéis	desosado	han	desosado
habíamos	desosado	habíais	desosado	habían	desosado
hubimos	desosado	hubisteis	desosado	hubieron	desosado
	desosaremos		desosaréis		desosarán
habremos	desosado	habréis	desosado	habrán	desosado
	desosaríamos		desosaríais		desosarían
habríamos	desosado	habríais	desosado	habrían	desosado
	desosemos		desoséis		deshuesen
	desosáramos		desosarais		desosaran
	desosásemos		desosaseis		desosasen
hayamos	desosado	hayáis	desosado	hayan	desosado
hubióramos	desosado	hubierais	desosado	hubieran	desosado
hubiésemos	desosado	hubieseis	desosado	hubiesen	desosado
	desosáremos		desosareis		desosaren
hubiéremos	desosado	hubiereis	desosado	hubieren	desosado
	desosemos		desosad		deshuesen
no	desosemos	no	desoséis	no	deshuesen

-hue umgewandelt. Dies gilt für desosar. Die meisten Verben auf -osar werden wie in den stammbetonten Verbformen in -ue um.

Die Verben auf -AR

Die Verben auf -iar

Mod.	Zeit	1. Person Singular	2. Person Singular	3. Person Singular
Ind.	Pres.	crío	crías	cría
	Imperf.	criaba	criabas	criaba
	P. I.	crié	criaste	crió
	P. P.	he criado	has criado	ha criado
	P. C.	había criado	habías criado	había criado
	P. A.	hube criado	hubiste criado	hubo criado
	Fut.	criaré	criarás	criará
	F. P.	habré criado	habrás criado	habrá criado
Con.	Con.	criaría	criarías	criaría
	C. P.	habría criado	habrías criado	habría criado
Sub.	Pres.	críe	críes	críe
	Imperf.	criara / criase	criaras / criases	criara / criase
	P. P.	haya criado	hayas criado	haya criado
	P. C.	hubiera criado / hubiese criado	hubieras criado / hubieses criado	hubiera criado / hubiese criado
	Fut.	criare	criares	criare
	F. P.	hubiere criado	hubieres criado	hubiere criado
Imp.	afirm.		cría	críe
	negat.		no críes	no críe
Inf.	Pres.	criar ((er)schaffen, erzeugen)		
	Perf.	haber criado		
Part.		criado		
Ger.	Pres.	criando		
	Perf.	habiendo criado		

In allen auf dem Verbstamm betonten Verbformen wird das -i- der Verbstammen ben werden wie die Verben auf AR konjugiert.

Die Verben auf -iar

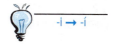 -i → -í

1. Person Plural		2. Person Plural		3. Person Plural	
	criamos		criáis		crían
	criábamos		criabais		criaban
	criamos		criasteis		criaron
hemos	criado	habéis	criado	han	criado
habíamos	criado	habíais	criado	habían	criado
hubimos	criado	hubisteis	criado	hubieron	criado
	criaremos		criaréis		criarán
habremos	criado	habréis	criado	habrán	criado
	criaríamos		criaríais		criarían
habríamos	criado	habríais	criado	habrían	criado
	criemos		criéis		críen
	criáramos		criarais		criaran
	criásemos		criaseis		criasen
hayamos	criado	hayáis	criado	hayan	criado
hubiéramos	criado	hubierais	criado	hubieran	criado
hubiésemos	criado	hubieseis	criado	hubiesen	criado
	criáremos		criareis		criaren
hubiéremos	criado	hubiereis	criado	hubieren	criado
	criemos		criad		críen
no	criemos	no	criéis	no	críen

dung in -í umgewandelt. Dies gilt für einige Verben auf -iar, die meisten dieser Ver-

Die Verben auf -AR

Die Verben auf -uar

Mod.	Zeit	1. Person Singular	2. Person Singular	3. Person Singular
Ind.	Pres.	continúo	continúas	continúa
	Imperf.	continuaba	continuabas	continuaba
	P. I.	continué	continuaste	continuó
	P. P.	he continuado	has continuado	ha continuado
	P. C.	había continuado	habías continuado	había continuado
	P. A.	hube continuado	hubiste continuado	hubo continuado
	Fut.	continuaré	continuarás	continuará
	F. P.	habré continuado	habrás continuado	habrá continuado
Con.	Con.	continuaría	continuarías	continuaría
	C. P.	habría continuado	habrías continuado	habría continuado
Sub.	Pres.	continúe	continúes	continúe
	Imperf.	continuara / continuase	continuaras / continuases	continuara / continuase
	P. P.	haya continuado	hayas continuado	haya continuado
	P. C.	hubiera continuado / hubiese continuado	hubieras continuado / hubieses continuado	hubiera continuado / hubiese continuado
	Fut.	continuare	continuares	continuare
	F. P.	hubiere continuado	hubieres continuado	hubiere continuado
Imp.	afirm.		continúa	continúe
	negat.		no continúes	no continúe
Inf.	Pres.	continuar (fortsetzen, weitermachen)		
	Perf.	haber continuado		
Part.		continuado		
Ger.	Pres.	continuando		
	Perf.	habiendo continuado		

In allen auf dem Verbstamm betonten Verbformen wird das -u der Verbstammen Verben werden wie die Verben auf -AR konjugiert.

Die Verben auf -uar

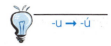
-u → -ú

	1. Person Plural		2. Person Plural		3. Person Plural
	continu*amos*		continu*áis*		contin*úan*
	continu*ábamos*		continu*abais*		continu*aban*
	continu*amos*		continu*asteis*		continu*aron*
hemos	continuado	habéis	continuado	han	continuado
habíamos	continuado	habíais	continuado	habían	continuado
hubimos	continuado	hubisteis	continuado	hubieron	continuado
	continu*aremos*		continu*aréis*		continu*arán*
habremos	continuado	habréis	continuado	habrán	continuado
	continu*aríamos*		continu*aríais*		continu*arían*
habríamos	continuado	habríais	continuado	habrían	continuado
	contin*uemos*		continu*éis*		contin*úen*
	continu*áramos*		continu*arais*		continu*aran*
	continu*ásemos*		continu*aseis*		continu*asen*
hayamos	continuado	hayáis	continuado	hayan	continuado
hubiéramos	continuado	hubierais	continuado	hubieran	continuado
hubiésemos	continuado	hubieseis	continuado	hubiesen	continuado
	continu*áremos*		continu*areis*		continu*aren*
hubiéremos	continuado	hubiereis	continuado	hubieren	continuado
	contin*uemos*		continu*ad*		contin*úen*
no	contin*uemos*	no	continu*éis*	no	contin*úen*

dung in -ú umgewandelt. Dies gilt für die meisten Verben auf -uar, einige dieser

Die Verben auf -AR

Die Verben mit betontem Anfangs-e

Mod.	Zeit	1. Person Singular	2. Person Singular	3. Person Singular
Ind.	Pres.	yerro	yerras	yerra
	Imperf.	erraba	errabas	erraba
	P. I.	erré	erraste	erró
	P. P.	he errado	has errado	ha errado
	P. C.	había errado	habías errado	había errado
	P. A.	hube errado	hubiste errado	hubo errado
	Fut.	erraré	errarás	errará
	F. P.	habré errado	habrás errado	habrá errado
Con.	Con.	erraría	errarías	erraría
	C. P.	habría errado	habrías errado	habría errado
Sub.	Pres.	yerre	yerres	yerre
	Imperf.	errara / errase	erraras / errases	errara / errase
	P. P.	haya errado	hayas errado	haya errado
	P. C.	hubiera errado / hubiese errado	hubieras errado / hubieses errado	hubiera errado / hubiese errado
	Fut.	errare	errares	errare
	F. P.	hubiere errado	hubieres errado	hubiere errado
Imp.	afirm.		yerra	yerre
	negat.		no yerres	no yerre
Inf.	Pres.	errar (verfehlen; (sich) irren)		
	Perf.	haber errado		
Part.		errado		
Ger.	Pres.	errando		
	Perf.	habiendo errado		

 In allen auf dem Verbstamm betonten Verbformen wird der Anfangsbuchstabe –e zungen.

Die Verben mit betontem Anfangs-e

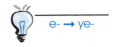
e- → ye-

1. Person Plural		2. Person Plural		3. Person Plural	
	erramos		erráis		yerran
	errábamos		errabais		erraban
	erramos		errasteis		erraron
hemos	errado	habéis	errado	han	errado
habíamos	errado	habíais	errado	habían	errado
hubimos	errado	hubisteis	errado	hubieron	errado
	erraremos		erraréis		errarán
habremos	errado	habréis	errado	habrán	errado
	erraríamos		erraríais		errarían
habríamos	errado	habríais	errado	habrían	errado
	erremos		erréis		yerren
	erráramos		errarais		erraran
	errásemos		erraseis		errasen
hayamos	errado	hayáis	errado	hayan	errado
hubiéramos	errado	hubierais	errado	hubieran	errado
hubiésemos	errado	hubieseis	errado	hubiesen	errado
	erráremos		errareis		erraren
hubiéremos	errado	hubiereis	errado	hubieren	errado
	erremos		errad		yerren
no	erremos	no	erréis	no	yerren

des Verbstamms in ye- umgewandelt. Dies gilt für errar und seine Zusammenset-

Die Verben auf -AR

Die Verben auf -egar

Mod.	Zeit	1. Person Singular	2. Person Singular	3. Person Singular
Ind.	Pres.	niego	niegas	niega
	Imperf.	negaba	negabas	negaba
	P. I.	negué	negaste	negó
	P. P.	he negado	has negado	ha negado
	P. C.	había negado	habías negado	había negado
	P. A.	hube negado	hubiste negado	hubo negado
	Fut.	negaré	negarás	negará
	F. P.	habré negado	habrás negado	habrá negado
Con.	Con.	negaría	negarías	negaría
	C. P.	habría negado	habrías negado	habría negado
Sub.	Pres.	niegue	niegues	niegue
	Imperf.	negara / negase	negaras / negases	negara / negase
	P. P.	haya negado	hayas negado	haya negado
	P. C.	hubiera negado / hubiese negado	hubieras negado / hubieses negado	hubiera negado / hubiese negado
	Fut.	negare	negares	negare
	F. P.	hubiere negado	hubieres negado	hubiere negado
Imp.	afirm.		niega	niegue
	negat.		no niegues	no niegue
Inf.	Pres.	negar (verneinen; leugnen)		
	Perf.	haber negado		
Part.		negado		
Ger.	Pres.	negando		
	Perf.	habiendo negado		

In allen auf dem Verbstamm betonten Verbformen wird das -e des Verbstamms in stamms in -gu umgewandelt. Somit kann das -g, wie im Infinitiv, wie [g] ausgespro sprochen. Dies gilt für einige Verben auf -egar, einige dieser Verben werden wie

Die Verben auf -egar

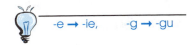
-e → -ie,   -g → -gu

1. Person Plural		2. Person Plural		3. Person Plural	
	negamos		negáis		niegan
	negábamos		negabais		negaban
	negamos		negasteis		negaron
hemos	negado	habéis	negado	han	negado
habíamos	negado	habíais	negado	habían	negado
hubimos	negado	hubisteis	negado	hubieron	negado
	negaremos		negaréis		negarán
habremos	negado	habréis	negado	habrán	negado
	negaríamos		negaríais		negarían
habríamos	negado	habríais	negado	habrían	negado
	neguemos		neguéis		nieguen
	negáramos		negarais		negaran
	negásemos		negaseis		negasen
hayamos	negado	hayáis	negado	hayan	negado
hubiéramos	negado	hubierais	negado	hubieran	negado
hubiésemos	negado	hubieseis	negado	hubiesen	negado
	negáremos		negareis		negaren
hubiéremos	negado	hubiereis	negado	hubieren	negado
	neguemos		negad		nieguen
no	neguemos	no	neguéis	no	nieguen

-ie umgewandelt. Vor allen Endungen, die mit -e beginnen, wird das -g des Verb-chen werden (das -u bleibt stumm), andernfalls würde es vor -e wie [ch] ausge-die Verben auf -gar konjugiert.

67

Die Verben auf -AR

Die Verben auf -enzar, ezar

Mod.	Zeit	1. Person Singular	2. Person Singular	3. Person Singular
Ind.	Pres.	comienzo	comienzas	comienza
	Imperf.	comenzaba	comenzabas	comenzaba
	P. I.	comencé	comenzaste	comenzó
	P. P.	he comenzado	has comenzado	ha comenzado
	P. C.	había comenzado	habías comenzado	había comenzado
	P. A.	hube comenzado	hubiste comenzado	hubo comenzado
	Fut.	comenzaré	comenzarás	comenzará
	F. P.	habré comenzado	habrás comenzado	habrá comenzado
Con.	Con.	comenzaría	comenzarías	comenzaría
	C. P.	habría comenzado	habrías comenzado	habría comenzado
Sub.	Pres.	comience	comiences	comience
	Imperf.	comenzara / comenzase	comenzaras / comenzases	comenzara / comenzase
	P. P.	haya comenzado	hayas comenzado	haya comenzado
	P. C.	hubiera comenzado / hubiese comenzado	hubieras comenzado / hubieses comenzado	hubiera comenzado / hubiese comenzado
	Fut.	comenzare	comenzares	comenzare
	F. P.	hubiere comenzado	hubieres comenzado	hubiere comenzado
Imp.	afirm.		comienza	comience
	negat.		no comiences	no comience
Inf.	Pres.	comenzar (beginnen)		
	Perf.	haber comenzado		
Part.		comenzado		
Ger.	Pres.	comenzando		
	Perf.	habiendo comenzado		

In allen auf dem Verbstamm betonten Verbformen wird das -e des Verbstamms in stamms in -c umgewandelt. Dies gilt für einige Verben auf -enzar, -ezar, die meis

Die Verben auf -enzar, -ezar

-e → -ie,   -z → -c

1. Person Plural		2. Person Plural		3. Person Plural	
	comenzamos		comenzáis		comienzan
	comenzábamos		comenzabais		comenzaban
	comenzamos		comenzasteis		comenzaron
hemos	comenzado	habéis	comenzado	han	comenzado
habíamos	comenzado	habíais	comenzado	habían	comenzado
hubimos	comenzado	hubisteis	comenzado	hubieron	comenzado
	comenzaremos		comenzaréis		comenzarán
habremos	comenzado	habréis	comenzado	habrán	comenzado
	comenzaríamos		comenzaríais		comenzarían
habríamos	comenzado	habríais	comenzado	habrían	comenzado
	comencemos		comencéis		comiencen
	comenzáramos		comenzarais		comenzaran
	comenzásemos		comenzaseis		comenzasen
hayamos	comenzado	hayáis	comenzado	hayan	comenzado
hubiéramos	comenzado	hubierais	comenzado	hubieran	comenzado
hubiésemos	comenzado	hubieseis	comenzado	hubiesen	comenzado
	comenzáremos		comenzareis		comenzaren
hubiéremos	comenzado	hubiereis	comenzado	hubieren	comenzado
	comencemos		comenzad		comiencen
no	comencemos	no	comencéis	no	comiencen

-ie umgewandelt. Vor allen Endungen, die mit -e beginnen, wird das -z des Verbten dieser Verben werden wie die Verben auf -zar konjugiert.

Die Verben auf -AR

Die Verben auf -ocar, -olcar, -orcar

Mod.	Zeit	1. Person Singular	2. Person Singular	3. Person Singular
Ind.	Pres.	tru*ec*o	tru*ec*as	tru*ec*a
	Imperf.	trocaba	trocabas	trocaba
	P. I.	tro*qu*é	trocaste	trocó
	P. P.	*he* trocado	*has* trocado	*ha* trocado
	P. C.	*había* trocado	*habías* trocado	*había* trocado
	P. A.	*hube* trocado	*hubiste* trocado	*hubo* trocado
	Fut.	trocaré	trocarás	trocará
	F. P.	*habré* trocado	*habrás* trocado	*habrá* trocado
Con.	Con.	trocaría	trocarías	trocaría
	C. P.	*habría* trocado	*habrías* trocado	*habría* trocado
Sub.	Pres.	tru*eque*	tru*eques*	tru*eque*
	Imperf.	trocara / trocase	trocaras / trocases	trocara / trocase
	P. P.	*haya* trocado	*hayas* trocado	*haya* trocado
	P. C.	*hubiera* trocado / *hubiese* trocado	*hubieras* trocado / *hubieses* trocado	*hubiera* trocado / *hubiese* trocado
	Fut.	trocare	trocares	trocare
	F. P.	*hubiere* trocado	*hubieres* trocado	*hubiere* trocado
Imp.	afirm.		tru*ec*a	tru*eque*
	negat.		no tru*eques*	no tru*eque*
Inf.	Pres.	trocar (ein-, um-; ver)tauschen, wechseln)		
	Perf.	*haber* trocado		
Part.		trocado		
Ger.	Pres.	trocando		
	Perf.	*habiendo* trocado		

In allen auf dem Verbstamm betonten Verbformen wird das -o des Verbstamms in
des Verbstamms in -qu umgewandelt. Somit kann der k-Laut des Infinitivs beibehal
Lispellaut [θ] ausgesprochen. Dies gilt für einige Verben auf -ocar, -olcar und -orcar,

Die Verben auf -ocar, -olcar, -orcar

-o → -ue,   -c → -qu

1. Person Plural		2. Person Plural		3. Person Plural	
	trocamos		trocáis		truecan
	trocábamos		trocabais		trocaban
	trocamos		trocasteis		trocaron
hemos	trocado	habéis	trocado	han	trocado
habíamos	trocado	habíais	trocado	habían	trocado
hubimos	trocado	hubisteis	trocado	hubieron	trocado
	trocaremos		trocaréis		trocarán
habremos	trocado	habréis	trocado	habrán	trocado
	trocaríamos		trocaríais		trocarían
habríamos	trocado	habríais	trocado	habrían	trocado
	troquemos		troquéis		truequen
	trocáramos		trocarais		trocaran
	trocásemos		trocaseis		trocasen
hayamos	trocado	hayáis	trocado	hayan	trocado
hubiéramos	trocado	hubierais	trocado	hubieran	trocado
hubiésemos	trocado	hubieseis	trocado	hubiesen	trocado
	trocáremos		trocareis		trocaren
hubiéremos	trocado	hubiereis	trocado	hubieren	trocado
	troquemos		trocad		truequen
no	troquemos	no	troquéis	no	truequen

-ue umgewandelt. Zusätzlich wird vor allen Endungen, die mit -e beginnen, das -c ten werden (das -u bleibt stumm), andernfalls würde -c vor -e wie ein stimmloser die meisten dieser Verben werden wie die Verben auf -car konjugiert.

Die Verben auf –AR

Die Verben auf -ogar, -olgar, -ongar

Mod.	Zeit	1. Person Singular	2. Person Singular	3. Person Singular
Ind.	Pres.	ruego	ruegas	ruega
	Imperf.	rogaba	rogabas	rogaba
	P. I.	rogué	rogaste	rogó
	P. P.	he rogado	has rogado	ha rogado
	P. C.	había rogado	habías rogado	había rogado
	P. A.	hube rogado	hubiste rogado	hubo rogado
	Fut.	rogaré	rogarás	rogará
	F. P.	habré rogado	habrás rogado	habrá rogado
Con.	Con.	rogaría	rogarías	rogaría
	C. P.	habría rogado	habrías rogado	habría rogado
Sub.	Pres.	ruegue	ruegues	ruegue
	Imperf.	rogara / rogase	rogaras / rogases	rogara / rogase
	P. P.	haya rogado	hayas rogado	haya rogado
	P. C.	hubiera rogado / hubiese rogado	hubieras rogado / hubieses rogado	hubiera rogado / hubiese rogado
	Fut.	rogare	rogares	rogare
	F. P.	hubiere rogado	hubieres rogado	hubiere rogado
Imp.	afirm.		ruega	ruegue
	negat.		no ruegues	no ruegue
Inf.	Pres.	rogar (bitten)		
	Perf.	haber rogado		
Part.		rogado		
Ger.	Pres.	rogando		
	Perf.	habiendo rogado		

 In allen auf dem Verbstamm betonten Verbformen wird das -o des Verbstamms in des Verbstamms in -gu umgewandelt. Somit kann das -g, wie im Infinitiv, wie [g] gilt für die Verben rogar, colgar und seine Zusammensetzungen, holgar und alon -gar konjugiert.

Die Verben auf -ogar, -olgar, -ongar

-o → -ue,   -g → -gu

1. Person Plural		2. Person Plural		3. Person Plural	
	rogamos		rogáis		ruegan
	rogábamos		rogabais		rogaban
	rogamos		rogasteis		rogaron
hemos	rogado	habéis	rogado	han	rogado
habíamos	rogado	habíais	rogado	habían	rogado
hubimos	rogado	hubisteis	rogado	hubieron	rogado
	rogaremos		rogaréis		rogarán
habremos	rogado	habréis	rogado	habrán	rogado
	rogaríamos		rogaríais		rogarían
habríamos	rogado	habríais	rogado	habrían	rogado
	roguemos		roguéis		rueguen
	rogáramos		rogarais		rogaran
	rogásemos		rogaseis		rogasen
hayamos	rogado	hayáis	rogado	hayan	rogado
hubiéramos	rogado	hubierais	rogado	hubieran	rogado
hubiésemos	rogado	hubieseis	rogado	hubiesen	rogado
	rogáremos		rogareis		rogaren
hubiéremos	rogado	hubiereis	rogado	hubieren	rogado
	roguemos		rogad		rueguen
no	roguemos	no	roguéis	no	rueguen

-ue umgewandelt. Zusätzlich wird vor allen Endungen, die mit -e beginnen, das -g ausgesprochen werden, andernfalls würde es vor -e wie [ch] ausgesprochen. Dies gar. Die anderen Verben auf -ogar, -olgar und -ongar werden wie die Verben auf

Die Verben auf -AR

Die Verben auf -orzar

Mod.	Zeit	1. Person Singular	2. Person Singular	3. Person Singular
Ind.	Pres.	fuerzo	fuerzas	fuerza
	Imperf.	forzaba	forzabas	forzaba
	P. I.	forcé	forzaste	forzó
	P. P.	he forzado	has forzado	ha forzado
	P. C.	había forzado	habías forzado	había forzado
	P. A.	hube forzado	hubiste forzado	hubo forzado
	Fut.	forzaré	forzarás	forzará
	F. P.	habré forzado	habrás forzado	habrá forzado
Con.	Con.	forzaría	forzarías	forzaría
	C. P.	habría forzado	habrías forzado	habría forzado
Sub.	Pres.	fuerce	fuerces	fuerce
	Imperf.	forzara / forzase	forzaras / forzases	forzara / forzase
	P. P.	haya forzado	hayas forzado	haya forzado
	P. C.	hubiera forzado / hubiese forzado	hubieras forzado / hubieses forzado	hubiera forzado / hubiese forzado
	Fut.	forzare	forzares	forzare
	F. P.	hubiere forzado	hubieres forzado	hubiere forzado
Imp.	afirm.		fuerza	fuerce
	negat.		no fuerces	no fuerce
Inf.	Pres.	forzar ((er)zwingen)		
	Perf.	haber forzado		
Part.		forzado		
Ger.	Pres.	forzando		
	Perf.	habiendo forzado		

In allen auf dem Verbstamm betonten Verbformen wird das -o des Verbstamms in des Verbstamms in -c umgewandelt. Dies gilt für einige Verben auf -orzar, die

Die Verben auf -orzar

-o → -ue,   -z → -c

1. Person Plural		2. Person Plural		3. Person Plural	
	forzamos		forzáis		fuerzan
	forzábamos		forzabais		forzaban
	forzamos		forzasteis		forzaron
hemos	forzado	habéis	forzado	han	forzado
habíamos	forzado	habíais	forzado	habían	forzado
hubimos	forzado	hubisteis	forzado	hubieron	forzado
	forzaremos		forzaréis		forzarán
habremos	forzado	habréis	forzado	habrán	forzado
	forzaríamos		forzaríais		forzarían
habríamos	forzado	habríais	forzado	habrían	forzado
	forcemos		forcéis		fuercen
	forzáramos		forzarais		forzaran
	forzásemos		forzaseis		forzasen
hayamos	forzado	hayáis	forzado	hayan	forzado
hubiéramos	forzado	hubierais	forzado	hubieran	forzado
hubiésemos	forzado	hubieseis	forzado	hubiesen	forzado
	forzáremos		forzareis		forzaren
hubiéremos	forzado	hubiereis	forzado	hubieren	forzado
	forcemos		forzad		fuercen
no	forcemos	no	forcéis	no	fuercen

-ue umgewandelt. Zusätzlich wird vor allen Endungen, die mit -e beginnen, das -z meisten dieser Verben werden wie die Verben auf -zar konjugiert.

Die Verben auf -AR

Die Verben auf -onzar

Mod.	Zeit	1. Person Singular	2. Person Singular	3. Person Singular
Ind.	Pres.	avergüenzo	avergüenzas	avergüenza
	Imperf.	avergonzaba	avergonzabas	avergonzaba
	P. I.	avergoncé	avergonzaste	avergonzó
	P. P.	he avergonzado	has avergonzado	ha avergonzado
	P. C.	había avergonzado	habías avergonzado	había avergonzado
	P. A.	hube avergonzado	hubiste avergonzado	hubo avergonzado
	Fut.	avergonzaré	avergonzarás	avergonzará
	F. P.	habré avergonzado	habrás avergonzado	habrá avergonzado
Con.	Con.	avergonzaría	avergonzarías	avergonzaría
	C. P.	habría avergonzado	habrías avergonzado	habría avergonzado
Sub.	Pres.	avergüence	avergüences	avergüence
	Imperf.	avergonzara / avergonzase	avergonzaras / avergonzases	avergonzara / avergonzase
	P. P.	haya avergonzado	hayas avergonzado	haya avergonzado
	P. C.	hubiera avergonzado / hubiese avergonzado	hubieras avergonzado / hubieses avergonzado	hubiera avergonzado / hubiese avergonzado
	Fut.	avergonzare	avergonzares	avergonzare
	F. P.	hubiere avergonzado	hubieres avergonzado	hubiere avergonzado
Imp.	afirm.		avergüenza	avergüence
	negat.		no avergüences	no avergüence
Inf.	Pres.	avergonzar (beschämen)		
	Perf.	haber avergonzado		
Part.		avergonzado		
Ger.	Pres.	avergonzando		
	Perf.	habiendo avergonzado		

In allen auf dem Verbstamm betonten Verbformen wird das -o des Verbstamms in nach -g und folgendem -e nicht ausgesprochen. Zusätzlich wird vor allen Endun avergonzar, die anderen Verben auf -onzar werden wie die Verben auf -zar konju

Die Verben auf -onzar

 -o → -üe,   -z → -c

	1. Person Plural		2. Person Plural		3. Person Plural
	avergonzamos		avergonzáis		avergüenzan
	avergonzábamos		avergonzabais		avergonzaban
	avergonzamos		avergonzasteis		avergonzaron
hemos	avergonzado	habéis	avergonzado	han	avergonzado
habíamos	avergonzado	habíais	avergonzado	habían	avergonzado
hubimos	avergonzado	hubisteis	avergonzado	hubieron	avergonzado
	avergonzaremos		avergonzaréis		avergonzarán
habremos	avergonzado	habréis	avergonzado	habrán	avergonzado
	avergonzaríamos		avergonzaríais		avergonzarían
habríamos	avergonzado	habríais	avergonzado	habrían	avergonzado
	avergoncemos		avergoncéis		avergüencen
	avergonzáramos		avergonzarais		avergonzaran
	avergonzásemos		avergonzaseis		avergonzasen
hayamos	avergonzado	hayáis	avergonzado	hayan	avergonzado
hubiéramos	avergonzado	hubierais	avergonzado	hubieran	avergonzado
hubiésemos	avergonzado	hubieseis	avergonzado	hubiesen	avergonzado
	avergonzáremos		avergonzareis		avergonzaren
hubiéremos	avergonzado	hubiereis	avergonzado	hubieren	avergonzado
	avergoncemos		avergonzad		avergüencen
no	avergoncemos	no	avergoncéis	no	avergüencen

-üe umgewandelt. Somit kann -üe wie [ue] ausgesprochen werden, sonst wird -u gen, die mit -e beginnen, das -z des Verbstamms in -c umgewandelt. Dies gilt für giert.

77

Die Verben auf –AR

Die Verben auf -ugar

Mod.	Zeit	1. Person Singular	2. Person Singular	3. Person Singular
Ind.	Pres.	juego	juegas	juega
	Imperf.	jugaba	jugabas	jugaba
	P. I.	jugué	jugaste	jugó
	P. P.	he jugado	has jugado	ha jugado
	P. C.	había jugado	habías jugado	había jugado
	P. A.	hube jugado	hubiste jugado	hubo jugado
	Fut.	jugaré	jugarás	jugará
	F. P.	habré jugado	habrás jugado	habrá jugado
Con.	Con.	jugaría	jugarías	jugaría
	C. P.	habría jugado	habrías jugado	habría jugado
Sub.	Pres.	juegue	juegues	juegue
	Imperf.	jugara / jugase	jugaras / jugases	jugara / jugase
	P. P.	haya jugado	hayas jugado	haya jugado
	P. C.	hubiera jugado / hubiese jugado	hubieras jugado / hubieses jugado	hubiera jugado / hubiese jugado
	Fut.	jugare	jugares	jugare
	F. P.	hubiere jugado	hubieres jugado	hubiere jugado
Imp.	afirm.		juega	juegue
	negat.		no juegues	no juegue
Inf.	Pres.	jugar (spielen)		
	Perf.	haber jugado		
Part.		jugado		
Ger.	Pres.	jugando		
	Perf.	habiendo jugado		

 In allen auf dem Verbstamm betonten Verbformen wird das -u des Verbstamms in des Verbstamms in -gu umgewandelt. Somit kann das -g, wie im Infinitiv, wie [g] ausgesprochen. Dies gilt für jugar, die anderen Verben auf -ugar werden wie die

Die Verben auf -ugar

-u → -ue,   -g → -gu

1. Person Plural		2. Person Plural		3. Person Plural	
	jugamos		jugáis		juegan
	jugábamos		jugabais		jugaban
	jugamos		jugasteis		jugaron
hemos	jugado	habéis	jugado	han	jugado
habíamos	jugado	habíais	jugado	habían	jugado
hubimos	jugado	hubisteis	jugado	hubieron	jugado
	jugaremos		jugaréis		jugarán
habremos	jugado	habréis	jugado	habrán	jugado
	jugaríamos		jugaríais		jugarían
habríamos	jugado	habríais	jugado	habrían	jugado
	juguemos		juguéis		jueguen
	jugáramos		jugarais		jugaran
	jugásemos		jugaseis		jugasen
hayamos	jugado	hayáis	jugado	hayan	jugado
hubiéramos	jugado	hubierais	jugado	hubieran	jugado
hubiésemos	jugado	hubieseis	jugado	hubiesen	jugado
	jugáremos		jugareis		jugaren
hubiéremos	jugado	hubiereis	jugado	hubieren	jugado
	juguemos		jugad		jueguen
no	juguemos	no	juguéis	no	jueguen

-ue umgewandelt. Zusätzlich wird vor allen Endungen, die mit -e beginnen, das -g ausgesprochen werden (das -u bleibt stumm), andernfalls würde es vor -e wie [ch] Verben auf -gar konjugiert.

Die Verben auf –AR

Das Verb andar

Mod.	Zeit	1. Person Singular	2. Person Singular	3. Person Singular
Ind.	Pres.	ando	andas	anda
	Imperf.	andaba	andabas	andaba
	P. I.	anduve	anduviste	anduvo
	P. P.	he andado	has andado	ha andado
	P. C.	había andado	habías andado	había andado
	P. A.	hube andado	hubiste andado	hubo andado
	Fut.	andaré	andarás	andará
	F. P.	habré andado	habrás andado	habrá andado
Con.	Con.	andaría	andarías	andaría
	C. P.	habría andado	habrías andado	habría andado
Sub.	Pres.	ande	andes	ande
	Imperf.	anduviera / anduviese	anduvieras / anduvieses	anduviera / anduviese
	P. P.	haya andado	hayas andado	haya andado
	P. C.	hubiera andado / hubiese andado	hubieras andado / hubieses andado	hubiera andado / hubiese andado
	Fut.	anduviere	anduvieres	anduviere
	F. P.	hubiere andado	hubieres andado	hubiere andado
Imp.	afirm.		anda	ande
	negat.		no andes	no ande
Inf.	Pres.	andar (gehen)		
	Perf.	haber andado		
Part.		andado		
Ger.	Pres.	andando		
	Perf.	habiendo andado		

In allen Verbformen des pretérito indefinido, des subjuntivo imperfecto formen der 2. Person Singular und der 1. – 3. Person Plural des pretérito indefini ro erhalten die Endungen der Verben auf –ER. Es ist zu beachten, dass der Akzent (-e bzw. –o statt –é bzw. –ó).

Das Verb andar

 -é bzw. -ó → –e bzw. –o,   Verbstamm + -uv,   + -Endung –ER

	1. Person Plural		2. Person Plural		3. Person Plural
	andamos		andáis		andan
	andábamos		andabais		andaban
	anduvimos		anduvisteis		anduvieron
hemos	andado	habéis	andado	han	andado
habíamos	andado	habíais	andado	habían	andado
hubimos	andado	hubisteis	andado	hubieron	andado
	andaremos		andaréis		andarán
habremos	andado	habréis	andado	habrán	andado
	andaríamos		andaríais		andarían
habríamos	andado	habríais	andado	habrían	andado
	andemos		andéis		anden
	anduviéramos		anduvierais		anduvieran
	anduviésemos		anduvieseis		anduviesen
hayamos	andado	hayáis	andado	hayan	andado
hubiéramos	andado	hubierais	andado	hubieran	andado
hubiésemos	andado	hubieseis	andado	hubiesen	andado
	anduviéremos		anduviereis		anduvieren
hubiéremos	andado	hubiereis	andado	hubieren	andado
	andemos		andad		anden
no	andemos	no	andéis	no	anden

und des subjuntivo futuro wird nach dem Verbstamm –uv eingefügt. Die Verb-
do sowie aller Verbformen des subjuntivo imperfecto und subjuntivo futu-
auf der Endung der 1. und 3. Person Singular des pretérito indefinido entfällt

81

Die Verben auf –AR

Das Verb dar

Mod.	Zeit	1. Person Singular	2. Person Singular	3. Person Singular
Ind.	Pres.	doy	das	da
	Imperf.	daba	dabas	daba
	P. I.	di	diste	dio
	P. P.	he dado	has dado	ha dado
	P. C.	había dado	habías dado	había dado
	P. A.	hube dado	hubiste dado	hubo dado
	Fut.	daré	darás	dará
	F. P.	habré dado	habrás dado	habrá dado
Con.	Con.	daría	darías	daría
	C. P.	habría dado	habrías dado	habría dado
Sub.	Pres.	dé	des	dé
	Imperf.	diera	dieras	diera
		diese	dieses	diese
	P. P.	haya dado	hayas dado	haya dado
	P. C.	hubiera dado	hubieras dado	hubiera dado
		hubiese dado	hubieses dado	hubiese dado
	Fut.	diere	dieres	diere
	F. P.	hubiere dado	hubieres dado	hubiere dado
Imp.	afirm.		da	dé
	negat.		no des	no dé
Inf.	Pres.	dar (geben)		
	Perf.	haber dado		
Part.		dado		
Ger.	Pres.	dando		
	Perf.	habiendo dado		

Der Akzent der Endung entfällt in der 2. Person Plural des presente, des subjunti indefinido, des subjuntivo imperfecto und des subjuntivo futuro erhal Person Singular des pretérito indefinido. Die Endung –é der 1. und 3. Person erhält den Akzent.

82

Das Verb dar

Akzent entfällt,	+ Endung –ER,	-e → -é

1. Person Plural		2. Person Plural		3. Person Plural	
damos		dais		dan	
dábamos		dabais		daban	
dimos		disteis		dieron	
hemos	dado	habéis	dado	han	dado
habíamos	dado	habíais	dado	habían	dado
hubimos	dado	hubisteis	dado	hubieron	dado
daremos		daréis		darán	
habremos	dado	habréis	dado	habrán	dado
daríamos		daríais		darían	
habríamos	dado	habríais	dado	habrían	dado
demos		deis		den	
diéramos		dierais		dieran	
diésemos		dieseis		diesen	
hayamos	dado	hayáis	dado	hayan	dado
hubiéramos	dado	hubierais	dado	hubieran	dado
hubiésemos	dado	hubieseis	dado	hubiesen	dado
diéremos		diereis		dieren	
hubiéremos	dado	hubiereis	dado	hubieren	dado
demos		dad		den	
no	demos	no	deis	no	den

vo presente und des imperativo negativo. Alle Verbformen des pretérito ten die Endungen der Verben auf –ER. Dabei entfällt der Akzent in der 1. und 3. Singular des subjuntivo presente und der 3. Person Singular des imperativo

Die Verben auf -ER

Übersicht über die Verbgruppen der Verben auf -ER

```
-ER
```
▶ beber

| -cer | -c → -z | vor -a, -o wird -c zu -z. |

▶ vencer

| -acer
-ecer
-ocer | -c → -zc | vor -a, -o wird -c zu -zc. |

▶ conocer

| -acer | -c → -zc, -zg, -g | vor -a, -o wird -c zu -zc, -zg oder -g. |

▶ yacer

| -acer | -c → -zc | vor -a, -o wird -c zu -zc. Die Verbformen in der 3. Pers. Sing. und Plur. des p. i. und des sub. pres. sowie in der 3. Pers. Sing. des sub. imperf. und sub. fut. sind unregelmäßig. |

▶ placer

| -ger | -g → -j | vor -a, -o wird -g zu -j. |

▶ coger

| -eder
-ender
-erder
-erner
-erter | -e → -ie | Stamm-e wird zu -ie in den stammbetonten Verbformen. |

▶ perder

| -order
-oler
-over | -o → -ue | Stamm-o wird zu -ue in den stammbetonten Verbformen. |

▶ moler

| -olver | -o → -ue | Stamm-o wird zu -ue in den stammbetonten Verbformen. Unregelmäßige Verbform im part. |

▶ volver

| oler | o- → hue- | Anfangs-o wird zu -hue in den stammbetonten Verbformen. |

▶ oler

| -aler | Stamm + -g, Endung -e → -d | vor -a, -o wird der Verbstamm um -g erweitert, im fut. und con. wird der Anfangsbuchstabe -e der Endung zu -d. |

▶ valer

Übersicht über die Verbgruppen der Verben auf -ER

-eer ▶ leer	Endung -i → -í, -y	unbetonte Endung -i + Konsonant wird zu -í + Konsonant, unbetonte Endung -i + Vokal wird zu -y + Vokal.
-aer ▶ caer	Stamm + -ig, Endung -i → -í, -y	vor -a, -o wird der Verbstamm um -ig erweitert, unbetonte Endung -i + Konsonant wird zu -í + Konsonant, unbetonte Endung -i + Vokal wird zu -y + Vokal.
-aer **-oer** ▶ roer	Stamm+ -ig, -y, Endung -i → -í, -y	vor -a, -o wird der Verbstamm um –ig oder -y erweitert, unbetonte Endung -i + Konsonant wird zu -í + Konsonant, unbetonte Endung -i + Vokal wird zu -y + Vokal.
-aer ▶ traer	Stamm + -ig, -j Endung -i → -í, -j, -y	vor -a, -o wird der Verbstamm um -ig erweitert, unbetonte Endung -i + Vokal wird (außer im ger.) zu –j + Vokal, vor unbetonter Endung –i + Konsonant wird der Verbstamm um –j erweitert. Endung -i wird im ger. zu –y und im part. zu –í.
-ñer ▶ tañer	Endung -i entfällt	Anfangs-i entfällt in allen Endungen, die mit unbetontem -i + Vokal beginnen.
-ocer **-orcer** ▶ cocer	-o →-ue, -c → -z	Stamm-o wird zu -ue in den stammbetonten Verbformen, vor -a, -o wird -c zu -z.
▶ caber	cab- → -quep-, -cup-, Endung -e entfällt	vor –a, -o wird cab- zu quep-, im p. i., sub. imperf., sub. fut. wird cap- zu cup-, Anfangs-e der Endung entfällt im fut. und con. Die Verbformen in der 1. und 3. Pers. Sing. des p.i. sind unregelmäßig.
▶ hacer	-c → -g hac- → hic-	vor –a, -o wird –c zu –g, im p. i., sub. imperf., sub. fut. wird hac- zu hic-. Die Verbformen in der 1. und 3. Pers. Sing. des p.i., des fut. und con. und im part. sind unregelmäßig.

85

Übersicht über die Verbgruppen der Verben auf -ER

▶ poder | -o → –ue, -u,
 Endung -e entfällt | Stamm-o wird zu -ue in den stammbetonten Verb-formen,
 Stamm-o wird zu –u im p. i., sub. imperf. und sub. fut.,
 Anfangs-e der Endung entfällt im fut. und con.
 Die Verbformen in der 1. und 3. Pers. Sing. des p.i. sind unregelmäßig.

▶ poner | Stamm + -g, <br> pon- → pus-
 Endung -e → -d | vor –a, -o wird der Verbstamm um –g erweitert, <br> im p. i., sub. imperf., sub. fut. wird pon- zu pus-,
 Anfangs-e der Endung wird zu -d im fut. und con.
 Die Verbformen in der 1. und 3. Pers. Sing. des p.i. und im part. sind unregelmäßig.

▶ querer | -e → –ie, <br> quer- → quis-
 Endung -e entfällt | Stamm-e wird zu -ie in den stammbetonten Verb-formen, <br> im p. i., sub. imperf., sub. fut. wird quer- zu quis-,
 Anfangs-e der Endung entfällt im fut. und con.
 Die Verbformen in der 1. und 3. Pers. Sing. des p.i. sind unregelmäßig.

▶ saber | sab- → sup-, <br> sep-,
 Endung -e entfällt | im p. i., sub. imperf., sub. fut. wird sab- zu sup-, <br> vor –a wird sab- zu sep-,
 Anfangs-e der Endung entfällt im fut. und con.
 Die Verbformen in der 1. Pers. Sing. des pres. und 1. und 3. Pers. Sing. des p.i. sind unregelmäßig.

▶ tener | Stamm + -g,
 -e → –ie, <br> ten- → –tuv,
 Endung -e → –d | vor –a, -o wird der Verbstamm um –g erweitert,
 Stamm-e wird zu -ie in den stammbetonten Verb-formen, <br> im p. i., sub. imperf., sub. fut. wird ten- zu –tuv,
 Anfangs-e der Endung wird zu –d im fut. und con.
 Die Verbformen in der 1. und 3. Pers. Sing. des p.i. sind unregelmäßig.

▶ ver | Stamm + -e | vor –a, -í, -o wird der Verbstamm um –e erweitert.
 Die Verbformen in der 2. Pers. Plur. des pres., der 1. und 3. Pers. Sing. des p.i. und im part. sind un-regelmäßig.

Die Verben auf –ER

Die Verben auf -ER

Mod.	Zeit	1. Person Singular		2. Person Singular		3. Person Singular	
Ind.	Pres.		bebo		bebes		bebe
	Imperf.		bebía		bebías		bebía
	P. I.		bebí		bebiste		bebió
	P. P.	he	bebido	has	bebido	ha	bebido
	P. C.	había	bebido	habías	bebido	había	bebido
	P. A.	hube	bebido	hubiste	bebido	hubo	bebido
	Fut.		beberé		beberás		beberá
	F. P.	habré	bebido	habrás	bebido	habrá	bebido
Con.	Con.		bebería		beberías		bebería
	C. P.	habría	bebido	habrías	bebido	habría	bebido
Sub.	Pres.		beba		bebas		beba
	Imperf.		bebiera		bebieras		bebiera
			bebiese		bebieses		bebiese
	P. P.	haya	bebido	hayas	bebido	haya	bebido
	P. C.	hubiera	bebido	hubieras	bebido	hubiera	bebido
		hubiese	bebido	hubieses	bebido	hubiese	bebido
	Fut.		bebiere		bebieres		bebiere
	F. P.	hubiere	bebido	hubieres	bebido	hubiere	bebido
Imp.	afirm.				bebe		beba
	negat.			no	bebas	no	beba
Inf.	Pres.		beber (trinken)				
	Perf.	haber	bebido				
Part.			bebido				
Ger.	Pres.		bebiendo				
	Perf.	habiendo	bebido				

Die Verben auf -ER

1. Person Plural		2. Person Plural		3. Person Plural	
bebemos		bebéis		beben	
bebíamos		bebíais		bebían	
bebimos		bebisteis		bebieron	
hemos	bebido	habéis	bebido	han	bebido
habíamos	bebido	habíais	bebido	habían	bebido
hubimos	bebido	hubisteis	bebido	hubieron	bebido
beberemos		beberéis		beberán	
habremos	bebido	habréis	bebido	habrán	bebido
beberíamos		beberíais		beberían	
habríamos	bebido	habríais	bebido	habrían	bebido
bebamos		bebáis		beban	
bebiéramos		bebierais		bebieran	
bebiésemos		bebieseis		bebiesen	
hayamos	bebido	hayáis	bebido	hayan	bebido
hubiéramos	bebido	hubierais	bebido	hubieran	bebido
hubiésemos	bebido	hubieseis	bebido	hubiesen	bebido
bebiéremos		bebiereis		bebieren	
hubiéremos	bebido	hubiereis	bebido	hubieren	bebido
bebamos		bebed		beban	
no	bebamos	no	bebáis	no	beban

Die Verben auf -ER

Die Verben auf -cer

Mod.	Zeit	1. Person Singular	2. Person Singular	3. Person Singular
Ind.	Pres.	venzo	vences	vence
	Imperf.	vencía	vencías	vencía
	P. I.	vencí	venciste	venció
	P. P.	he vencido	has vencido	ha vencido
	P. C.	había vencido	habías vencido	había vencido
	P. A.	hube vencido	hubiste vencido	hubo vencido
	Fut.	venceré	vencerás	vencerá
	F. P.	habré vencido	habrás vencido	habrá vencido
Con.	Con.	vencería	vencerías	vencería
	C. P.	habría vencido	habrías vencido	habría vencido
Sub.	Pres.	venza	venzas	venza
	Imperf.	venciera / venciese	vencieras / vencieses	venciera / venciese
	P. P.	haya vencido	hayas vencido	haya vencido
	P. C.	hubiera vencido / hubiese vencido	hubieras vencido / hubieses vencido	hubiera vencido / hubiese vencido
	Fut.	venciere	vencieres	venciere
	F. P.	hubiere vencido	hubieres vencido	hubiere vencido
Imp.	afirm.		vence	venza
	negat.		no venzas	no venza
Inf.	Pres.	vencer ((be)siegen)		
	Perf.	haber vencido		
Part.		vencido		
Ger.	Pres.	venciendo		
	Perf.	habiendo vencido		

 Vor allen Endungen, die mit -a, -o beginnen, wird das -c des Verbstamms in -z um den, andernfalls würde –c vor -a, -o wie [k] ausgesprochen. Dies gilt für die Verben -zc um.

Die Verben auf -cer

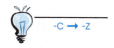

1. Person Plural		2. Person Plural		3. Person Plural	
	vencemos		vencéis		vencen
	vencíamos		vencíais		vencían
	vencimos		vencisteis		vencieron
hemos	vencido	habéis	vencido	han	vencido
habíamos	vencido	habíais	vencido	habían	vencido
hubimos	vencido	hubisteis	vencido	hubieron	vencido
	venceremos		venceréis		vencerán
habremos	vencido	habréis	vencido	habrán	vencido
	venceríamos		venceríais		vencerían
habríamos	vencido	habríais	vencido	habrían	vencido
	venzamos		venzáis		venzan
	venciéramos		vencierais		vencieran
	venciésemos		vencieseis		venciesen
hayamos	vencido	hayáis	vencido	hayan	vencido
hubiéramos	vencido	hubierais	vencido	hubieran	vencido
hubiésemos	vencido	hubieseis	vencido	hubiesen	vencido
	venciéremos		venciereis		vencieren
hubiéremos	vencido	hubiereis	vencido	hubieren	vencido
	venzamos		venced		venzan
no	venzamos	no	venzáis	no	venzan

gewandelt. Somit kann der stimmlose Lispellaut [θ] des Infinitivs beibehalten werauf -cer. Die Verben auf -acer, -ecer, -ocer wandeln das -c des Verbstamms in

Die Verben auf -ER

Die Verben auf –acer, -ecer, -ocer

Mod.	Zeit	1. Person Singular	2. Person Singular	3. Person Singular
Ind.	Pres.	conozco	conoces	conoce
	Imperf.	conocía	conocías	conocía
	P. I.	conocí	conociste	conoció
	P. P.	he conocido	has conocido	ha conocido
	P. C.	había conocido	habías conocido	había conocido
	P. A.	hube conocido	hubiste conocido	hubo conocido
	Fut.	conoceré	conocerás	conocerá
	F. P.	habré conocido	habrás conocido	habrá conocido
Con.	Con.	conocería	conocerías	conocería
	C. P.	habría conocido	habrías conocido	habría conocido
Sub.	Pres.	conozca	conozcas	conozca
	Imperf.	conociera / conociese	conocieras / conocieses	conociera / conociese
	P. P.	haya conocido	hayas conocido	haya conocido
	P. C.	hubiera conocido / hubiese conocido	hubieras conocido / hubieses conocido	hubiera conocido / hubiese conocido
	Fut.	conociere	conocieres	conociere
	F. P.	hubiere conocido	hubieres conocido	hubiere conocido
Imp.	afirm.		conoce	conozca
	negat.		no conozcas	no conozca
Inf.	Pres.	conocer (kennen)		
	Perf.	haber conocido		
Part.		conocido		
Ger.	Pres.	conociendo		
	Perf.	habiendo conocido		

Vor allen Endungen, die mit -a, -o beginnen, wird das -c des Verbstamms in -zc auf –ecer wandeln das –c des Verbstamms in –z um. Die Verben yacer und placer

Die Verben auf -acer, -ecer, -ocer

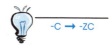
-c → -zc

	1. Person Plural		2. Person Plural		3. Person Plural
	conocemos		conocéis		conocen
	conocíamos		conocíais		conocían
	conocimos		conocisteis		conocieron
hemos	conocido	habéis	conocido	han	conocido
habíamos	conocido	habíais	conocido	habían	conocido
hubimos	conocido	hubisteis	conocido	hubieron	conocido
	conoceremos		conoceréis		conocerán
habremos	conocido	habréis	conocido	habrán	conocido
	conoceríamos		conoceríais		conocerían
habríamos	conocido	habríais	conocido	habrían	conocido
	conozcamos		conozcáis		conozcan
	conociéramos		conocierais		conocieran
	conociésemos		conocieseis		conociesen
hayamos	conocido	hayáis	conocido	hayan	conocido
hubiéramos	conocido	hubierais	conocido	hubieran	conocido
hubiésemos	conocido	hubieseis	conocido	hubiesen	conocido
	conociéremos		conociereis		conocieren
hubiéremos	conocido	hubiereis	conocido	hubieren	conocido
	conozcamos		conoced		conozcan
no	conozcamos	no	conozcáis	no	conozcan

umgewandelt. Dies gilt für alle Verben auf –acer, -ecer und –ocer, einige Verben bilden jeweils eine eigene Verbgruppe.

Die Verben auf –ER

Die Verben auf -acer

Mod.	Zeit	1. Person Singular	2. Person Singular	3. Person Singular
Ind.	Pres.	yazco	yaces	yace
		yazgo	yaces	yace
		yago	yaces	yace
	Imperf.	yacía	yacías	yacía
	P. I.	yací	yaciste	yació
	P. P.	he yacido	has yacido	ha yacido
	P. C.	había yacido	habías yacido	había yacido
	P. A.	hube yacido	hubiste yacido	hubo yacido
	Fut.	yaceré	yacerás	yacerá
	F. P.	habré yacido	habrás yacido	habrá yacido
Con.	Con.	yacería	yacerías	yacería
	C. P.	habría yacido	habrías yacido	habría yacido
Sub.	Pres.	yazca	yazcas	yazca
		yazga	yazgas	yazga
		yaga	yagas	yaga
	Imperf.	yaciera	yacieras	yaciera
		yaciese	yacieses	yaciese
	P. P.	haya yacido	hayas yacido	haya yacido
	P. C.	hubiera yacido	hubieras yacido	hubiera yacido
		hubiese yacido	hubieses yacido	hubiese yacido
	Fut.	yaciere	yacieres	yaciere
	F. P.	hubiere yacido	hubieres yacido	hubiere yacido
Imp.	afirm.		yace	yazca
			yaz	yazga
				yaga
	negat.		no yazcas	no yazca
			no yazgas	no yazga
			no yagas	no yaga
Inf.	Pres.	yacer (liegen, sich befinden; begraben sein)		
	Perf.	haber yacido		
Part.		yacido		
Ger.	Pres.	yaciendo		
	Perf.	habiendo yacido		

 Vor allen Endungen, die mit -a, -o beginnen, wird das -c des Verbstamms in -zc, deln das -c des Verbstamms in -zc um.

Die Verben auf -acer

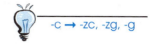
-c → -zc, -zg, -g

	1. Person Plural		2. Person Plural		3. Person Plural
	yacemos		yacéis		yacen
	yacemos		yacéis		yacen
	yacemos		yacéis		yacen
	yacíamos		yacíais		yacían
	yacimos		yacisteis		yacieron
hemos	yacido	habéis	yacido	han	yacido
habíamos	yacido	habíais	yacido	habían	yacido
hubimos	yacido	hubisteis	yacido	hubieron	yacido
	yaceremos		yaceréis		yacerán
habremos	yacido	habréis	yacido	habrán	yacido
	yaceríamos		yaceríais		yacerían
habríamos	yacido	habríais	yacido	habrían	yacido
	yazcamos		yazcáis		yazcan
	yazgamos		yazgáis		yazgan
	yagamos		yagáis		yagan
	yaciéramos		yacierais		yacieran
	yaciésemos		yacieseis		yaciesen
hayamos	yacido	hayáis	yacido	hayan	yacido
hubiéramos	yacido	hubierais	yacido	hubieran	yacido
hubiésemos	yacido	hubieseis	yacido	hubiesen	yacido
	yaciéremos		yaciereis		yacieren
hubiéremos	yacido	hubiereis	yacido	hubieren	yacido
	yazcamos		yaced		yazcan
	yazgamos		yaced		yazgan
	yagamos		yaced		yagan
no	yazcamos	no	yazcáis	no	yazcan
no	yazgamos	no	yazgáis	no	yazgan
no	yagamos	no	yagáis	no	yagan

-zg, oder -g umgewandelt. Dies gilt für yacer, die anderen Verben auf -acer wan-

Die Verben auf -ER

Die Verben auf -acer

Mod.	Zeit	1. Person Singular		2. Person Singular		3. Person Singular	
Ind.	Pres.		plazco		places		place
	Imperf.		placía		placías		placía
	P. I.		plací		placiste		plació
			plací		placiste		plugo
	P. P.	he	placido	has	placido	ha	placido
	P. C.	había	placido	habías	placido	había	placido
	P. A.	hube	placido	hubiste	placido	hubo	placido
	Fut.		placeré		placerás		placerá
	F. P.	habré	placido	habrás	placido	habrá	placido
Con.	Con.		placería		placerías		placería
	C. P.	habría	placido	habrías	placido	habría	placido
Sub.	Pres.		plazca		plazcas		plazca
			plazca		plazcas		plegue
	Imperf.		placiera		placieras		placiera
			placiera		placieras		pluguiera
			placiese		placieses		placiese
			placiese		placieses		pluguiese
	P. P.	haya	placido	hayas	placido	haya	placido
	P. C.	hubiera	placido	hubieras	placido	hubiera	placido
		hubiese	placido	hubieses	placido	hubiese	placido
	Fut.		placiere		placieres		placiere
			placiere		placieres		pluguiere
	F. P.	hubiere	placido	hubieres	placido	hubiere	placido
Imp.	afirm.				place		plazca
	negat.			no	plazcas	no	plazca
Inf.	Pres.		placer (gefallen)				
	Perf.	haber	placido				
Part.			placido				
Ger.	Pres.		placiendo				
	Perf.	habiendo	placido				

Vor allen Endungen, die mit -a, -o beginnen, wird das -c des Verbstamms in -zc die Verben auf -acer konjugiert.

Die Verben auf -acer

-c → -zc

	1. Person Plural		2. Person Plural		3. Person Plural	
	placemos		placéis		placen	
	placíamos		placíais		placían	
	placimos		placisteis		placieron	
	placimos		placisteis		pluguieron	
hemos	placido	habéis	placido	han	placido
habíamos	placido	habíais	placido	habían	placido
hubimos	placido	hubisteis	placido	hubieron	placido
	placeremos		placeréis		placerán	
habremos	placido	habréis	placido	habrán	placido
	placeríamos		placeríais		placerían	
habríamos	placido	habríais	placido	habrían	placido
	plazcamos		plazcáis		plazcan	
	plazcamos		plazcáis		plazcan	
	placiéramos		placierais		placieran	
	placiéramos		placierais		placieran	
	placiésemos		placieseis		placiesen	
	placiésemos		placieseis		placiesen	
hayamos	placido	hayáis	placido	hayan	placido
hubiéramos	placido	hubierais	placido	hubieran	placido
hubiésemos	placido	hubieseis	placido	hubiesen	placido
	placiéremos		placiereis		placieren	
	placiéremos		placiereis		placieren	
hubiéremos	placido	hubiereis	placido	hubieren	placido
	plazcamos		placed		plazcan	
no	plazcamos	no	plazcáis	no	plazcan

umgewandelt. Dies gilt für placer, die Zusammensetzungen mit placer werden wie

Die Verben auf -ER

Die Verben auf -ger

Mod.	Zeit	1. Person Singular	2. Person Singular	3. Person Singular
Ind.	Pres.	cojo	coges	coge
	Imperf.	cogía	cogías	cogía
	P. I.	cogí	cogiste	cogió
	P. P.	he cogido	has cogido	ha cogido
	P. C.	había cogido	habías cogido	había cogido
	P. A.	hube cogido	hubiste cogido	hubo cogido
	Fut.	cogeré	cogerás	cogerá
	F. P.	habré cogido	habrás cogido	habrá cogido
Con.	Con.	cogería	cogerías	cogería
	C. P.	habría cogido	habrías cogido	habría cogido
Sub.	Pres.	coja	cojas	coja
	Imperf.	cogiera / cogiese	cogieras / cogieses	cogiera / cogiese
	P. P.	haya cogido	hayas cogido	haya cogido
	P. C.	hubiera cogido / hubiese cogido	hubieras cogido / hubieses cogido	hubiera cogido / hubiese cogido
	Fut.	cogiere	cogieres	cogiere
	F. P.	hubiere cogido	hubieres cogido	hubiere cogido
Imp.	afirm.		coge	coja
	negat.		no cojas	no coja
Inf.	Pres.	coger (ergreifen, nehmen)		
	Perf.	haber cogido		
Part.		cogido		
Ger.	Pres.	cogiendo		
	Perf.	habiendo cogido		

Vor allen Endungen, die mit -a, -o beginnen, wird das -g des Verbstamms in -j um würde -g vor -a, -o wie [g] ausgesprochen. Dies gilt für alle Verben auf -ger.

Die Verben auf -ger

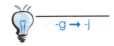
-g → -j

1. Person Plural		2. Person Plural		3. Person Plural	
	cogemos		cogéis		cogen
	cogíamos		cogíais		cogían
	cogimos		cogisteis		cogieron
hemos	cogido	habéis	cogido	han	cogido
habíamos	cogido	habíais	cogido	habían	cogido
hubimos	cogido	hubisteis	cogido	hubieron	cogido
	cogeremos		cogeréis		cogerán
habremos	cogido	habréis	cogido	habrán	cogido
	cogeríamos		cogeríais		cogerían
habríamos	cogido	habríais	cogido	habrían	cogido
	cojamos		cojáis		cojan
	cogiéramos		cogierais		cogieran
	cogiésemos		cogieseis		cogiesen
hayamos	cogido	hayáis	cogido	hayan	cogido
hubiéramos	cogido	hubierais	cogido	hubieran	cogido
hubiésemos	cogido	hubieseis	cogido	hubiesen	cogido
	cogiéremos		cogiereis		cogieren
hubiéremos	cogido	hubiereis	cogido	hubieren	cogido
	cojamos		coged		cojan
no	cojamos	no	cojáis	no	cojan

gewandelt. Somit kann der ch-Laut des Infinitivs beibehalten werden, andernfalls

Die Verben auf -ER

Die Verben mit betontem -e in der Stammsilbe

Mod.	Zeit	1. Person Singular	2. Person Singular	3. Person Singular
Ind.	Pres.	pierdo	pierdes	pierde
	Imperf.	perdía	perdías	perdía
	P. I.	perdí	perdiste	perdió
	P. P.	he perdido	has perdido	ha perdido
	P. C.	había perdido	habías perdido	había perdido
	P. A.	hube perdido	hubiste perdido	hubo perdido
	Fut.	perderé	perderás	perderá
	F. P.	habré perdido	habrás perdido	habrá perdido
Con.	Con.	perdería	perderías	perdería
	C. P.	habría perdido	habrías perdido	habría perdido
Sub.	Pres.	pierda	pierdas	pierda
	Imperf.	perdiera / perdiese	perdieras / perdieses	perdiera / perdiese
	P. P.	haya perdido	hayas perdido	haya perdido
	P. C.	hubiera perdido / hubiese perdido	hubieras perdido / hubieses perdido	hubiera perdido / hubiese perdido
	Fut.	perdiere	perdieres	perdiere
	F. P.	hubiere perdido	hubieres perdido	hubiere perdido
Imp.	afirm.		pierde	pierda
	negat.		no pierdas	no pierda
Inf.	Pres.	perder (verlieren)		
	Perf.	haber perdido		
Part.		perdido		
Ger.	Pres.	perdiendo		
	Perf.	habiendo perdido		

In allen auf dem Verbstamm betonten Verbformen, wird das -e des Verbstamms Verben auf -eder und -ender. Die meisten Verben auf -eder und -ender werden

Die Verben mit betontem -e in der Stammsilbe

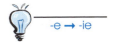 -e → -ie

	1. Person Plural		2. Person Plural		3. Person Plural
	perdemos		perdéis		pierden
	perdíamos		perdíais		perdían
	perdimos		perdisteis		perdieron
hemos	perdido	habéis	perdido	han	perdido
habíamos	perdido	habíais	perdido	habían	perdido
hubimos	perdido	hubisteis	perdido	hubieron	perdido
	perderemos		perderéis		perderán
habremos	perdido	habréis	perdido	habrán	perdido
	perderíamos		perderíais		perderían
habríamos	perdido	habríais	perdido	habrían	perdido
	perdamos		perdáis		pierdan
	perdiéramos		perdierais		perdieran
	perdiésemos		perdieseis		perdiesen
hayamos	perdido	hayáis	perdido	hayan	perdido
hubiéramos	perdido	hubierais	perdido	hubieran	perdido
hubiésemos	perdido	hubieseis	perdido	hubiesen	perdido
	perdiéremos		perdiereis		perdieren
hubiéremos	perdido	hubiereis	perdido	hubieren	perdido
	perdamos		perded		pierdan
no	perdamos	no	perdáis	no	pierdan

in -ie umgewandelt. Dies gilt für alle Verben auf -erder, -erner, -erter und einige wie die Verben auf -ER konjugiert.

101

Die Verben auf -ER

Die Verben mit betontem -o in der Stammsilbe

Mod.	Zeit	1. Person Singular	2. Person Singular	3. Person Singular
Ind.	Pres.	muelo	mueles	muele
	Imperf.	molía	molías	molía
	P. I.	molí	moliste	molió
	P. P.	he molido	has molido	ha molido
	P. C.	había molido	habías molido	había molido
	P. A.	hube molido	hubiste molido	hubo molido
	Fut.	moleré	molerás	molerá
	F. P.	habré molido	habrás molido	habrá molido
Con.	Con.	molería	molerías	molería
	C. P.	habría molido	habrías molido	habría molido
Sub.	Pres.	muela	muelas	muela
	Imperf.	moliera / moliese	molieras / molieses	moliera / moliese
	P. P.	haya molido	hayas molido	haya molido
	P. C.	hubiera molido / hubiese molido	hubieras molido / hubieses molido	hubiera molido / hubiese molido
	Fut.	moliere	molieres	moliere
	F. P.	hubiere molido	hubieres molido	hubiere molido
Imp.	afirm.		muele	muela
	negat.		no muelas	no muela
Inf.	Pres.	moler *(mahlen)*		
	Perf.	haber molido		
Part.		molido		
Ger.	Pres.	moliendo		
	Perf.	habiendo molido		

 In allen auf dem Verbstamm betonten Verbformen wird das -o des Verbstamms in bildet eine eigene Verbgruppe und wandelt den Anfangsbuchstaben -o in -hue

Die Verben mit betontem -o in der Stammsilbe

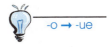 -o → -ue

1. Person Plural		2. Person Plural		3. Person Plural	
	molemos		moléis		muelen
	molíamos		molíais		molían
	molimos		molisteis		molieron
hemos	molido	habéis	molido	han	molido
habíamos	molido	habíais	molido	habían	molido
hubimos	molido	hubisteis	molido	hubieron	molido
	moleremos		moleréis		molerán
habremos	molido	habréis	molido	habrán	molido
	moleríamos		moleríais		molerían
habríamos	molido	habríais	molido	habrían	molido
	molamos		moláis		muelan
	moliéramos		molierais		molieran
	moliésemos		molieseis		moliesen
hayamos	molido	hayáis	molido	hayan	molido
hubiéramos	molido	hubierais	molido	hubieran	molido
hubiésemos	molido	hubieseis	molido	hubiesen	molido
	moliéremos		moliereis		molieren
hubiéremos	molido	hubiereis	molido	hubieren	molido
	molamos		moled		muelan
no	molamos	no	moláis	no	muelan

-ue umgewandelt. Dies gilt für die Verben auf -order, -oler und -over. Das Verb oler um.

Die Verben auf -ER

Die Verben mit betontem -o in der Stammsilbe

Mod.	Zeit	1. Person Singular	2. Person Singular	3. Person Singular
Ind.	Pres.	vuelvo	vuelves	vuelve
	Imperf.	volvía	volvías	volvía
	P. I.	volví	volviste	volvió
	P. P.	he vuelto	has vuelto	ha vuelto
	P. C.	había vuelto	habías vuelto	había vuelto
	P. A.	hube vuelto	hubiste vuelto	hubo vuelto
	Fut.	volveré	volverás	volverá
	F. P.	habré vuelto	habrás vuelto	habrá vuelto
Con.	Con.	volvería	volverías	volvería
	C. P.	habría vuelto	habrías vuelto	habría vuelto
Sub.	Pres.	vuelva	vuelvas	vuelva
	Imperf.	volviera / volviese	volvieras / volvieses	volviera / volviese
	P. P.	haya vuelto	hayas vuelto	haya vuelto
	P. C.	hubiera vuelto / hubiese vuelto	hubieras vuelto / hubieses vuelto	hubiera vuelto / hubiese vuelto
	Fut.	volviere	volvieres	volviere
	F. P.	hubiere vuelto	hubieres vuelto	hubiere vuelto
Imp.	afirm.		vuelve	vuelva
	negat.		no vuelvas	no vuelva
Inf.	Pres.	volver ((um)drehen; zurückkehren)		
	Perf.	haber vuelto		
Part.		vuelto		
Ger.	Pres.	volviendo		
	Perf.	habiendo vuelto		

In allen auf dem Verbstamm betonten Verbformen wird das -o des Verbstamms in

Die Verben mit betontem -o in der Stammsilbe

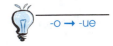 -o → -ue

1. Person Plural		2. Person Plural		3. Person Plural	
	volvemos		volvéis		vuelven
	volvíamos		volvíais		volvían
	volvimos		volvisteis		volvieron
hemos	vuelto	habéis	vuelto	han	vuelto
habíamos	vuelto	habíais	vuelto	habían	vuelto
hubimos	vuelto	hubisteis	vuelto	hubieron	vuelto
	volveremos		volveréis		volverán
habremos	vuelto	habréis	vuelto	habrán	vuelto
	volveríamos		volveríais		volverían
habríamos	vuelto	habríais	vuelto	habrían	vuelto
	volvamos		volváis		vuelvan
	volviéramos		volvierais		volvieran
	volviésemos		volvieseis		volviesen
hayamos	vuelto	hayáis	vuelto	hayan	vuelto
hubiéramos	vuelto	hubierais	vuelto	hubieran	vuelto
hubiésemos	vuelto	hubieseis	vuelto	hubiesen	vuelto
	volviéremos		volviereis		volvieren
hubiéremos	vuelto	hubiereis	vuelto	hubieren	vuelto
	volvamos		volved		vuelvan
no	volvamos	no	volváis	no	vuelvan

-ue umgewandelt. Dies gilt für alle Verben auf -olver.

Die Verben auf -ER

Die Verben mit betontem Anfangs-o

Mod.	Zeit	1. Person Singular	2. Person Singular	3. Person Singular
Ind.	Pres.	huelo	hueles	huele
	Imperf.	olía	olías	olía
	P. I.	olí	oliste	olió
	P. P.	he olido	has olido	ha olido
	P. C.	había olido	habías olido	había olido
	P. A.	hube olido	hubiste olido	hubo olido
	Fut.	oleré	olerás	olerá
	F. P.	habré olido	habrás olido	habrá olido
Con.	Con.	olería	olerías	olería
	C. P.	habría olido	habrías olido	habría olido
Sub.	Pres.	huela	huelas	huela
	Imperf.	oliera / oliese	olieras / olieses	oliera / oliese
	P. P.	haya olido	hayas olido	haya olido
	P. C.	hubiera olido / hubiese olido	hubieras olido / hubieses olido	hubiera olido / hubiese olido
	Fut.	oliere	olieres	oliere
	F. P.	hubiere olido	hubieres olido	hubiere olido
Imp.	afirm.		huele	huela
	negat.		no huelas	no huela
Inf.	Pres.	oler (riechen)		
	Perf.	haber olido		
Part.		olido		
Ger.	Pres.	oliendo		
	Perf.	habiendo olido		

 In allen auf dem Verbstamm betonten Verbformen wird der Anfangsbuchstabe -o in

Die Verben mit betontem Anfangs-o

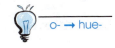 o- → hue-

1. Person Plural		2. Person Plural		3. Person Plural	
	olemos		oléis		huelen
	olíamos		olíais		olían
	olimos		olisteis		olieron
hemos	olido	habéis	olido	han	olido
habíamos	olido	habíais	olido	habían	olido
hubimos	olido	hubisteis	olido	hubieron	olido
	oleremos		oleréis		olerán
habremos	olido	habréis	olido	habrán	olido
	oleríamos		oleríais		olerían
habríamos	olido	habríais	olido	habrían	olido
	olamos		oláis		huelan
	oliéramos		olierais		olieran
	oliésemos		olieseis		oliesen
hayamos	olido	hayáis	olido	hayan	olido
hubiéramos	olido	hubierais	olido	hubieran	olido
hubiésemos	olido	hubieseis	olido	hubiesen	olido
	oliéremos		oliereis		olieren
hubiéremos	olido	hubiereis	olido	hubieren	olido
	olamos		oled		huelan
no	olamos	no	oláis	no	huelan

-hue umgewandelt. Dies gilt für oler und seine Zusammensetzungen.

Die Verben auf -ER

Die Verben auf -aler

Mod.	Zeit	1. Person Singular	2. Person Singular	3. Person Singular
Ind.	Pres.	val*g*o	vales	vale
	Imperf.	val*í*a	val*í*as	val*í*a
	P. I.	val*í*	val*iste*	val*ió*
	P. P.	he valido	has valido	ha valido
	P. C.	había valido	habías valido	había valido
	P. A.	hube valido	hubiste valido	hubo valido
	Fut.	val*dr*é	val*dr*ás	val*dr*á
	F. P.	habré valido	habrás valido	habrá valido
Con.	Con.	val*dr*ía	val*dr*ías	val*dr*ía
	C. P.	habría valido	habrías valido	habría valido
Sub.	Pres.	val*g*a	val*g*as	val*g*a
	Imperf.	val*iera* / val*iese*	val*iera*s / val*iese*s	val*iera* / val*iese*
	P. P.	haya valido	hayas valido	haya valido
	P. C.	hubiera valido / hubiese valido	hubieras valido / hubieses valido	hubiera valido / hubiese valido
	Fut.	val*iere*	val*iere*s	val*iere*
	F. P.	hubiere valido	hubieres valido	hubiere valido
Imp.	afirm.		val(e)	val*g*a
	negat.		no val*g*as	no val*g*a
Inf.	Pres.	valer (gelten, wert sein)		
	Perf.	haber valido		
Part.		valido		
Ger.	Pres.	valiendo		
	Perf.	habiendo valido		

Vor allen Endungen, die mit -a, -o beginnen, wird der Verbstamm um -g erweitert. umgewandelt. Dies gilt für alle Verben auf -aler.

Die Verben auf -aler

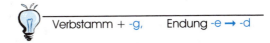

Verbstamm + -g,   Endung -e → -d

1. Person Plural		2. Person Plural		3. Person Plural	
	valemos		valéis		valen
	valíamos		valíais		valían
	valimos		valisteis		valieron
hemos	valido	habéis	valido	han	valido
habíamos	valido	habíais	valido	habían	valido
hubimos	valido	hubisteis	valido	hubieron	valido
	valdremos		valdréis		valdrán
habremos	valido	habréis	valido	habrán	valido
	valdríamos		valdríais		valdrían
habríamos	valido	habríais	valido	habrían	valido
	valgamos		valgáis		valgan
	valiéramos		valierais		valieran
	valiésemos		valieseis		valiesen
hayamos	valido	hayáis	valido	hayan	valido
hubiéramos	valido	hubierais	valido	hubieran	valido
hubiésemos	valido	hubieseis	valido	hubiesen	valido
	valiéremos		valiereis		valieren
hubiéremos	valido	hubiereis	valido	hubieren	valido
	valgamos		valed		valgan
no	valgamos	no	valgáis	no	valgan

Im futuro und condicional wird der Anfangsbuchstabe -e der Endung in -d

Die Verben auf -ER

Die Verben auf -eer

Mod.	Zeit	1. Person Singular	2. Person Singular	3. Person Singular
Ind.	Pres.	leo	lees	lee
	Imperf.	leía	leías	leía
	P. I.	leí	leíste	leyó
	P. P.	he leído	has leído	ha leído
	P. C.	había leído	habías leído	había leído
	P. A.	hube leído	hubiste leído	hubo leído
	Fut.	leeré	leerás	leerá
	F. P.	habré leído	habrás leído	habrá leído
Con.	Con.	leería	leerías	leería
	C. P.	habría leído	habrías leído	habría leído
Sub.	Pres.	lea	leas	lea
	Imperf.	leyera / leyese	leyeras / leyeses	leyera / leyese
	P. P.	haya leído	hayas leído	haya leído
	P. C.	hubiera leído / hubiese leído	hubieras leído / hubieses leído	hubiera leído / hubiese leído
	Fut.	leyere	leyeres	leyere
	F. P.	hubiere leído	hubieres leído	hubiere leído
Imp.	afirm.		lee	lea
	negat.		no leas	no lea
Inf.	Pres.	leer (lesen)		
	Perf.	haber leído		
Part.		leído		
Ger.	Pres.	leyendo		
	Perf.	habiendo leído		

Alle Endungen, die mit unbetontem -i (-i ohne Akzent) + Konsonant beginnen, erginnen, wandeln das -i in -y um. Dies gilt für alle Verben auf -eer.

Die Verben auf -eer

 Endung -i → -í, -y

1. Person Plural		2. Person Plural		3. Person Plural	
	leemos		leéis		leen
	leíamos		leíais		leían
	leímos		leísteis		leyeron
hemos	leído	habéis	leído	han	leído
habíamos	leído	habíais	leído	habían	leído
hubimos	leído	hubisteis	leído	hubieron	leído
	leeremos		leeréis		leerán
habremos	leído	habréis	leído	habrán	leído
	leeríamos		leeríais		leerían
habríamos	leído	habríais	leído	habrían	leído
	leamos		leáis		lean
	leyéramos		leyerais		leyeran
	leyésemos		leyeseis		leyesen
hayamos	leído	hayáis	leído	hayan	leído
hubiéramos	leído	hubierais	leído	hubieran	leído
hubiésemos	leído	hubieseis	leído	hubiesen	leído
	leyéremos		leyereis		leyeren
hubiéremos	leído	hubiereis	leído	hubieren	leído
	leamos		leed		lean
no	leamos	no	leáis	no	lean

halten den Akzent auf dem -i. Alle Endungen, die mit unbetontem -i + Vokal be-

Die Verben auf -ER

Die Verben auf -aer

Mod.	Zeit	1. Person Singular	2. Person Singular	3. Person Singular
Ind.	Pres.	caigo	caes	cae
	Imperf.	caía	caías	caía
	P. I.	caí	caíste	cayó
	P. P.	he caído	has caído	ha caído
	P. C.	había caído	habías caído	había caído
	P. A.	hube caído	hubiste caído	hubo caído
	Fut.	caeré	caerás	caerá
	F. P.	habré caído	habrás caído	habrá caído
Con.	Con.	caería	caerías	caería
	C. P.	habría caído	habrías caído	habría caído
Sub.	Pres.	caiga	caigas	caiga
	Imperf.	cayera / cayese	cayeras / cayeses	cayera / cayese
	P. P.	haya caído	hayas caído	haya caído
	P. C.	hubiera caído / hubiese caído	hubieras caído / hubieses caído	hubiera caído / hubiese caído
	Fut.	cayere	cayeres	cayere
	F. P.	hubiere caído	hubieres caído	hubiere caído
Imp.	afirm.		cae	caiga
	negat.		no caigas	no caiga
Inf.	Pres.	caer (fallen)		
	Perf.	haber caído		
Part.		caído		
Ger.	Pres.	cayendo		
	Perf.	habiendo caído		

 Vor allen Endungen, die mit -a, -o beginnen, wird der Verbstamm um -ig erweitert. halten den Akzent auf dem -i. Alle Endungen, die mit unbetontem -i + Vokal be

Die Verben auf -aer

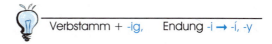

Verbstamm + -ig,   Endung -i → -í, -y

1. Person Plural		2. Person Plural		3. Person Plural	
	caemos		caéis		caen
	caíamos		caíais		caían
	caímos		caísteis		cayeron
hemos	caído	habéis	caído	han	caído
habíamos	caído	habíais	caído	habían	caído
hubimos	caído	hubisteis	caído	hubieron	caído
	caeremos		caeréis		caerán
habremos	caído	habréis	caído	habrán	caído
	caeríamos		caeríais		caerían
habríamos	caído	habríais	caído	habrían	caído
	caigamos		caigáis		caigan
	cayéramos		cayerais		cayeran
	cayésemos		cayeseis		cayesen
hayamos	caído	hayáis	caído	hayan	caído
hubiéramos	caído	hubierais	caído	hubieran	caído
hubiésemos	caído	hubieseis	caído	hubiesen	caído
	cayéremos		cayereis		cayeren
hubiéremos	caído	hubiereis	caído	hubieren	caído
	caigamos		caed		caigan
no	caigamos	no	caigáis	no	caigan

Alle Endungen, die mit unbetontem -i (-i ohne Akzent) + Konsonant beginnen, erginnen, wandeln das -i in -y um. Dies gilt für caer und seine Zusammensetzungen.

Die Verben auf –ER

Die Verben auf -aer, -oer

Mod.	Zeit	1. Person Singular	2. Person Singular	3. Person Singular
Ind.	Pres.	roo roigo royo	roes roes roes	roe roe roe
	Imperf.	roía	roías	roía
	P. I.	roí	roíste	royó
	P. P.	he roído	has roído	ha roído
	P. C.	había roído	habías roído	había roído
	P. A.	hube roído	hubiste roído	hubo roído
	Fut.	roeré	roerás	roerá
	F. P.	habré roído	habrás roído	habrá roído
Con.	Con.	roería	roerías	roería
	C. P.	habría roído	habrías roído	habría roído
Sub.	Pres.	roa roiga roya	roas roigas royas	roa roiga roya
	Imperf.	royera royese	royeras royeses	royera royese
	P. P.	haya roído	hayas roído	haya roído
	P. C.	hubiera roído hubiese roído	hubieras roído hubieses roído	hubiera roído hubiese roído
	Fut.	royere	royeres	royere
	F. P.	hubiere roído	hubieres roído	hubiere roído
Imp.	afirm.		roe roe roe	roa roiga roya
	negat.		no roas no roigas no royas	no roa no roiga no roya
Inf.	Pres.	roer (nagen)		
	Perf.	haber roído		
Part.		roído		
Ger.	Pres.	royendo		
	Perf.	habiendo roído		

Vor allen Endungen, die mit -a, -o beginnen, wird der Verbstamm um -ig oder -y ginnen, erhalten den Akzent auf dem -i. Alle Endungen, die mit unbetontem -i + mensetzungen. Von raer werden im subjuntivo presente und imperativo nur

114

Die Verben auf -aer, -oer

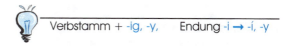

Verbstamm + -ig, -y,   Endung -i → -í, -y

	1. Person Plural		2. Person Plural		3. Person Plural
	roemos		roéis		roen
	roemos		roéis		roen
	roemos		roéis		roen
	roíamos		roíais		roían
	roímos		roísteis		royeron
hemos	roído	habéis	roído	han	roído
habíamos	roído	habíais	roído	habían	roído
hubimos	roído	hubisteis	roído	hubieron	roído
	roeremos		roeréis		roerán
habremos	roído	habréis	roído	habrán	roído
	roeríamos		roeríais		roerían
habríamos	roído	habríais	roído	habrían	roído
	roamos		roáis		roan
	roigamos		roigáis		roigan
	royamos		royáis		royan
	royéramos		royerais		royeran
	royésemos		royeseis		royesen
hayamos	roído	hayáis	roído	hayan	roído
hubiéramos	roído	hubierais	roído	hubieran	roído
hubiésemos	roído	hubieseis	roído	hubiesen	roído
	royéremos		royereis		royeren
hubiéremos	roído	hubiereis	roído	hubieren	roído
	roamos		roed		roan
	roigamos		roed		roigan
	royamos		roed		royan
no	roamos	no	roáis	no	roan
no	roigamos	no	roigáis	no	roigan
no	royamos	no	royáis	no	royan

erweitert. Alle Endungen, die mit unbetontem -i (-i ohne Akzent) + Konsonant be-
Vokal beginnen, wandeln das -i in -y um. Dies gilt für raer und roer und ihre Zusam-
die Verbformen raiga, raigas etc. und raya, rayas etc. gebildet.

115

Die Verben auf –ER

Die Verben auf -aer

Mod.	Zeit	1. Person Singular	2. Person Singular	3. Person Singular
Ind.	Pres.	traigo	traes	trae
	Imperf.	traía	traías	traía
	P. I.	traje	trajiste	trajo
	P. P.	he traído	has traído	ha traído
	P. C.	había traído	habías traído	había traído
	P. A.	hube traído	hubiste traído	hubo traído
	Fut.	traeré	traerás	traerá
	F. P.	habré traído	habrás traído	habrá traído
Con.	Con.	traería	traerías	traería
	C. P.	habría traído	habrías traído	habría traído
Sub.	Pres.	traiga	traigas	traiga
	Imperf.	trajera / trajese	trajeras / trajeses	trajera / trajese
	P. P.	haya traído	hayas traído	haya traído
	P. C.	hubiera traído / hubiese traído	hubieras traído / hubieses traído	hubiera traído / hubiese traído
	Fut.	trajere	trajeres	trajere
	F. P.	hubiere traído	hubieres traído	hubiere traído
Imp.	afirm.		trae	traiga
	negat.		no traigas	no traiga
Inf.	Pres.	traer (bringen)		
	Perf.	haber traído		
Part.		traído		
Ger.	Pres.	trayendo		
	Perf.	habiendo traído		

Vor allen Endungen, die mit -a, -o beginnen, wird der Verbstamm um -ig erweitert. dio - in –j umgewandelt. Vor allen Endungen, die mit –i + Konsonant beginnen, participio wird das –i der Endung in –í, im gerundio wird das –i der Endung in –y

Die Verben auf -aer

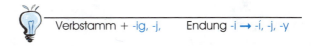

Verbstamm + -ig, -j,   Endung -i → -í, -j, -y

1. Person Plural		2. Person Plural		3. Person Plural	
	traemos		traéis		traen
	traíamos		traíais		traían
	trajimos		trajisteis		trajeron
hemos	traído	habéis	traído	han	traído
habíamos	traído	habíais	traído	habían	traído
hubimos	traído	hubisteis	traído	hubieron	traído
	traeremos		traeréis		traerán
habremos	traído	habréis	traído	habrán	traído
	traeríamos		traeríais		traerían
habríamos	traído	habríais	traído	habrían	traído
	traigamos		traigáis		traigan
	trajéramos		trajerais		trajeran
	trajésemos		trajeseis		trajesen
hayamos	traído	hayáis	traído	hayan	traído
hubiéramos	traído	hubierais	traído	hubieran	traído
hubiésemos	traído	hubieseis	traído	hubiesen	traído
	trajéremos		trajereis		trajeren
hubiéremos	traído	hubiereis	traído	hubieren	traído
	traigamos		traed		traigan
no	traigamos	no	traigáis	no	traigan

Vor allen Endungen, die mit –i + Vokal beginnen wird dieses – außer im gerundio - außer im participio - zusätzlich ein –j eingefügt, das –i bleibt erhalten. Im wird - umgewandelt. Dies gilt für traer und seine Zusammensetzungen.

117

Die Verben auf -ER

Die Verben auf -ñer

Mod.	Zeit	1. Person Singular	2. Person Singular	3. Person Singular
Ind.	Pres.	taño	tañes	tañe
	Imperf.	tañía	tañías	tañía
	P. I.	tañí	tañiste	tañó
	P. P.	he tañido	has tañido	ha tañido
	P. C.	había tañido	habías tañido	había tañido
	P. A.	hube tañido	hubiste tañido	hubo tañido
	Fut.	tañeré	tañerás	tañerá
	F. P.	habré tañido	habrás tañido	habrá tañido
Con.	Con.	tañería	tañerías	tañería
	C. P.	habría tañido	habrías tañido	habría tañido
Sub.	Pres.	taña	tañas	taña
	Imperf.	tañera / tañese	tañeras / tañeses	tañera / tañese
	P. P.	haya tañido	hayas tañido	haya tañido
	P. C.	hubiera tañido / hubiese tañido	hubieras tañido / hubieses tañido	hubiera tañido / hubiese tañido
	Fut.	tañere	tañeres	tañere
	F. P.	hubiere tañido	hubieres tañido	hubiere tañido
Imp.	afirm.		tañe	taña
	negat.		no tañas	no taña
Inf.	Pres.	tañer (spielen (Instrument))		
	Perf.	haber tañido		
Part.		tañido		
Ger.	Pres.	tañendo		
	Perf.	habiendo tañido		

In allen Endungen, die mit unbetontem -i (-i ohne Akzent) + Vokal beginnen, ent

Die Verben auf -ñer

 Endung -i entfällt

	1. Person Plural		2. Person Plural		3. Person Plural
	tañemos		tañéis		tañen
	tañíamos		tañíais		tañían
	tañimos		tañisteis		tañeron
hemos	tañido	habéis	tañido	han	tañido
habíamos	tañido	habíais	tañido	habían	tañido
hubimos	tañido	hubisteis	tañido	hubieron	tañido
	tañeremos		tañeréis		tañerán
habremos	tañido	habréis	tañido	habrán	tañido
	tañeríamos		tañeríais		tañerían
habríamos	tañido	habríais	tañido	habrían	tañido
	tañamos		tañáis		tañan
	tañéramos		tañerais		tañeran
	tañésemos		tañeseis		tañesen
hayamos	tañido	hayáis	tañido	hayan	tañido
hubiéramos	tañido	hubierais	tañido	hubieran	tañido
hubiésemos	tañido	hubieseis	tañido	hubiesen	tañido
	tañéremos		tañereis		tañeren
hubiéremos	tañido	hubiereis	tañido	hubieren	tañido
	tañamos		tañed		tañan
no	tañamos	no	tañáis	no	tañan

fällt das -i der Endung, da im -ñ bereits -i anklingt. Dies gilt für alle Verben auf -ñer.

Die Verben auf -ER

Die Verben auf -ocer, -orcer

Mod.	Zeit	1. Person Singular	2. Person Singular	3. Person Singular
Ind.	Pres.	cuezo	cueces	cuece
	Imperf.	cocía	cocías	cocía
	P. I.	cocí	cociste	coció
	P. P.	he cocido	has cocido	ha cocido
	P. C.	había cocido	habías cocido	había cocido
	P. A.	hube cocido	hubiste cocido	hubo cocido
	Fut.	coceré	cocerás	cocerá
	F. P.	habré cocido	habrás cocido	habrá cocido
Con.	Con.	cocería	cocerías	cocería
	C. P.	habría cocido	habrías cocido	habría cocido
Sub.	Pres.	cueza	cuezas	cueza
	Imperf.	cociera / cociese	cocieras / cocieses	cociera / cociese
	P. P.	haya cocido	hayas cocido	haya cocido
	P. C.	hubiera cocido / hubiese cocido	hubieras cocido / hubieses cocido	hubiera cocido / hubiese cocido
	Fut.	cociere	cocieres	cociere
	F. P.	hubiere cocido	hubieres cocido	hubiere cocido
Imp.	afirm.		cuece	cueza
	negat.		no cuezas	no cueza
Inf.	Pres.	cocer (kochen)		
	Perf.	haber cocido		
Part.		cocido		
Ger.	Pres.	cociendo		
	Perf.	habiendo cocido		

In allen auf dem Verbstamm betonten Verbformen wird das -o des Verbstamms in Verbstamms in -z umgewandelt. Somit kann der stimmlose Lispellaut [θ] des Infini Dies gilt für alle Verben auf -orcer und einige Verben auf -ocer, die meisten Ver

Die Verben auf -ocer, -orcer

-o → -ue,   -c → -z

1. Person Plural		2. Person Plural		3. Person Plural	
	cocemos		cocéis		cuecen
	cocíamos		cocíais		cocían
	cocimos		cocisteis		cocieron
hemos	cocido	habéis	cocido	han	cocido
habíamos	cocido	habíais	cocido	habían	cocido
hubimos	cocido	hubisteis	cocido	hubieron	cocido
	coceremos		coceréis		cocerán
habremos	cocido	habréis	cocido	habrán	cocido
	coceríamos		coceríais		cocerían
habríamos	cocido	habríais	cocido	habrían	cocido
	cozamos		cozáis		cuezan
	cociéramos		cocierais		cocieran
	cociésemos		cocieseis		cociesen
hayamos	cocido	hayáis	cocido	hayan	cocido
hubiéramos	cocido	hubierais	cocido	hubieran	cocido
hubiésemos	cocido	hubieseis	cocido	hubiesen	cocido
	cociéremos		cociereis		cocieren
hubiéremos	cocido	hubiereis	cocido	hubieren	cocido
	cozamos		coced		cuezan
no	cozamos	no	cozáis	no	cuezan

-ue umgewandelt. Vor allen Endungen, die mit -a, -o beginnen, wird das -c des tivs beibehalten werden, andernfalls würde -c vor -a, -o wie [k] ausgesprochen. ben auf -ocer werden wie die Verben auf -cer konjugiert.

121

Die Verben auf –ER

Das Verb caber

Mod.	Zeit	1. Person Singular	2. Person Singular	3. Person Singular
Ind.	Pres.	quepo	cabes	cabe
	Imperf.	cabía	cabías	cabía
	P. I.	cupe	cupiste	cupo
	P. P.	he cabido	has cabido	ha cabido
	P. C.	había cabido	habías cabido	había cabido
	P. A.	hube cabido	hubiste cabido	hubo cabido
	Fut.	cabré	cabrás	cabrá
	F. P.	habré cabido	habrás cabido	habrá cabido
Con.	Con.	cabría	cabrías	cabría
	C. P.	habría cabido	habrías cabido	habría cabido
Sub.	Pres.	quepa	quepas	quepa
	Imperf.	cupiera / cupiese	cupieras / cupieses	cupiera / cupiese
	P. P.	haya cabido	hayas cabido	haya cabido
	P. C.	hubiera cabido / hubiese cabido	hubieras cabido / hubieses cabido	hubiera cabido / hubiese cabido
	Fut.	cupiere	cupieres	cupiere
	F. P.	hubiere cabido	hubieres cabido	hubiere cabido
Imp.	afirm.		cabe	quepa
	negat.		no quepas	no quepa
Inf.	Pres.	caber (Platz haben)		
	Perf.	haber cabido		
Part.		cabido		
Ger.	Pres.	cabiendo		
	Perf.	habiendo cabido		

Vor allen Endungen, die mit –a, -o beginnen, wird der Verbstamm cab- in quep- subjuntivo futuro wird der Verbstamm cab- in cup- umgewandelt. Im futuro ne Zusammensetzungen.

Das Verb caber

 Verbstamm cab- → quep-, cup-,   Endung -e entfällt

1. Person Plural		2. Person Plural		3. Person Plural	
	cabemos		cabéis		caben
	cabíamos		cabíais		cabían
	cupimos		cupisteis		cupieron
hemos	cabido	habéis	cabido	han	cabido
habíamos	cabido	habíais	cabido	habían	cabido
hubimos	cabido	hubisteis	cabido	hubieron	cabido
	cabremos		cabréis		cabrán
habremos	cabido	habréis	cabido	habrán	cabido
	cabríamos		cabríais		cabrían
habríamos	cabido	habríais	cabido	habrían	cabido
	quepamos		quepáis		quepan
	cupiéramos		cupierais		cupieran
	cupiésemos		cupieseis		cupiesen
hayamos	cabido	hayáis	cabido	hayan	cabido
hubiéramos	cabido	hubierais	cabido	hubieran	cabido
hubiésemos	cabido	hubieseis	cabido	hubiesen	cabido
	cupiéremos		cupiereis		cupieren
hubiéremos	cabido	hubiereis	cabido	hubieren	cabido
	quepamos		cabed		quepan
no	quepamos	no	quepáis	no	quepan

umgewandelt. Im pretérito indefinido und subjuntivo imperfecto und und condicional entfällt das Anfangs-e der Endung. Dies gilt für caber und sei-

Die Verben auf -ER

Das Verb hacer

Mod.	Zeit	1. Person Singular		2. Person Singular		3. Person Singular	
Ind.	Pres.		hago		haces		hace
	Imperf.		hacía		hacías		hacía
	P. I.		hice		hiciste		hizo
	P. P.	he	hecho	has	hecho	ha	hecho
	P. C.	había	hecho	habías	hecho	había	hecho
	P. A.	hube	hecho	hubiste	hecho	hubo	hecho
	Fut.		haré		harás		hará
	F. P.	habré	hecho	habrás	hecho	habrá	hecho
Con.	Con.		haría		harías		haría
	C. P.	habría	hecho	habrías	hecho	habría	hecho
Sub.	Pres.		haga		hagas		haga
	Imperf.		hiciera / hiciese		hicieras / hicieses		hiciera / hiciese
	P. P.	haya	hecho	hayas	hecho	haya	hecho
	P. C.	hubiera / hubiese	hecho / hecho	hubieras / hubieses	hecho / hecho	hubiera / hubiese	hecho / hecho
	Fut.		hiciere		hicieres		hiciere
	F. P.	hubiere	hecho	hubieres	hecho	hubiere	hecho
Imp.	afirm.				haz		haga
	negat.			no	hagas	no	haga
Inf.	Pres.		hacer (machen)				
	Perf.	haber	hecho				
Part.			hecho				
Ger.	Pres.		haciendo				
	Perf.	habiendo	hecho				

Vor allen Endungen, die mit –a, -o beginnen, wird das –c des Verbstamms in –g juntivo futuro wird der Verbstamm hac- – außer in der 3. Person Singular des sammensetzungen von hacer und satisfacer, wobei die 2. Person Singular des im

Das Verb hacer

-c → -g,   hac- → -hic

1. Person Plural		2. Person Plural		3. Person Plural	
	hacemos		hacéis		hacen
	hacíamos		hacíais		hacían
	hicimos		hicisteis		hicieron
hemos	hecho	habéis	hecho	han	hecho
habíamos	hecho	habíais	hecho	habían	hecho
hubimos	hecho	hubisteis	hecho	hubieron	hecho
	haremos		haréis		harán
habremos	hecho	habréis	hecho	habrán	hecho
	haríamos		haríais		harían
habríamos	hecho	habríais	hecho	habrían	hecho
	hagamos		hagáis		hagan
	hiciéramos		hicierais		hicieran
	hiciésemos		hicieseis		hiciesen
hayamos	hecho	hayáis	hecho	hayan	hecho
hubiéramos	hecho	hubierais	hecho	hubieran	hecho
hubiésemos	hecho	hubieseis	hecho	hubiesen	hecho
	hiciéremos		hiciereis		hicieren
hubiéremos	hecho	hubiereis	hecho	hubieren	hecho
	hagamos		haced		hagan
no	hagamos	no	hagáis	no	hagan

umgewandelt. Im pretérito indefinido, subjuntivo imperfecto und subpretérito indefinido - in hic- umgewandelt. Ebenso konjugiert werden die Zuperativo afirmativo von satisfacer satisface oder satisfaz lautet.

125

Die Verben auf -ER

Das Verb poder

Mod.	Zeit	1. Person Singular	2. Person Singular	3. Person Singular
Ind.	Pres.	puedo	puedes	puede
	Imperf.	podía	podías	podía
	P. I.	pude	pudiste	pudo
	P. P.	he podido	has podido	ha podido
	P. C.	había podido	habías podido	había podido
	P. A.	hube podido	hubiste podido	hubo podido
	Fut.	podré	podrás	podrá
	F. P.	habré podido	habrás podido	habrá podido
Con.	Con.	podría	podrías	podría
	C. P.	habría podido	habrías podido	habría podido
Sub.	Pres.	pueda	puedas	pueda
	Imperf.	pudiera pudiese	pudieras pudieses	pudiera pudiese
	P. P.	haya podido	hayas podido	haya podido
	P. C.	hubiera podido hubiese podido	hubieras podido hubieses podido	hubiera podido hubiese podido
	Fut.	pudiere	pudieres	pudiere
	F. P.	hubiere podido	hubieres podido	hubiere podido
Imp.	afirm.		puede	pueda
	negat.		no puedas	no pueda
Inf.	Pres.	poder (können)		
	Perf.	haber podido		
Part.		podido		
Ger.	Pres.	pudiendo		
	Perf.	habiendo podido		

In allen auf dem Verbstamm betonten Verbformen wird das –o des Verbstamms subjuntivo futuro und gerundio wird das –o des Verbstamms in –u umgewan poder und seine Zusammensetzungen.

Das Verb poder

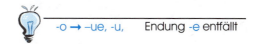 -o → –ue, -u,   Endung -e entfällt

	1. Person Plural		2. Person Plural		3. Person Plural
	podemos		podéis		pueden
	podíamos		podíais		podían
	pudimos		pudisteis		pudieron
hemos	podido	habéis	podido	han	podido
habíamos	podido	habíais	podido	habían	podido
hubimos	podido	hubisteis	podido	hubieron	podido
	podremos		podréis		podrán
habremos	podido	habréis	podido	habrán	podido
	podríamos		podríais		podrían
habríamos	podido	habríais	podido	habrían	podido
	podamos		podáis		puedan
	pudiéramos		pudierais		pudieran
	pudiésemos		pudieseis		pudiesen
hayamos	podido	hayáis	podido	hayan	podido
hubiéramos	podido	hubierais	podido	hubieran	podido
hubiésemos	podido	hubieseis	podido	hubiesen	podido
	pudiéremos		pudiereis		pudieren
hubiéremos	podido	hubiereis	podido	hubieren	podido
	podamos		poded		puedan
no	podamos	no	podáis	no	puedan

in –ue umgewandelt. Im pretérito indefinido, subjuntivo imperfecto, delt. Im futuro und condicional entfällt das Anfangs-e der Endung. Dies gilt für

Die Verben auf -ER

Das Verb poner

Mod.	Zeit	1. Person Singular		2. Person Singular		3. Person Singular	
Ind.	Pres.		pongo		pones		pone
	Imperf.		ponía		ponías		ponía
	P. I.		puse		pusiste		puso
	P. P.	he	puesto	has	puesto	ha	puesto
	P. C.	había	puesto	habías	puesto	había	puesto
	P. A.	hube	puesto	hubiste	puesto	hubo	puesto
	Fut.		pondré		pondrás		pondrá
	F. P.	habré	puesto	habrás	puesto	habrá	puesto
Con.	Con.		pondría		pondrías		pondría
	C. P.	habría	puesto	habrías	puesto	habría	puesto
Sub.	Pres.		ponga		pongas		ponga
	Imperf.		pusiera / pusiese		pusieras / pusieses		pusiera / pusiese
	P. P.	haya	puesto	hayas	puesto	haya	puesto
	P. C.	hubiera / hubiese	puesto / puesto	hubieras / hubieses	puesto / puesto	hubiera / hubiese	puesto / puesto
	Fut.		pusiere		pusieres		pusiere
	F. P.	hubiere	puesto	hubieres	puesto	hubiere	puesto
Imp.	afirm.				pon		ponga
	negat.			no	pongas	no	ponga
Inf.	Pres.		poner (setzen, legen, stellen)				
	Perf.	haber	puesto				
Part.			puesto				
Ger.	Pres.		poniendo				
	Perf.	habiendo	puesto				

Vor allen Endungen, die mit –a, -o beginnen, wird der Verbstamm um –g erweituro wird der Verbstamm pon- in pus- umgewandelt. Im futuro und condicio seine Zusammensetzungen.

Das Verb poner

Verbstamm + -g,   pon- → pus-,   Endung -e → -d

1. Person Plural		2. Person Plural		3. Person Plural	
	ponemos		ponéis		ponen
	poníamos		poníais		ponían
	pusimos		pusisteis		pusieron
hemos	puesto	habéis	puesto	han	puesto
habíamos	puesto	habíais	puesto	habían	puesto
hubimos	puesto	hubisteis	puesto	hubieron	puesto
	pondremos		pondréis		pondrán
habremos	puesto	habréis	puesto	habrán	puesto
	pondríamos		pondríais		pondrían
habríamos	puesto	habríais	puesto	habrían	puesto
	pongamos		pongáis		pongan
	pusiéramos		pusierais		pusieran
	pusiésemos		pusieseis		pusiesen
hayamos	puesto	hayáis	puesto	hayan	puesto
hubiéramos	puesto	hubierais	puesto	hubieran	puesto
hubiésemos	puesto	hubieseis	puesto	hubiesen	puesto
	pusiéremos		pusiereis		pusieren
hubiéremos	puesto	hubiereis	puesto	hubieren	puesto
	pongamos		poned		pongan
no	pongamos	no	pongáis	no	pongan

tert. Im pretértio indefinido, subjuntivo imperfecto und subjuntivo funal wird das Anfangs-e der Endung in –d umgewandelt. Dies gilt für poner und

Die Verben auf -ER

Das Verb querer

Mod.	Zeit	1. Person Singular	2. Person Singular	3. Person Singular
Ind.	Pres.	quiero	quieres	quiere
	Imperf.	quería	querías	quería
	P. I.	quise	quisiste	quiso
	P. P.	he querido	has querido	ha querido
	P. C.	había querido	habías querido	había querido
	P. A.	hube querido	hubiste querido	hubo querido
	Fut.	querré	querrás	querrá
	F. P.	habré querido	habrás querido	habrá querido
Con.	Con.	querría	querrías	querría
	C. P.	habría querido	habrías querido	habría querido
Sub.	Pres.	quiera	quieras	quiera
	Imperf.	quisiera / quisiese	quisieras / quisieses	quisiera / quisiese
	P. P.	haya querido	hayas querido	haya querido
	P. C.	hubiera querido / hubiese querido	hubieras querido / hubieses querido	hubiera querido / hubiese querido
	Fut.	quisiere	quisieres	quisiere
	F. P.	hubiere querido	hubieres querido	hubiere querido
Imp.	afirm.		quiere	quiera
	negat.		no quieras	no quiera
Inf.	Pres.	querer (wollen, möchten; mögen)		
	Perf.	haber querido		
Part.		querido		
Ger.	Pres.	queriendo		
	Perf.	habiendo querido		

In allen auf dem Verbstamm betonten Verbformen wird das –e des Verbstamms subjuntivo futuro wird der Verbstamm quer- in quis- umgewandelt. Im futuro das –r in diesen Verbformen. Dies gilt für querer und seine Zusammensetzungen.

Das Verb querer

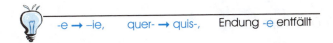
-e → –ie,   quer- → quis-,   Endung -e entfällt

1. Person Plural		2. Person Plural		3. Person Plural	
	queremos		queréis		quieren
	queríamos		queríais		querían
	quisimos		quisisteis		quisieron
hemos	querido	habéis	querido	han	querido
habíamos	querido	habíais	querido	habían	querido
hubimos	querido	hubisteis	querido	hubieron	querido
	querremos		querréis		querrán
habremos	querido	habréis	querido	habrán	querido
	querríamos		querríais		querrían
habríamos	querido	habríais	querido	habrían	querido
	queramos		queráis		quieran
	quisiéramos		quisierais		quisieran
	quisiésemos		quisieseis		quisiesen
hayamos	querido	hayáis	querido	hayan	querido
hubiéramos	querido	hubierais	querido	hubieran	querido
hubiésemos	querido	hubieseis	querido	hubiesen	querido
	quisiéremos		quisiereis		quisieren
hubiéremos	querido	hubiereis	querido	hubieren	querido
	queramos		quered		quieran
no	queramos	no	queráis	no	quieran

in –ie umgewandelt. Im pretérito indefinido, subjuntivo imperfecto und und condicional entfällt das Anfangs-e der Endung. Dadurch verdoppelt sich

131

Die Verben auf -ER

Das Verb saber

Mod.	Zeit	1. Person Singular		2. Person Singular		3. Person Singular	
Ind.	Pres.		sé		sabes		sabe
	Imperf.		sabía		sabías		sabía
	P. I.		supe		supiste		supo
	P. P.	he	sabido	has	sabido	ha	sabido
	P. C.	había	sabido	habías	sabido	había	sabido
	P. A.	hube	sabido	hubiste	sabido	hubo	sabido
	Fut.		sabré		sabrás		sabrá
	F. P.	habré	sabido	habrás	sabido	habrá	sabido
Con.	Con.		sabría		sabrías		sabría
	C. P.	habría	sabido	habrías	sabido	habría	sabido
Sub.	Pres.		sepa		sepas		sepa
	Imperf.		supiera		supieras		supiera
			supiese		supieses		supiese
	P. P.	haya	sabido	hayas	sabido	haya	sabido
	P. C.	hubiera	sabido	hubieras	sabido	hubiera	sabido
		hubiese	sabido	hubieses	sabido	hubiese	sabido
	Fut.		supiere		supieres		supiere
	F. P.	hubiere	sabido	hubieres	sabido	hubiere	sabido
Imp.	afirm.				sabe		sepa
	negat.			no	sepas	no	sepa
Inf.	Pres.		saber (wissen)				
	Perf.	haber	sabido				
Part.			sabido				
Ger.	Pres.		sabiendo				
	Perf.	habiendo sabido					

Im pretérito indefinido, subjuntivo imperfecto und subjuntivo futuro beginnen, wird der Verbstamm sab- in sep- umgewandelt. Im futuro und condi mensetzungen.

132

Das Verb saber

sab- → sup-, sep-,   Endung -e entfällt

1. Person Plural		2. Person Plural		3. Person Plural	
sabemos		sabéis		saben	
sabíamos		sabíais		sabían	
supimos		supisteis		supieron	
hemos	sabido	habéis	sabido	han	sabido
habíamos	sabido	habíais	sabido	habían	sabido
hubimos	sabido	hubisteis	sabido	hubieron	sabido
sabremos		sabréis		sabrán	
habremos	sabido	habréis	sabido	habrán	sabido
sabríamos		sabríais		sabrían	
habríamos	sabido	habríais	sabido	habrían	sabido
sepamos		sepáis		sepan	
supiéramos		supierais		supieran	
supiésemos		supieseis		supiesen	
hayamos	sabido	hayáis	sabido	hayan	sabido
hubiéramos	sabido	hubierais	sabido	hubieran	sabido
hubiésemos	sabido	hubieseis	sabido	hubiesen	sabido
supiéremos		supiereis		supieren	
hubiéremos	sabido	hubiereis	sabido	hubieren	sabido
	sepamos		sabed		sepan
no	sepamos	no	sepáis	no	sepan

wird der Verbstamm sab- in sup- umgewandelt. Vor allen Endungen, die mit –a cional entfällt das Anfangs-e der Endung. Dies gilt für saber und seine Zusam-

Die Verben auf -ER

Das Verb tener

Mod.	Zeit	1. Person Singular	2. Person Singular	3. Person Singular
Ind.	Pres.	tengo	tienes	tiene
	Imperf.	tenía	tenías	tenía
	P. I.	tuve	tuviste	tuvo
	P. P.	he tenido	has tenido	ha tenido
	P. C.	había tenido	habías tenido	había tenido
	P. A.	hube tenido	hubiste tenido	hubo tenido
	Fut.	tendré	tendrás	tendrá
	F. P.	habré tenido	habrás tenido	habrá tenido
Con.	Con.	tendría	tendrías	tendría
	C. P.	habría tenido	habrías tenido	habría tenido
Sub.	Pres.	tenga	tengas	tenga
	Imperf.	tuviera / tuviese	tuvieras / tuvieses	tuviera / tuviese
	P. P.	haya tenido	hayas tenido	haya tenido
	P. C.	hubiera tenido / hubiese tenido	hubieras tenido / hubieses tenido	hubiera tenido / hubiese tenido
	Fut.	tuviere	tuvieres	tuviere
	F. P.	hubiere tenido	hubieres tenido	hubiere tenido
Imp.	afirm.		ten	tenga
	negat.		no tengas	no tenga
Inf.	Pres.	tener (haben)		
	Perf.	haber tenido		
Part.		tenido		
Ger.	Pres.	teniendo		
	Perf.	habiendo tenido		

Vor allen Endungen, die mit –a, -o beginnen, wird der Verbstamm um –g erwei son Plural des presente wird das –e des Verbstamms in –ie umgewandelt. Im der Verbstamm ten- in tuv- umgewandelt. Im futuro und condicional wird das mensetzungen.

Das Verb tener

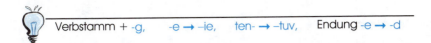

Verbstamm + -g,   -e → –ie,   ten- → –tuv,   Endung -e → -d

1. Person Plural		2. Person Plural		3. Person Plural	
	tenemos		tenéis		tienen
	teníamos		teníais		tenían
	tuvimos		tuvisteis		tuvieron
hemos	tenido	habéis	tenido	han	tenido
habíamos	tenido	habíais	tenido	habían	tenido
hubimos	tenido	hubisteis	tenido	hubieron	tenido
	tendremos		tendréis		tendrán
habremos	tenido	habréis	tenido	habrán	tenido
	tendríamos		tendríais		tendrían
habríamos	tenido	habríais	tenido	habrían	tenido
	tengamos		tengáis		tengan
	tuviéramos		tuvierais		tuvieran
	tuviésemos		tuvieseis		tuviesen
hayamos	tenido	hayáis	tenido	hayan	tenido
hubiéramos	tenido	hubierais	tenido	hubieran	tenido
hubiésemos	tenido	hubieseis	tenido	hubiesen	tenido
	tuviéremos		tuviereis		tuvieren
hubiéremos	tenido	hubiereis	tenido	hubieren	tenido
	tengamos		tened		tengan
no	tengamos	no	tengáis	no	tengan

tert. In der auf dem Verbstamm betonten 2. und 3. Person Singular und der 3. Per-pretérito indefinido, subjuntivo imperfecto und subjuntivo futuro wird Anfangs-e der Endung in –d umgewandelt. Dies gilt für tener und seine Zusam-

Die Verben auf –ER

Das Verb ver

Mod.	Zeit	1. Person Singular		2. Person Singular		3. Person Singular	
Ind.	Pres.	veo		ves		ve	
	Imperf.	veía		veías		veía	
	P. I.	vi		viste		vio	
	P. P.	he	visto	has	visto	ha	visto
	P. C.	había	visto	habías	visto	había	visto
	P. A.	hube	visto	hubiste	visto	hubo	visto
	Fut.	veré		verás		verá	
	F. P.	habré	visto	habrás	visto	habrá	visto
Con.	Con.	vería		verías		vería	
	C. P.	habría	visto	habrías	visto	habría	visto
Sub.	Pres.	vea		veas		vea	
	Imperf.	viera		vieras		viera	
		viese		vieses		viese	
	P. P.	haya	visto	hayas	visto	haya	visto
	P. C.	hubiera	visto	hubieras	visto	hubiera	visto
		hubiese	visto	hubieses	visto	hubiese	visto
	Fut.	viere		vieres		viere	
	F. P.	hubiere	visto	hubieres	visto	hubiere	visto
Imp.	afirm.			ve		vea	
	negat.			no veas		no vea	
Inf.	Pres.	ver (sehen)					
	Perf.	haber	visto				
Part.		visto					
Ger.	Pres.	viendo					
	Perf.	habiendo	visto				

Vor allen Endungen, die mit –a, -í, -o beginnen, wird der Verbstamm um –e erwei

Das Verb ver

Verbstamm + -e

1. Person Plural		2. Person Plural		3. Person Plural	
	vemos		veis		ven
	veíamos		veíais		veían
	vimos		visteis		vieron
hemos	visto	habéis	visto	han	visto
habíamos	visto	habíais	visto	habían	visto
hubimos	visto	hubisteis	visto	hubieron	visto
	veremos		veréis		verán
habremos	visto	habréis	visto	habrán	visto
	veríamos		veríais		verían
habríamos	visto	habríais	visto	habrían	visto
	veamos		veáis		vean
	viéramos		vierais		vieran
	viésemos		vieseis		viesen
hayamos	visto	hayáis	visto	hayan	visto
hubiéramos	visto	hubierais	visto	hubieran	visto
hubiésemos	visto	hubieseis	visto	hubiesen	visto
	viéremos		viereis		vieren
hubiéremos	visto	hubiereis	visto	hubieren	visto
	veamos		ved		vean
no	veamos	no	veáis	no	vean

tert. Dies gilt für ver und seine Zusammensetzungen.

Die Verben auf -IR

Übersicht über die Verbgruppen der Verben auf -IR

-IR		
▶ part*ir*		
-c*ir*	-c → -z	vor -a, -o wird -c zu -z.
▶ zurc*ir*		
-c*ir*	-c → -zc	vor -a, -o wird -c zu -zc.
▶ luc*ir*		
-c*ir*	-c → -zc, Stamm + -j, Endung –i → -j	vor -a, -o wird -c zu -zc, vor unbetontem -i + Vokal wird Endung –i (außer im ger.) zu –j, vor –i + Konsonant wird der Verbstamm (außer im part.) um –j erweitert, -i der Endung bleibt erhalten. Unregelmäßige Endung in der 1. und 3. Pers. Sing. des p.i.
▶ conduc*ir*		
-g*ir*	-g → -j	vor -a, -o wird -g zu -j.
▶ dirig*ir*		
-gu*ir*	-gu → -g	vor -a, -o wird -gu zu -g.
▶ distingu*ir*		
-qu*ir*	-qu → -c	vor -a, -o wird -qu zu -c.
▶ delinqu*ir*		
-end*ir* -ern*ir*	-e → -ie	Stamm-e wird zu -ie in den stammbetonten Verbformen.
▶ discern*ir*		
-ent*ir* -er*ir* -ert*ir* -erv*ir*	-e → -ie, -i	Stamm-e wird zu -ie in den stammbetonten Verbformen, Stamm-e wird zu -i vor unbetontem -i + Vokal und in der 1. und 2. Pers. Plur. des sub. pres., imp. negat. und der 1. Pers. Plur. des imp. afirm.
▶ sent*ir*		
-eb*ir* -ed*ir* -em*ir* -ench*ir* -end*ir* -erv*ir* -est*ir* -et*ir*	-e → -i	Stamm-e wird zu -i in den stammbetonten Verbformen, vor unbetontem -i + Vokal und vor -a.
▶ med*ir*		

138

Übersicht über die Verbgruppen der Verben auf -IR

-ibir ➤ prohibir	-i → -í	Stamm-i wird zu -í in den stammbetonten Verbformen.
-eír ➤ reír	-e → -í, Stamm-e entfällt Endung -i → -í	Stamm-e wird zu -í in den stammbetonten Verbformen, in der 1. und 2. Pers. Plur. des sub. pres., imp. negat. und der 1. Pers. Plur. des imp. afirm., Stamm-e entfällt vor unbetontem -i + Vokal, Endung –i wird zu –í vor unbetontem –i + Konsonant.
-eñir ➤ teñir	-e → -i, Endung -i entfällt	Stamm-e wird zu -i in den stammbetonten Verbformen, vor -a und vor unbetontem -i + Vokal, -i der Endung entfällt vor –i + Vokal.
-añir **-iñir** **-uñir** **-ullir** ➤ bruñir	Endung -i entfällt	Anfangs-i entfällt in allen Endungen, die mit unbetontem -i + Vokal beginnen.
-irir ➤ adquirir	-i → -ie	Stamm-i wird zu -ie in den stammbetonten Verbformen.
-ormir ➤ dormir	-o → -ue, u	Stamm-o wird zu -ue in den stammbetonten Verbformen, Stamm-o wird zu -u vor unbetontem -i + Vokal und in der 1. und 2. Pers. Plur. des sub. pres., imp. negat. und in der 1. Pers. Plur. des imp. afirm.
-odrir **-udrir** ➤ podrir	-o → -u -u → -o	Stamm-o wird zu -u in einigen Verbformen. Stamm-u wird zu -o in einigen Verbformen.
-unir ➤ reunir	-u → -ú	Stamm-u wird zu -ú in den stammbetonten Verbformen.
-asir ➤ asir	Stamm + -g	vor -a, -o wird der Verbstamm um -g erweitert.
-alir ➤ salir	Stamm + -g, Endung -i → -d	vor -a, -o wird der Verbstamm um -g erweitert, im fut. und con. wird der Anfangsbuchstabe -i der Endung in -d umgewandelt.

Übersicht über die Verbgruppen der Verben auf -IR

-oír	Stamm + -ig, -y,	vor -a, -o bzw. -e wird der Verbstamm um –ig bzw.
➤ oír	Endung -i → -y, -í	-y erweitert,
		unbetonte Endung -i + Vokal wird zu -y + Vokal,
		unbetonte Endung –i + Konsonant wird zu –í +
		Konsonant.

-uir	Stamm + -y	vor -a, -e, -o wird der Verbstamm um -y erweitert,
➤ huir	Endung -i → -y	unbetonte Endung -i + Vokal wird zu -y + Vokal.

-egir	-g → -j,	vor -a, -o wird -g zu –j,
➤ regir	-e → -i	Stamm-e wird zu -i in den stammbetonten Verb-
		formen, vor unbetontem -i + Vokal und vor –a.

-eguir	-gu → -g	vor -a, -o wird -gu zu –g,
➤ seguir	-e → -i,	Stamm-e wird zu -i in den stammbetonten Verb-
		formen, vor unbetontem -i + Vokal und vor –a.

➤ **erguir**	e- → i-, ye-,	Anfangs -e wird zu -i, -ye in den stammbetonten
	-gu → -g	Verbformen und vor -a,
		Anfangs -e wird zu -i vor unbetontem -i + Vokal,
		vor -a, -o wird -gu zu -g.

➤ **decir**	-c → -g,	vor –a, -o wird –c zu –g,
	-e → -i,	Stamm –e wird zu –i in den stammbetonten Verb-
	Endung –i → -j	formen, vor –i und im ger.,
	Stamm + -j,	Endung –i wird zu –j vor unbetontem –i +Vokal,
	–ec entfällt	vor unbetontem –i + Konsonant wird der Verb-
		stamm um –j erweitert,
		-ec des Verbstamms entfällt im fut. und con.

➤ **ir**		unregelmäßig.

➤ **venir**	Stamm + -g,	vor –a, -o wird der Verbstamm um –g erweitert,
	-e → –ie, -i	Stamm-e wird zu -ie in den stammbetonten Verb-
	Endung -e → –d	formen,
		im p. i., sub. imperf., sub. fut. wird Stamm -e zu –i,
		Anfangs-e der Endung wird zu –d im fut. und con.

Die Verben auf -IR

Die Verben auf -IR

Mod.	Zeit	1. Person Singular		2. Person Singular		3. Person Singular	
Ind.	Pres.		parto		partes		parte
	Imperf.		partía		partías		partía
	P. I.		partí		partiste		partió
	P. P.	he	partido	has	partido	ha	partido
	P. C.	había	partido	habías	partido	había	partido
	P. A.	hube	partido	hubiste	partido	hubo	partido
	Fut.		partiré		partirás		partirá
	F. P.	habré	partido	habrás	partido	habrá	partido
Con.	Con.		partiría		partirías		partiría
	C. P.	habría	partido	habrías	partido	habría	partido
Sub.	Pres.		parta		partas		parta
	Imperf.		partiera		partieras		partiera
			partiese		partieses		partiese
	P. P.	haya	partido	hayas	partido	haya	partido
	P. C.	hubiera	partido	hubieras	partido	hubiera	partido
		hubiese	partido	hubieses	partido	hubiese	partido
	Fut.		partiere		partieres		partiere
	F. P.	hubiere	partido	hubieres	partido	hubiere	partido
Imp.	afirm.				parte		parta
	negat.			no	partas	no	parta
Inf.	Pres.		partir (abreisen, -fahren; teilen)				
	Perf.	haber	partido				
Part.			partido				
Ger.	Pres.		partiendo				
	Perf.	habiendo	partido				

Die Verben auf -IR

1. Person Plural		2. Person Plural		3. Person Plural	
	partimos		partís		parten
	partíamos		partíais		partían
	partimos		partisteis		partieron
hemos	partido	habéis	partido	han	partido
habíamos	partido	habíais	partido	habían	partido
hubimos	partido	hubisteis	partido	hubieron	partido
	partiremos		partiréis		partirán
habremos	partido	habréis	partido	habrán	partido
	partiríamos		partiríais		partirían
habríamos	partido	habríais	partido	habrían	partido
	partamos		partáis		partan
	partiéramos		partierais		partieran
	partiésemos		partieseis		partiesen
hayamos	partido	hayáis	partido	hayan	partido
hubiéramos	partido	hubierais	partido	hubieran	partido
hubiésemos	partido	hubieseis	partido	hubiesen	partido
	partiéremos		partiereis		partieren
hubiéremos	partido	hubiereis	partido	hubieren	partido
	partamos		partid		partan
no	partamos	no	partáis	no	partan

Die Verben auf -IR

Die Verben auf -cir

Mod.	Zeit	1. Person Singular	2. Person Singular	3. Person Singular
Ind.	Pres.	zurzo	zurces	zurce
	Imperf.	zurcía	zurcías	zurcía
	P. I.	zurcí	zurciste	zurció
	P. P.	he zurcido	has zurcido	ha zurcido
	P. C.	había zurcido	habías zurcido	había zurcido
	P. A.	hube zurcido	hubiste zurcido	hubo zurcido
	Fut.	zurciré	zurcirás	zurcirá
	F. P.	habré zurcido	habrás zurcido	habrá zurcido
Con.	Con.	zurciría	zurcirías	zurciría
	C. P.	habría zurcido	habrías zurcido	habría zurcido
Sub.	Pres.	zurza	zurzas	zurza
	Imperf.	zurciera / zurciese	zurcieras / zurcieses	zurciera / zurciese
	P. P.	haya zurcido	hayas zurcido	haya zurcido
	P. C.	hubiera zurcido / hubiese zurcido	hubieras zurcido / hubieses zurcido	hubiera zurcido / hubiese zurcido
	Fut.	zurciere	zurcieres	zurciere
	F. P.	hubiere zurcido	hubieres zurcido	hubiere zurcido
Imp.	afirm.		zurce	zurza
	negat.		no zurzas	no zurza
Inf.	Pres.	zurcir (flicken, stopfen)		
	Perf.	haber zurcido		
Part.		zurcido		
Ger.	Pres.	zurciendo		
	Perf.	habiendo zurcido		

Vor allen Endungen, die mit -a, -o beginnen, wird das -c des Verbstamms in -z um den, andernfalls würde –c vor -a, -o wie [k] ausgesprochen. Dies gilt für die Verben

144

Die Verben auf -cir

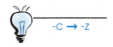
-c → -z

1. Person Plural		2. Person Plural		3. Person Plural	
	zurcimos		zurcís		zurcen
	zurcíamos		zurcíais		zurcían
	zurcimos		zurcisteis		zurcieron
hemos	zurcido	habéis	zurcido	han	zurcido
habíamos	zurcido	habíais	zurcido	habían	zurcido
hubimos	zurcido	hubisteis	zurcido	hubieron	zurcido
	zurciremos		zurciréis		zurcirán
habremos	zurcido	habréis	zurcido	habrán	zurcido
	zurciríamos		zurciríais		zurcirían
habríamos	zurcido	habríais	zurcido	habrían	zurcido
	zurzamos		zurzáis		zurzan
	zurciéramos		zurcierais		zurcieran
	zurciésemos		zurcieseis		zurciesen
hayamos	zurcido	hayáis	zurcido	hayan	zurcido
hubiéramos	zurcido	hubierais	zurcido	hubieran	zurcido
hubiésemos	zurcido	hubieseis	zurcido	hubiesen	zurcido
	zurciéremos		zurciereis		zurcieren
hubiéremos	zurcido	hubiereis	zurcido	hubieren	zurcido
	zurzamos		zurcid		zurzan
no	zurzamos	no	zurzáis	no	zurzan

gewandelt. Somit kann der stimmlose Lispellaut [θ] des Infinitivs beibehalten werauf -cir, wobei einige Verben auf -cir das -c des Verbstamms in -zc umwandeln.

Die Verben auf -IR

Die Verben auf -cir

Mod.	Zeit	1. Person Singular		2. Person Singular		3. Person Singular	
Ind.	Pres.		luzco		luces		luce
	Imperf.		lucía		lucías		lucía
	P. I.		lucí		luciste		lució
	P. P.	he	lucido	has	lucido	ha	lucido
	P. C.	había	lucido	habías	lucido	había	lucido
	P. A.	hube	lucido	hubiste	lucido	hubo	lucido
	Fut.		luciré		lucirás		lucirá
	F. P.	habré	lucido	habrás	lucido	habrá	lucido
Con.	Con.		luciría		lucirías		luciría
	C. P.	habría	lucido	habrías	lucido	habría	lucido
Sub.	Pres.		luzca		luzcas		luzca
	Imperf.		luciera luciese		lucieras lucieses		luciera luciese
	P. P.	haya	lucido	hayas	lucido	haya	lucido
	P. C.	hubiera hubiese	lucido lucido	hubieras hubieses	lucido lucido	hubiera hubiese	lucido lucido
	Fut.		luciere		lucieres		luciere
	F. P.	hubiere	lucido	hubieres	lucido	hubiere	lucido
Imp.	afirm.				luce		luzca
	negat.			no	luzcas	no	luzca
Inf.	Pres.		lucir (leuchten, glänzen)				
	Perf.	haber	lucido				
Part.			lucido				
Ger.	Pres.		luciendo				
	Perf.	habiendo	lucido				

Vor allen Endungen, die mit -a, -o beginnen, wird das -c des Verbstamms in -zc

Die Verben auf -cir

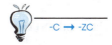

-c → -zc

	1. Person Plural		2. Person Plural		3. Person Plural
	lucimos		lucís		lucen
	lucíamos		lucíais		lucían
	lucimos		lucisteis		lucieron
hemos	lucido	habéis	lucido	han	lucido
habíamos	lucido	habíais	lucido	habían	lucido
hubimos	lucido	hubisteis	lucido	hubieron	lucido
	luciremos		luciréis		lucirán
habremos	lucido	habréis	lucido	habrán	lucido
	luciríamos		luciríais		lucirían
habríamos	lucido	habríais	lucido	habrían	lucido
	luzcamos		luzcáis		luzcan
	luciéramos		lucierais		lucieran
	luciésemos		lucieseis		luciesen
hayamos	lucido	hayáis	lucido	hayan	lucido
hubiéramos	lucido	hubierais	lucido	hubieran	lucido
hubiésemos	lucido	hubieseis	lucido	hubiesen	lucido
	luciéremos		luciereis		lucieren
hubiéremos	lucido	hubiereis	lucido	hubieren	lucido
	luzcamos		lucid		luzcan
no	luzcamos	no	luzcáis	no	luzcan

umgewandelt. Dies gilt für lucir und seine Zusammensetzungen.

Die Verben auf -IR

Die Verben auf -cir

Mod.	Zeit	1. Person Singular		2. Person Singular		3. Person Singular	
Ind.	Pres.		conduzco		conduces		conduce
	Imperf.		conducía		conducías		conducía
	P. I.		conduje		condujiste		condujo
	P. P.	he	conducido	has	conducido	ha	conducido
	P. C.	había	conducido	habías	conducido	había	conducido
	P. A.	hube	conducido	hubiste	conducido	hubo	conducido
	Fut.		conduciré		conducirás		conducirá
	F. P.	habré	conducido	habrás	conducido	habrá	conducido
Con.	Con.		conduciría		conducirías		conduciría
	C. P.	habría	conducido	habrías	conducido	habría	conducido
Sub.	Pres.		conduzca		conduzcas		conduzca
	Imperf.		condujera		condujeras		condujera
			condujese		condujeses		condujese
	P. P.	haya	conducido	hayas	conducido	haya	conducido
	P. C.	hubiera	conducido	hubieras	conducido	hubiera	conducido
		hubiese	conducido	hubieses	conducido	hubiese	conducido
	Fut.		condujere		condujeres		condujere
	F. P.	hubiere	conducido	hubieres	conducido	hubiere	conducido
Imp.	afirm.				conduce		conduzca
	negat.			no	conduzcas	no	conduzca
Inf.	Pres.		conducir (führen, leiten; fahren)				
	Perf.	haber	conducido				
Part.			conducido				
Ger.	Pres.		conduciendo				
	Perf.	habiendo conducido					

Vor allen Endungen, die mit -a, -o beginnen, wird das -c des Verbstamms in -zc beginnen, wird dieses außer im gerundio, in -j umgewandelt. Vor allen Endun ein –j eingefügt, das –i bleibt erhalten. Dies gilt für alle Verben auf -ducir.

Die Verben auf -cir

-c → -zc,   Verbstamm + -j,   Endung –i → -j

	1. Person Plural		2. Person Plural		3. Person Plural
	conduc*imos*		conduc*ís*		conduc*en*
	conduc*íamos*		conduc*íais*		conduc*ían*
	condu*jimos*		condu*jisteis*		condu*jeron*
hemos	conducido	habéis	conducido	han	conducido
habíamos	conducido	habíais	conducido	habían	conducido
hubimos	conducido	hubisteis	conducido	hubieron	conducido
	conducir*emos*		conducir*éis*		conducir*án*
habremos	conducido	habréis	conducido	habrán	conducido
	conducir*íamos*		conducir*íais*		conducir*ían*
habríamos	conducido	habríais	conducido	habrían	conducido
	condu*zcamos*		condu*zcáis*		condu*zcan*
	condu*jéramos*		condu*jerais*		condu*jeran*
	condu*jésemos*		condu*jeseis*		condu*jesen*
hayamos	conducido	hayáis	conducido	hayan	conducido
hubiéramos	conducido	hubierais	conducido	hubieran	conducido
hubiésemos	conducido	hubieseis	conducido	hubiesen	conducido
	condu*jéremos*		condu*jereis*		condu*jeren*
hubiéremos	conducido	hubiereis	conducido	hubieren	conducido
	condu*zcamos*		conduc*id*		condu*zcan*
no	condu*zcamos*	no	condu*zcáis*	no	condu*zcan*

umgewandelt. Vor allen Endungen, die mit unbetontem -i (-i ohne Akzent) + Vokal gen, die mit –i + Konsonant beginnen, wird – außer im participio – zusätzlich

Die Verben auf -IR

Die Verben auf -gir

Mod.	Zeit	1. Person Singular	2. Person Singular	3. Person Singular
Ind.	Pres.	dirijo	diriges	dirige
	Imperf.	dirigía	dirigías	dirigía
	P. I.	dirigí	dirigiste	dirigió
	P. P.	he dirigido	has dirigido	ha dirigido
	P. C.	había dirigido	habías dirigido	había dirigido
	P. A.	hube dirigido	hubiste dirigido	hubo dirigido
	Fut.	dirigiré	dirigirás	dirigirá
	F. P.	habré dirigido	habrás dirigido	habrá dirigido
Con.	Con.	dirigiría	dirigirías	dirigiría
	C. P.	habría dirigido	habrías dirigido	habría dirigido
Sub.	Pres.	dirija	dirijas	dirija
	Imperf.	dirigiera dirigiese	dirigieras dirigieses	dirigiera dirigiese
	P. P.	haya dirigido	hayas dirigido	haya dirigido
	P. C.	hubiera dirigido hubiese dirigido	hubieras dirigido hubieses dirigido	hubiera dirigido hubiese dirigido
	Fut.	dirigiere	dirigieres	dirigiere
	F. P.	hubiere dirigido	hubieres dirigido	hubiere dirigido
Imp.	afirm.		dirige	dirija
	negat.		no dirijas	no dirija
Inf.	Pres.	dirigir (führen, leiten)		
	Perf.	haber dirigido		
Part.		dirigido		
Ger.	Pres.	dirigiendo		
	Perf.	habiendo dirigido		

Vor allen Endungen, die mit -a, -o beginnen, wird das -g des Verbstamms in -j um würde -g vor -a, -o wie [g] ausgesprochen. Dies gilt für alle Verben auf -gir.

Die Verben auf -gir

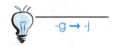
-g → -j

1. Person Plural		2. Person Plural		3. Person Plural	
	dirigimos		dirigís		dirigen
	dirigíamos		dirigíais		dirigían
	dirigimos		dirigisteis		dirigieron
hemos	dirigido	habéis	dirigido	han	dirigido
habíamos	dirigido	habíais	dirigido	habían	dirigido
hubimos	dirigido	hubisteis	dirigido	hubieron	dirigido
	dirigiremos		dirigiréis		dirigirán
habremos	dirigido	habréis	dirigido	habrán	dirigido
	dirigiríamos		dirigiríais		dirigirían
habríamos	dirigido	habríais	dirigido	habrían	dirigido
	dirijamos		dirijáis		dirijan
	dirigiéramos		dirigierais		dirigieran
	dirigiésemos		dirigieseis		dirigiesen
hayamos	dirigido	hayáis	dirigido	hayan	dirigido
hubiéramos	dirigido	hubierais	dirigido	hubieran	dirigido
hubiésemos	dirigido	hubieseis	dirigido	hubiesen	dirigido
	dirigiéremos		dirigiereis		dirigieren
hubiéremos	dirigido	hubiereis	dirigido	hubieren	dirigido
	dirijamos		dirigid		dirijan
no	dirijamos	no	dirijáis	no	dirijan

gewandelt. Somit kann der ch-Laut des Infinitivs beibehalten werden, andernfalls

Die Verben auf -IR

Die Verben auf -guir

Mod.	Zeit	1. Person Singular	2. Person Singular	3. Person Singular
Ind.	Pres.	distingo	distingues	distingue
	Imperf.	distinguía	distinguías	distinguía
	P. I.	distinguí	distinguiste	distinguió
	P. P.	he distinguido	has distinguido	ha distinguido
	P. C.	había distinguido	habías distinguido	había distinguido
	P. A.	hube distinguido	hubiste distinguido	hubo distinguido
	Fut.	distinguiré	distinguirás	distinguirá
	F. P.	habré distinguido	habrás distinguido	habrá distinguido
Con.	Con.	distinguiría	distinguirías	distinguiría
	C. P.	habría distinguido	habrías distinguido	habría distinguido
Sub.	Pres.	distinga	distingas	distinga
	Imperf.	distinguiera / distinguiese	distinguieras / distinguieses	distinguiera / distinguiese
	P. P.	haya distinguido	hayas distinguido	haya distinguido
	P. C.	hubiera distinguido / hubiese distinguido	hubieras distinguido / hubieses distinguido	hubiera distinguido / hubiese distinguido
	Fut.	distinguiere	distinguieres	distinguiere
	F. P.	hubiere distinguido	hubieres distinguido	hubiere distinguido
Imp.	afirm.		distingue	distinga
	negat.		no distingas	no distinga
Inf.	Pres.	distinguir (unterscheiden)		
	Perf.	haber distinguido		
Part.		distinguido		
Ger.	Pres.	distinguiendo		
	Perf.	habiendo distinguido		

Vor allen Endungen, die mit -a, -o beginnen, wird das -gu des Verbstamms in -g (-u wird nicht ausgesprochen). Somit kann das -g wie [g] ausgesprochen werden, chen. Dies gilt für alle Verben auf -guir.

Die Verben auf -guir

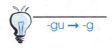 -gu → -g

	1. Person Plural		2. Person Plural		3. Person Plural
	distinguimos		distinguís		distinguen
	distinguíamos		distinguíais		distinguían
	distinguimos		distinguisteis		distinguieron
hemos	distinguido	habéis	distinguido	han	distinguido
habíamos	distinguido	habíais	distinguido	habían	distinguido
hubimos	distinguido	hubisteis	distinguido	hubieron	distinguido
	distinguiremos		distinguiréis		distinguirán
habremos	distinguido	habréis	distinguido	habrán	distinguido
	distinguiríamos		distinguiríais		distinguirían
habríamos	distinguido	habríais	distinguido	habrían	distinguido
	distingamos		distingáis		distingan
	distinguiéramos		distinguierais		distinguieran
	distinguiésemos		distinguieseis		distinguiesen
hayamos	distinguido	hayáis	distinguido	hayan	distinguido
hubiéramos	distinguido	hubierais	distinguido	hubieran	distinguido
hubiésemos	distinguido	hubieseis	distinguido	hubiesen	distinguido
	distinguiéremos		distinguiereis		distinguieren
hubiéremos	distinguido	hubiereis	distinguido	hubieren	distinguido
	distingamos		distinguid		distingan
no	distingamos	no	distingáis	no	distingan

umgewandelt. Vor allen Endungen, die mit -e, -i beginnen, bleibt das -u erhalten andernfalls würde es wie [ch] ausgesprochen. Vor -a, -o wird -g wie [g] ausgespro-

Die Verben auf -IR

Die Verben auf -quir

Mod.	Zeit	1. Person Singular	2. Person Singular	3. Person Singular
Ind.	Pres.	delinco	delinques	delinque
	Imperf.	delinquía	delinquías	delinquía
	P. I.	delinquí	delinquiste	delinquió
	P. P.	he delinquido	has delinquido	ha delinquido
	P. C.	había delinquido	habías delinquido	había delinquido
	P. A.	hube delinquido	hubiste delinquido	hubo delinquido
	Fut.	delinquiré	delinquirás	delinquirá
	F. P.	habré delinquido	habrás delinquido	habrá delinquido
Con.	Con.	delinquiría	delinquirías	delinquiría
	C. P.	habría delinquido	habrías delinquido	habría delinquido
Sub.	Pres.	delinca	delincas	delinca
	Imperf.	delinquiera / delinquiese	delinquieras / delinquieses	delinquiera / delinquiese
	P. P.	haya delinquido	hayas delinquido	haya delinquido
	P. C.	hubiera delinquido / hubiese delinquido	hubieras delinquido / hubieses delinquido	hubiera delinquido / hubiese delinquido
	Fut.	delinquiere	delinquieres	delinquiere
	F. P.	hubiere delinquido	hubieres delinquido	hubiere delinquido
Imp.	afirm.		delinque	delinca
	negat.		no delincas	no delinca
Inf.	Pres.	delinquir (straffällig werden)		
	Perf.	haber delinquido		
Part.		delinquido		
Ger.	Pres.	delinquiendo		
	Perf.	habiendo delinquido		

Vor allen Endungen, die mit -a, -o beginnen, wird das -qu des Verbstamms in -c mit kann der k-Laut des Infinitivs beibehalten werden, andernfalls würde -c vor -e, -i chen. Dies gilt für alle Verben auf -quir.

Die Verben auf -quir

-qu → -c

	1. Person Plural		2. Person Plural		3. Person Plural
	delinqu*imos*		delinqu*ís*		delinqu*en*
	delinqu*íamos*		delinqu*íais*		delinqu*ían*
	delinqu*imos*		delinqu*isteis*		delinqu*ieron*
hemos	delinqu*ido*	habéis	delinqu*ido*	han	delinqu*ido*
habíamos	delinqu*ido*	habíais	delinqu*ido*	habían	delinqu*ido*
hubimos	delinqu*ido*	hubisteis	delinqu*ido*	hubieron	delinqu*ido*
	delinqu*iremos*		delinqu*iréis*		delinqu*irán*
habremos	delinqu*ido*	habréis	delinqu*ido*	habrán	delinqu*ido*
	delinqu*iríamos*		delinqu*iríais*		delinqu*irían*
habríamos	delinqu*ido*	habríais	delinqu*ido*	habrían	delinqu*ido*
	delin*c*amos		delin*c*áis		delin*c*an
	delinqu*iéramos*		delinqu*ierais*		delinqu*ieran*
	delinqu*iésemos*		delinqu*ieseis*		delinqu*iesen*
hayamos	delinqu*ido*	hayáis	delinqu*ido*	hayan	delinqu*ido*
hubiéramos	delinqu*ido*	hubierais	delinqu*ido*	hubieran	delinqu*ido*
hubiésemos	delinqu*ido*	hubieseis	delinqu*ido*	hubiesen	delinqu*ido*
	delinqu*iéremos*		delinqu*iereis*		delinqu*ieren*
hubiéremos	delinqu*ido*	hubiereis	delinqu*ido*	hubieren	delinqu*ido*
	delin*c*amos		delinqu*id*		delin*c*an
no	delin*c*amos	no	delin*c*áis	no	delin*c*an

umgewandelt. Vor allen Endungen, die mit -e, -i beginnen, bleibt -qu erhalten. Sowie ein stimmloser Lispellaut [θ] ausgesprochen. Vor -a, -o wird -c wie [k] ausgespro-

Die Verben auf -IR

Die Verben mit betontem -e in der Stammsilbe

Mod.	Zeit	1. Person Singular	2. Person Singular	3. Person Singular
Ind.	Pres.	discierno	disciernes	discierne
	Imperf.	discernía	discernías	discernía
	P. I.	discerní	discerniste	discernió
	P. P.	he discernido	has discernido	ha discernido
	P. C.	había discernido	habías discernido	había discernido
	P. A.	hube discernido	hubiste discernido	hubo discernido
	Fut.	discerniré	discernirás	discernirá
	F. P.	habré discernido	habrás discernido	habrá discernido
Con.	Con.	discerniría	discernirías	discerniría
	C. P.	habría discernido	habrías discernido	habría discernido
Sub.	Pres.	discierna	disciernas	discierna
	Imperf.	discerniera / discerniese	discernieras / discernieses	discerniera / discerniese
	P. P.	haya discernido	hayas discernido	haya discernido
	P. C.	hubiera discernido / hubiese discernido	hubieras discernido / hubieses discernido	hubiera discernido / hubiese discernido
	Fut.	discerniere	discernieres	discerniere
	F. P.	hubiere discernido	hubieres discernido	hubiere discernido
Imp.	afirm.		discierne	discierna
	negat.		no disciernas	no discierna
Inf.	Pres.	discernir (unterscheiden)		
	Perf.	haber discernido		
Part.		discernido		
Ger.	Pres.	discerniendo		
	Perf.	habiendo discernido		

In allen auf dem Verbstamm betonten Verbformen wird das -e des Verbstamms in Verben auf -endir wandeln das -e des Verbstamms in -i um.

Die Verben mit betontem -e in der Stammsilbe

-e → -ie

	1. Person Plural		2. Person Plural		3. Person Plural
	discernimos		discernís		disciernen
	discerníamos		discerníais		discernían
	discernimos		discernisteis		discernieron
hemos	discernido	habéis	discernido	han	discernido
habíamos	discernido	habíais	discernido	habían	discernido
hubimos	discernido	hubisteis	discernido	hubieron	discernido
	discerniremos		discerniréis		discernirán
habremos	discernido	habréis	discernido	habrán	discernido
	discerniríamos		discerniríais		discernirían
habríamos	discernido	habríais	discernido	habrían	discernido
	discernamos		discernáis		disciernan
	discerniéramos		discernierais		discernieran
	discerniésemos		discernieseis		discerniesen
hayamos	discernido	hayáis	discernido	hayan	discernido
hubiéramos	discernido	hubierais	discernido	hubieran	discernido
hubiésemos	discernido	hubieseis	discernido	hubiesen	discernido
	discerniéremos		discerniereis		discernieren
hubiéremos	discernido	hubiereis	discernido	hubieren	discernido
	discernamos		discernid		disciernan
no	discernamos	no	discernáis	no	disciernan

-ie umgewandelt. Dies gilt für alle Verben auf -ernir und für hendir. Die anderen

157

Die Verben auf -IR

Die Verben mit betontem -e in der Stammsilbe

Mod.	Zeit	1. Person Singular	2. Person Singular	3. Person Singular
Ind.	Pres.	siento	sientes	siente
	Imperf.	sentía	sentías	sentía
	P. I.	sentí	sentiste	sintió
	P. P.	he sentido	has sentido	ha sentido
	P. C.	había sentido	habías sentido	había sentido
	P. A.	hube sentido	hubiste sentido	hubo sentido
	Fut.	sentiré	sentirás	sentirá
	F. P.	habré sentido	habrás sentido	habrá sentido
Con.	Con.	sentiría	sentirías	sentiría
	C. P.	habría sentido	habrías sentido	habría sentido
Sub.	Pres.	sienta	sientas	sienta
	Imperf.	sintiera / sintiese	sintieras / sintieses	sintiera / sintiese
	P. P.	haya sentido	hayas sentido	haya sentido
	P. C.	hubiera sentido / hubiese sentido	hubieras sentido / hubieses sentido	hubiera sentido / hubiese sentido
	Fut.	sintiere	sintieres	sintiere
	F. P.	hubiere sentido	hubieres sentido	hubiere sentido
Imp.	afirm.		siente	sienta
	negat.		no sientas	no sienta
Inf.	Pres.	sentir (fühlen)		
	Perf.	haber sentido		
Part.		sentido		
Ger.	Pres.	sintiendo		
	Perf.	habiendo sentido		

In allen auf dem Verbstamm betonten Verbformen wird das -e des Verbstamms in Vokal beginnen und in der 1. und 2. Person Plural des subjuntivo presente und Verben auf -entir, -erir, -ertir und einige Verben auf -ervir. Einige Verben auf -ervir

Die Verben mit betontem -e in der Stammsilbe

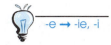
-e → -ie, -i

1. Person Plural		2. Person Plural		3. Person Plural	
	sentimos		sentís		sienten
	sentíamos		sentíais		sentían
	sentimos		sentisteis		sintieron
hemos	sentido	habéis	sentido	han	sentido
habíamos	sentido	habíais	sentido	habían	sentido
hubimos	sentido	hubisteis	sentido	hubieron	sentido
	sentiremos		sentiréis		sentirán
habremos	sentido	habréis	sentido	habrán	sentido
	sentiríamos		sentiríais		sentirían
habríamos	sentido	habríais	sentido	habrían	sentido
	sintamos		sintáis		sientan
	sintiéramos		sintierais		sintieran
	sintiésemos		sintieseis		sintiesen
hayamos	sentido	hayáis	sentido	hayan	sentido
hubiéramos	sentido	hubierais	sentido	hubieran	sentido
hubiésemos	sentido	hubieseis	sentido	hubiesen	sentido
	sintiéremos		sintiereis		sintieren
hubiéremos	sentido	hubiereis	sentido	hubieren	sentido
	sintamos		sentid		sientan
no	sintamos	no	sintáis	no	sientan

-ie umgewandelt. Vor allen Endungen, die mit unbetontem -i (-i ohne Akzent) + des imperativo, wird das -e des Verbstamms in -i umgewandelt. Dies gilt für alle wandeln das -e des Verbstamms in den stammbetonten Verbformen in -i um.

159

Die Verben auf -IR

Die Verben mit betontem -e in der Stammsilbe

Mod.	Zeit	1. Person Singular	2. Person Singular	3. Person Singular
Ind.	Pres.	mido	mides	mide
	Imperf.	medía	medías	medía
	P. I.	medí	mediste	midió
	P. P.	he medido	has medido	ha medido
	P. C.	había medido	habías medido	había medido
	P. A.	hube medido	hubiste medido	hubo medido
	Fut.	mediré	medirás	medirá
	F. P.	habré medido	habrás medido	habrá medido
Con.	Con.	mediría	medirías	mediría
	C. P.	habría medido	habrías medido	habría medido
Sub.	Pres.	mida	midas	mida
	Imperf.	midiera / midiese	midieras / midieses	midiera / midiese
	P. P.	haya medido	hayas medido	haya medido
	P. C.	hubiera medido / hubiese medido	hubieras medido / hubieses medido	hubiera medido / hubiese medido
	Fut.	midiere	midieres	midiere
	F. P.	hubiere medido	hubieres medido	hubiere medido
Imp.	afirm.		mide	mida
	negat.		no midas	no mida
Inf.	Pres.	medir (messen)		
	Perf.	haber medido		
Part.		medido		
Ger.	Pres.	midiendo		
	Perf.	habiendo medido		

 In allen auf dem Verbstamm betonten Verbformen und vor allen Endungen, die Verbstamms in -i umgewandelt. Dies gilt für alle Verben auf -ebir, -edir, -emir, -enchir, bzw. -ervir wandeln das -e des Verbstamms in -ie bzw. -ie und -i um.

Die Verben mit betontem -e in der Stammsilbe

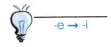
-e → -i

1. Person Plural		2. Person Plural		3. Person Plural	
	medimos		medís		miden
	medíamos		medíais		medían
	medimos		medisteis		midieron
hemos	medido	habéis	medido	han	medido
habíamos	medido	habíais	medido	habían	medido
hubimos	medido	hubisteis	medido	hubieron	medido
	mediremos		mediréis		medirán
habremos	medido	habréis	medido	habrán	medido
	mediríamos		mediríais		medirían
habríamos	medido	habríais	medido	habrían	medido
	midamos		midáis		midan
	midiéramos		midierais		midieran
	midiésemos		midieseis		midiesen
hayamos	medido	hayáis	medido	hayan	medido
hubiéramos	medido	hubierais	medido	hubieran	medido
hubiésemos	medido	hubieseis	medido	hubiesen	medido
	midiéremos		midiereis		midieren
hubiéremos	medido	hubiereis	medido	hubieren	medido
	midamos		medid		midan
no	midamos	no	midáis	no	midan

mit unbetontem -i (-i ohne Akzent) + Vokal oder -a beginnen, wird das -e des -estir und -etir und einige Verben auf -endir bzw. -ervir. Einige Verben auf -endir

Die Verben auf –IR

Die Verben mit betontem –i in der Stammsilbe

Mod.	Zeit	1. Person Singular		2. Person Singular		3. Person Singular	
Ind.	Pres.		prohíbo		prohíbes		prohíbe
	Imperf.		prohibía		prohibías		prohibía
	P. I.		prohibí		prohibiste		prohibió
	P. P.	he	prohibido	has	prohibido	ha	prohibido
	P. C.	había	prohibido	habías	prohibido	había	prohibido
	P. A.	hube	prohibido	hubiste	prohibido	hubo	prohibido
	Fut.		prohibiré		prohibirás		prohibirá
	F. P.	habré	prohibido	habrás	prohibido	habrá	prohibido
Con.	Con.		prohibiría		prohibirías		prohibiría
	C. P.	habría	prohibido	habrías	prohibido	habría	prohibido
Sub.	Pres.		prohíba		prohíbas		prohíba
	Imperf.		prohibiera prohibiese		prohibieras prohibieses		prohibiera prohibiese
	P. P.	haya	prohibido	hayas	prohibido	haya	prohibido
	P. C.	hubiera hubiese	prohibido prohibido	hubieras hubieses	prohibido prohibido	hubiera hubiese	prohibido prohibido
	Fut.		prohibiere		prohibieres		prohibiere
	F. P.	hubiere	prohibido	hubieres	prohibido	hubiere	prohibido
Imp.	afirm.				prohíbe		prohíba
	negat.			no	prohíbas	no	prohíba
Inf.	Pres.		prohibir (verbieten)				
	Perf.	haber	prohibido				
Part.			prohibido				
Ger.	Pres.		prohibiendo				
	Perf.	habiendo prohibido					

In allen auf dem Verbstamm betonten Verbformen wird das –i des Verbstamms in

162

Die Verben auf -IR

-i → -í

1. Person Plural		2. Person Plural		3. Person Plural	
	prohib*imos*		prohib*ís*		proh*í*ben
	prohib*íamos*		prohib*íais*		prohib*ían*
	prohib*imos*		prohib*isteis*		prohib*ieron*
hemos	prohib*ido*	habéis	prohib*ido*	han	prohib*ido*
habíamos	prohib*ido*	habíais	prohib*ido*	habían	prohib*ido*
hubimos	prohib*ido*	hubisteis	prohib*ido*	hubieron	prohib*ido*
	prohib*iremos*		prohib*iréis*		prohib*irán*
habremos	prohib*ido*	habréis	prohib*ido*	habrán	prohib*ido*
	prohib*iríamos*		prohib*iríais*		prohib*irían*
habríamos	prohib*ido*	habríais	prohib*ido*	habrían	prohib*ido*
	prohib*amos*		prohib*áis*		proh*í*ban
	prohib*iéramos*		prohib*ierais*		prohib*ieran*
	prohib*iésemos*		prohib*ieseis*		prohib*iesen*
hayamos	prohib*ido*	hayáis	prohib*ido*	hayan	prohib*ido*
hubiéramos	prohib*ido*	hubierais	prohib*ido*	hubieran	prohib*ido*
hubiésemos	prohib*ido*	hubieseis	prohib*ido*	hubiesen	prohib*ido*
	prohib*iéremos*		prohib*iereis*		prohib*ieren*
hubiéremos	prohib*ido*	hubiereis	prohib*ido*	hubieren	prohib*ido*
	prohib*amos*		prohib*id*		proh*í*ban
no	prohib*amos*	no	prohib*áis*	no	proh*í*ban

–í umgewandelt. Dies gilt für prohib*i*r.

Die Verben auf -IR

Die Verben auf -eír

Mod.	Zeit	1. Person Singular	2. Person Singular	3. Person Singular
Ind.	Pres.	río	ríes	ríe
	Imperf.	reía	reías	reía
	P. I.	reí	reíste	rió
	P. P.	he reído	has reído	ha reído
	P. C.	había reído	habías reído	había reído
	P. A.	hube reído	hubiste reído	hubo reído
	Fut.	reiré	reirás	reirá
	F. P.	habré reído	habrás reído	habrá reído
Con.	Con.	reiría	reirías	reiría
	C. P.	habría reído	habrías reído	habría reído
Sub.	Pres.	ría	rías	ría
	Imperf.	riera / riese	rieras / rieses	riera / riese
	P. P.	haya reído	hayas reído	haya reído
	P. C.	hubiera reído / hubiese reído	hubieras reído / hubieses reído	hubiera reído / hubiese reído
	Fut.	riere	rieres	riere
	F. P.	hubiere reído	hubieres reído	hubiere reído
Imp.	afirm.		ríe	ría
	negat.		no rías	no ría
Inf.	Pres.	reír (lachen)		
	Perf.	haber reído		
Part.		reído		
Ger.	Pres.	riendo		
	Perf.	habiendo reído		

In allen auf dem Verbstamm betonten Verbformen und in der 1. und 2. Person Plu Person Plural des imperativo afirmativo wird das -e des Verbstamms in -í um beginnen, entfällt das -e des Verbstamms. Vor allen Endungen, die mit unbe Verben auf -eír.

Die Verben auf -e*í*r

Verbstamm -e → -í,   Verbstamm -e entfällt,   Endung -i → -í

1. Person Plural		2. Person Plural		3. Person Plural	
	re*í*mos		re*í*s		r*í*en
	re*í*amos		re*í*ais		re*í*an
	re*í*mos		re*ís*teis		r*i*eron
hemos	re*í*do	habéis	re*í*do	han	re*í*do
habíamos	re*í*do	habíais	re*í*do	habían	re*í*do
hubimos	re*í*do	hubisteis	re*í*do	hubieron	re*í*do
	reiremos		reiréis		reirán
habremos	re*í*do	habréis	re*í*do	habrán	re*í*do
	reiríamos		reiríais		reirían
habríamos	re*í*do	habríais	re*í*do	habrían	re*í*do
	r*i*amos		r*i*áis		r*í*an
	r*i*éramos		r*i*erais		r*i*eran
	r*i*ésemos		r*i*eseis		r*i*esen
hayamos	re*í*do	hayáis	re*í*do	hayan	re*í*do
hubiéramos	re*í*do	hubierais	re*í*do	hubieran	re*í*do
hubiésemos	re*í*do	hubieseis	re*í*do	hubiesen	re*í*do
	r*i*éremos		r*i*ereis		r*i*eren
hubiéremos	re*í*do	hubiereis	re*í*do	hubieren	re*í*do
	r*i*amos		re*í*d		r*í*an
no	r*i*amos	no	r*i*áis	no	r*í*an

ral des subjuntivo presente und des imperativo negativo sowie in der 1. gewandelt. Vor allen Endungen, die mit unbetontem -i (-i ohne Akzent) + Vokal tontem –i + Konsonant beginnen, erhält das Endungs-i den Akzent. Dies gilt für alle

Die Verben auf -IR

Die Verben auf -eñir

Mod.	Zeit	1. Person Singular	2. Person Singular	3. Person Singular
Ind.	Pres.	tiño	tiñes	tiñe
	Imperf.	teñía	teñías	teñía
	P. I.	teñí	teñiste	tiñó
	P. P.	he teñido	has teñido	ha teñido
	P. C.	había teñido	habías teñido	había teñido
	P. A.	hube teñido	hubiste teñido	hubo teñido
	Fut.	teñiré	teñirás	teñirá
	F. P.	habré teñido	habrás teñido	habrá teñido
Con.	Con.	teñiría	teñirías	teñiría
	C. P.	habría teñido	habrías teñido	habría teñido
Sub.	Pres.	tiña	tiñas	tiña
	Imperf.	tiñera / tiñese	tiñeras / tiñeses	tiñera / tiñese
	P. P.	haya teñido	hayas teñido	haya teñido
	P. C.	hubiera teñido / hubiese teñido	hubieras teñido / hubieses teñido	hubiera teñido / hubiese teñido
	Fut.	tiñere	tiñeres	tiñere
	F. P.	hubiere teñido	hubieres teñido	hubiere teñido
Imp.	afirm.		tiñe	tiña
	negat.		no tiñas	no tiña
Inf.	Pres.	teñir (färben)		
	Perf.	haber teñido		
Part.		teñido		
Ger.	Pres.	tiñendo		
	Perf.	habiendo teñido		

 In allen auf dem Verbstamm betonten Verbformen und vor allen Endungen, die gen, die mit unbetontem -i (-i ohne Akzent) + Vokal beginnen, wird das -e des klingt. Dies gilt für alle Verben auf -eñir.

Die Verben auf -eñir

-e → -i,   Endung -i entfällt

1. Person Plural		2. Person Plural		3. Person Plural	
	teñimos		teñis		tiñen
	teñíamos		teñíais		teñían
	teñimos		teñisteis		tiñeron
hemos	teñido	habéis	teñido	han	teñido
habíamos	teñido	habíais	teñido	habían	teñido
hubimos	teñido	hubisteis	teñido	hubieron	teñido
	teñiremos		teñiréis		teñirán
habremos	teñido	habréis	teñido	habrán	teñido
	teñiríamos		teñiríais		teñirían
habríamos	teñido	habríais	teñido	habrían	teñido
	tiñamos		tiñáis		tiñan
	tiñéramos		tiñerais		tiñeran
	tiñésemos		tiñeseis		tiñesen
hayamos	teñido	hayáis	teñido	hayan	teñido
hubiéramos	teñido	hubierais	teñido	hubieran	teñido
hubiésemos	teñido	hubieseis	teñido	hubiesen	teñido
	tiñéremos		tiñereis		tiñeren
hubiéremos	teñido	hubiereis	teñido	hubieren	teñido
	tiñamos		teñid		tiñan
no	tiñamos	no	tiñáis	no	tiñan

mit -a beginnen, wird das -e des Verbstamms in -i umgewandelt. Vor allen Endun-
Verbstamms in -i umgewandelt, das -i der Endung entfällt, da im -ñ bereits -i an-

167

Die Verben auf -IR

Die Verben auf -añir, -iñir, -uñir, -ullir

Mod.	Zeit	1. Person Singular		2. Person Singular		3. Person Singular	
Ind.	Pres.		bruño		bruñes		bruñe
	Imperf.		bruñía		bruñías		bruñía
	P. I.		bruñí		bruñiste		bruñó
	P. P.	he	bruñido	has	bruñido	ha	bruñido
	P. C.	había	bruñido	habías	bruñido	había	bruñido
	P. A.	hube	bruñido	hubiste	bruñido	hubo	bruñido
	Fut.		bruñiré		bruñirás		bruñirá
	F. P.	habré	bruñido	habrás	bruñido	habrá	bruñido
Con.	Con.		bruñiría		bruñirías		bruñiría
	C. P.	habría	bruñido	habrías	bruñido	habría	bruñido
Sub.	Pres.		bruña		bruñas		bruña
	Imperf.		bruñera bruñese		bruñeras bruñeses		bruñera bruñese
	P. P.	haya	bruñido	hayas	bruñido	haya	bruñido
	P. C.	hubiera hubiese	bruñido bruñido	hubieras hubieses	bruñido bruñido	hubiera hubiese	bruñido bruñido
	Fut.		bruñere		bruñeres		bruñere
	F. P.	hubiere	bruñido	hubieres	bruñido	hubiere	bruñido
Imp.	afirm.				bruñe		bruña
	negat.			no	bruñas	no	bruña
Inf.	Pres.		bruñir (glätten, polieren)				
	Perf.	haber	bruñido				
Part.			bruñido				
Ger.	Pres.		bruñendo				
	Perf.	habiendo bruñido					

 In allen Endungen, die mit unbetontem -i (-i ohne Akzent) + Vokal beginnen, ent -iñir, -uñir und -ullir.

168

Die Verben auf -añir, -iñir, -uñir, -ullir

 Endung -i entfällt

1. Person Plural		2. Person Plural		3. Person Plural	
	bruñimos		bruñís		bruñen
	bruñíamos		bruñíais		bruñían
	bruñimos		bruñisteis		bruñeron
hemos	bruñido	habéis	bruñido	han	bruñido
habíamos	bruñido	habíais	bruñido	habían	bruñido
hubimos	bruñido	hubisteis	bruñido	hubieron	bruñido
	bruñiremos		bruñiréis		bruñirán
habremos	bruñido	habréis	bruñido	habrán	bruñido
	bruñiríamos		bruñiríais		bruñirían
habríamos	bruñido	habríais	bruñido	habrían	bruñido
	bruñamos		bruñáis		bruñan
	bruñéramos		bruñerais		bruñeran
	bruñésemos		bruñeseis		bruñesen
hayamos	bruñido	hayáis	bruñido	hayan	bruñido
hubiéramos	bruñido	hubierais	bruñido	hubieran	bruñido
hubiésemos	bruñido	hubieseis	bruñido	hubiesen	bruñido
	bruñéremos		bruñereis		bruñeren
hubiéremos	bruñido	hubiereis	bruñido	hubieren	bruñido
	bruñamos		bruñid		bruñan
no	bruñamos	no	bruñáis	no	bruñan

fällt das -i der Endung, da im -ñ bereits -i anklingt. Dies gilt für alle Verben auf -añir,

Die Verben auf -IR

Die Verben auf *-ir/r*

Mod.	Zeit	1. Person Singular	2. Person Singular	3. Person Singular
Ind.	Pres.	adqu*ie*ro	adqu*ie*res	adqu*ie*re
	Imperf.	adquir*ía*	adquir*ías*	adquir*ía*
	P. I.	adquir*í*	adquir*iste*	adquir*ió*
	P. P.	*he* adquir*ido*	*has* adquir*ido*	*ha* adquir*ido*
	P. C.	*había* adquir*ido*	*habías* adquir*ido*	*había* adquir*ido*
	P. A.	*hube* adquir*ido*	*hubiste* adquir*ido*	*hubo* adquir*ido*
	Fut.	adquir*iré*	adquir*irás*	adquir*irá*
	F. P.	*habré* adquir*ido*	*habrás* adquir*ido*	*habrá* adquir*ido*
Con.	Con.	adquir*iría*	adquir*irías*	adquir*iría*
	C. P.	*habría* adquir*ido*	*habrías* adquir*ido*	*habría* adquir*ido*
Sub.	Pres.	adqu*ie*ra	adqu*ie*ras	adqu*ie*ra
	Imperf.	adquir*iera* / adquir*iese*	adquir*ieras* / adquir*ieses*	adquir*iera* / adquir*iese*
	P. P.	*haya* adquir*ido*	*hayas* adquir*ido*	*haya* adquir*ido*
	P. C.	*hubiera* adquir*ido* / *hubiese* adquir*ido*	*hubieras* adquir*ido* / *hubieses* adquir*ido*	*hubiera* adquir*ido* / *hubiese* adquir*ido*
	Fut.	adquir*iere*	adquir*ieres*	adquir*iere*
	F. P.	*hubiere* adquir*ido*	*hubieres* adquir*ido*	*hubiere* adquir*ido*
Imp.	afirm.		adqu*ie*re	adqu*ie*ra
	negat.		no adqu*ie*ras	no adqu*ie*ra
Inf.	Pres.	adquir*ir* (erwerben, kaufen)		
	Perf.	*haber* adquir*ido*		
Part.		adquir*ido*		
Ger.	Pres.	adquir*iendo*		
	Perf.	*habiendo* adquir*ido*		

 In allen auf dem Verbstamm betonten Verbformen wird das -i- des Verbstamms in

Die Verben auf -ir*ir*

-i → -ie

	1. Person Plural		2. Person Plural		3. Person Plural
	adquir*imos*		adquir*ís*		adqu*ie*ren
	adquir*íamos*		adquir*íais*		adquir*ían*
	adquir*imos*		adquir*isteis*		adquir*ieron*
hemos	adquirido	habéis	adquirido	han	adquirido
habíamos	adquirido	habíais	adquirido	habían	adquirido
hubimos	adquirido	hubisteis	adquirido	hubieron	adquirido
	adquirir*emos*		adquirir*éis*		adquirir*án*
habremos	adquirido	habréis	adquirido	habrán	adquirido
	adquirir*íamos*		adquirir*íais*		adquirir*ían*
habríamos	adquirido	habríais	adquirido	habrían	adquirido
	adqu*iramos*		adquir*áis*		adqu*ie*ran
	adquir*iéramos*		adquir*ierais*		adquir*ieran*
	adquir*iésemos*		adquir*ieseis*		adquir*iesen*
hayamos	adquirido	hayáis	adquirido	hayan	adquirido
hubiéramos	adquirido	hubierais	adquirido	hubieran	adquirido
hubiésemos	adquirido	hubieseis	adquirido	hubiesen	adquirido
	adquirir*emos*		adquir*iereis*		adquir*ieren*
hubiéremos	adquirido	hubiereis	adquirido	hubieren	adquirido
	adqu*iramos*		adquir*id*		adqu*ie*ran
no	adqu*iramos*	no	adquir*áis*	no	adqu*ie*ran

-ie umgewandelt. Dies gilt für alle Verben auf -ir*ir*.

Die Verben auf –IR

Die Verben auf -orm*ir*

Mod.	Zeit	1. Person Singular	2. Person Singular	3. Person Singular
Ind.	Pres.	d*ue*rmo	d*ue*rmes	d*ue*rme
	Imperf.	dorm*í*a	dorm*í*as	dorm*í*a
	P. I.	dorm*í*	dorm*iste*	d*u*rm*ió*
	P. P.	he dorm*i*do	has dorm*i*do	ha dorm*i*do
	P. C.	hab*í*a dorm*i*do	hab*í*as dorm*i*do	hab*í*a dorm*i*do
	P. A.	hube dorm*i*do	hubiste dorm*i*do	hubo dorm*i*do
	Fut.	dorm*i*ré	dorm*i*rás	dorm*i*rá
	F. P.	habré dorm*i*do	habrás dorm*i*do	habrá dorm*i*do
Con.	Con.	dorm*i*ría	dorm*i*rías	dorm*i*ría
	C. P.	habría dorm*i*do	habrías dorm*i*do	habría dorm*i*do
Sub.	Pres.	d*ue*rma	d*ue*rmas	d*ue*rma
	Imperf.	d*u*rm*ie*ra / d*u*rm*ie*se	d*u*rm*ie*ras / d*u*rm*ie*ses	d*u*rm*ie*ra / d*u*rm*ie*se
	P. P.	haya dorm*i*do	hayas dorm*i*do	haya dorm*i*do
	P. C.	hubiera dorm*i*do / hubiese dorm*i*do	hubieras dorm*i*do / hubieses dorm*i*do	hubiera dorm*i*do / hubiese dorm*i*do
	Fut.	d*u*rm*i*ere	d*u*rm*i*eres	d*u*rm*i*ere
	F. P.	hubiere dorm*i*do	hubieres dorm*i*do	hubiere dorm*i*do
Imp.	afirm.		d*ue*rme	d*ue*rma
	negat.		no d*ue*rmas	no d*ue*rma
Inf.	Pres.	dorm*i*r (schlafen)		
	Perf.	haber dorm*i*do		
Part.		dorm*i*do		
Ger.	Pres.	d*u*rm*ie*ndo		
	Perf.	hab*ie*ndo dorm*i*do		

In allen auf dem Verbstamm betonten Verbformen wird das -o des Verbstamms in Vokal beginnen und in der 1. und 2. Person Plural des subjuntivo presente und mativo, wird das -o des Verbstamms in -u umgewandelt. Dies gilt für alle Verben

Die Verben auf -orm*ir*

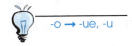 -o → -ue, -u

1. Person Plural		2. Person Plural		3. Person Plural	
	dorm*imos*		dorm*ís*		d*ue*rmen
	dorm*íamos*		dorm*íais*		dorm*ían*
	dorm*imos*		dorm*isteis*		d*u*rm*ieron*
hemos	dorm*ido*	habéis	dorm*ido*	han	dorm*ido*
habíamos	dorm*ido*	habíais	dorm*ido*	habían	dorm*ido*
hubimos	dorm*ido*	hubisteis	dorm*ido*	hubieron	dorm*ido*
	dorm*iremos*		dorm*iréis*		dorm*irán*
habremos	dorm*ido*	habréis	dorm*ido*	habrán	dorm*ido*
	dorm*iríamos*		dorm*iríais*		dorm*irían*
habríamos	dorm*ido*	habríais	dorm*ido*	habrían	dorm*ido*
	d*u*rm*amos*		d*u*rm*áis*		d*ue*rman
	d*u*rm*iéramos*		d*u*rm*ierais*		d*u*rm*ieran*
	d*u*rm*iésemos*		d*u*rm*ieseis*		d*u*rm*iesen*
hayamos	dorm*ido*	hayáis	dorm*ido*	hayan	dorm*ido*
hubiéramos	dorm*ido*	hubierais	dorm*ido*	hubieran	dorm*ido*
hubiésemos	dorm*ido*	hubieseis	dorm*ido*	hubiesen	dorm*ido*
	d*u*rm*iéremos*		d*u*rm*iereis*		d*u*rm*ieren*
hubiéremos	dorm*ido*	hubiereis	dorm*ido*	hubieren	dorm*ido*
	d*u*rm*amos*		dorm*id*		d*ue*rman
no	d*u*rm*amos*	no	d*u*rm*áis*	no	d*ue*rman

-ue umgewandelt. Vor allen Endungen, die mit unbetontem -i (-i ohne Akzent) + des imperativo negativo sowie in der 1. Person Plural des imperativo afir- auf -orm*ir*.

Die Verben auf -IR

Die Verben auf -odrir, -udrir

Mod.	Zeit	1. Person Singular	2. Person Singular	3. Person Singular
Ind.	Pres.	p*o*dro	p*o*dres	p*o*dre
	Imperf.	p*o*dría	p*o*días	p*o*día
	P. I.	p*o*drí p*u*drí	p*o*driste p*u*driste	p*o*drió p*u*drió
	P. P.	he p*o*drido	has p*o*drido	ha p*o*drido
	P. C.	había p*o*drido	habías p*o*drido	había p*o*drido
	P. A.	hube p*o*drido	hubiste p*o*drido	hubo p*o*drido
	Fut.	p*o*driré p*u*driré	p*o*drirás p*u*drirás	p*o*drirá p*u*drirá
	F. P.	habré p*o*drido	habrás p*o*drido	habrá p*o*drido
Con.	Con.	p*o*driría p*u*driría	p*o*drirías p*u*drirías	p*o*driría p*u*driría
	C. P.	habría p*o*drido	habrías p*o*drido	habría p*o*drido
Sub.	Pres.	p*u*dra	p*u*dras	p*u*dra
	Imperf.	p*u*driera p*u*driese	p*u*drieras p*u*drieses	p*u*driera p*u*driese
	P. P.	haya p*o*drido	hayas p*o*drido	haya p*o*drido
	P. C.	hubiera p*o*drido hubiese p*o*drido	hubieras p*o*drido hubieses p*o*drido	hubiera p*o*drido hubiese p*o*drido
	Fut.	p*u*driere	p*u*drieres	p*u*driere
	F. P.	hubiere p*o*drido	hubieres p*o*drido	hubiere p*o*drido
Imp.	afirm.		p*u*dre p*u*dre	p*u*dra p*u*dra
	negat.		no p*u*dras	no p*u*dra
Inf.	Pres.	p*o*drir, p*u*drir *(faulen, verderben)*		
	Perf.	haber p*o*drido		
Part.		p*o*drido		
Ger.	Pres.	p*u*driendo		
	Perf.	habiendo p*o*drido		

Die Verben auf -odrir wandeln das -o des Verbstamms in einigen Verbformen in -u in -o um. Dies gilt für p*o*drir und p*u*drir und ihre Zusammensetzungen.

Die Verben auf -odr*ir*, -udr*ir*

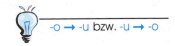
-o → -u bzw. -u → -o

	1. Person Plural		2. Person Plural		3. Person Plural
	p*u*dr*imos*		p*u*dr*ís*		p*u*dr*en*
	p*u*dr*íamos*		p*u*dr*íais*		p*u*dr*ían*
	p*o*dr*imos*		p*o*dr*isteis*		p*o*dr*ieron*
	p*u*dr*imos*		p*u*dr*isteis*		p*u*dr*ieron*
hemos	p*o*dr*ido*	habéis	p*o*dr*ido*	han	p*o*dr*ido*
habíamos	p*o*dr*ido*	habíais	p*o*dr*ido*	habían	p*o*dr*ido*
hubimos	p*o*dr*ido*	hubisteis	p*o*dr*ido*	hubieron	p*o*dr*ido*
	p*o*dr*iremos*		p*o*dr*iréis*		p*o*dr*irán*
	p*u*dr*iremos*		p*u*dr*iréis*		p*u*dr*irán*
habremos	p*o*dr*ido*	habréis	p*o*dr*ido*	habrán	p*o*dr*ido*
	p*o*dr*iríamos*		p*o*dr*iríais*		p*o*dr*irían*
	p*u*dr*iríamos*		p*u*dr*iríais*		p*u*dr*irían*
habríamos	p*o*dr*ido*	habríais	p*o*dr*ido*	habrían	p*o*dr*ido*
	p*u*dr*amos*		p*u*dr*áis*		p*u*dr*an*
	p*u*dr*iéramos*		p*u*dr*ierais*		p*u*dr*ieran*
	p*u*dr*iésemos*		p*u*dr*ieseis*		p*u*dr*iesen*
hayamos	p*o*dr*ido*	hayáis	p*o*dr*ido*	hayan	p*o*dr*ido*
hubiéramos	p*o*dr*ido*	hubierais	p*o*dr*ido*	hubieran	p*o*dr*ido*
hubiésemos	p*o*dr*ido*	hubieseis	p*o*dr*ido*	hubiesen	p*o*dr*ido*
	p*u*dr*iéremos*		p*u*dr*iereis*		p*u*dr*ieren*
hubiéremos	p*o*dr*ido*	hubiereis	p*o*dr*ido*	hubieren	p*o*dr*ido*
	p*u*dr*amos*		p*o*dr*id*		p*u*dr*an*
	p*u*dr*amos*		p*u*dr*id*		p*u*dr*an*
no	p*u*dr*amos*	no	p*u*dr*áis*	no	p*u*dr*an*

um. Die Verben auf -udr*ir* wandeln das -u des Verbstamms in einigen Verbformen

Die Verben auf -IR

Die Verben mit betontem –u in der Stammsilbe

Mod.	Zeit	1. Person Singular	2. Person Singular	3. Person Singular
Ind.	Pres.	reúno	reúnes	reúne
	Imperf.	reunía	reunías	reunía
	P. I.	reuní	reuniste	reunió
	P. P.	he reunido	has reunido	ha reunido
	P. C.	había reunido	habías reunido	había reunido
	P. A.	hube reunido	hubiste reunido	hubo reunido
	Fut.	reuniré	reunirás	reunirá
	F. P.	habré reunido	habrás reunido	habrá reunido
Con.	Con.	reuniría	reunirías	reuniría
	C. P.	habría reunido	habrías reunido	habría reunido
Sub.	Pres.	reúna	reúnas	reúna
	Imperf.	reuniera / reuniese	reunieras / reunieses	reuniera / reuniese
	P. P.	haya reunido	hayas reunido	haya reunido
	P. C.	hubiera reunido / hubiese reunido	hubieras reunido / hubieses reunido	hubiera reunido / hubiese reunido
	Fut.	reuniere	reunieres	reuniere
	F. P.	hubiere reunido	hubieres reunido	hubiere reunido
Imp.	afirm.		reúne	reúna
	negat.		no reúnas	no reúna
Inf.	Pres.	reunir (vereinigen)		
	Perf.	haber reunido		
Part.		reunido		
Ger.	Pres.	reuniendo		
	Perf.	habiendo reunido		

In allen auf dem Verbstamm betonten Verbformen wird das –u des Verbstamms in

Die Verben auf -IR

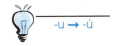
-u → -ú

	1. Person Plural		2. Person Plural		3. Person Plural
	reunimos		reunís		reúnen
	reuníamos		reuníais		reunían
	reunimos		reunisteis		reunieron
hemos	reunido	habéis	reunido	han	reunido
habíamos	reunido	habíais	reunido	habían	reunido
hubimos	reunido	hubisteis	reunido	hubieron	reunido
	reuniremos		reuniréis		reunirán
habremos	reunido	habréis	reunido	habrán	reunido
	reuniríamos		reuniríais		reunirían
habríamos	reunido	habríais	reunido	habrían	reunido
	reunamos		reunáis		reúnan
	reuniéramos		reunierais		reunieran
	reuniésemos		reunieseis		reuniesen
hayamos	reunido	hayáis	reunido	hayan	reunido
hubiéramos	reunido	hubierais	reunido	hubieran	reunido
hubiésemos	reunido	hubieseis	reunido	hubiesen	reunido
	reuniéremos		reuniereis		reunieren
hubiéremos	reunido	hubiereis	reunido	hubieren	reunido
	reunamos		reunid		reúnan
no	reunamos	no	reunáis	no	reúnan

–ú umgewandelt. Dies gilt für reunir.

Die Verben auf –IR

Die Verben auf -asir

Mod.	Zeit	1. Person Singular	2. Person Singular	3. Person Singular
Ind.	Pres.	asgo	ases	ase
	Imperf.	asía	asías	asía
	P. I.	así	asiste	asió
	P. P.	he asido	has asido	ha asido
	P. C.	había asido	habías asido	había asido
	P. A.	hube asido	hubiste asido	hubo asido
	Fut.	asiré	asirás	asirá
	F. P.	habré asido	habrás asido	habrá asido
Con.	Con.	asiría	asirías	asiría
	C. P.	habría asido	habrías asido	habría asido
Sub.	Pres.	asga	asgas	asga
	Imperf.	asiera / asiese	asieras / asieses	asiera / asiese
	P. P.	haya asido	hayas asido	haya asido
	P. C.	hubiera asido / hubiese asido	hubieras asido / hubieses asido	hubiera asido / hubiese asido
	Fut.	asiere	asieres	asiere
	F. P.	hubiere asido	hubieres asido	hubiere asido
Imp.	afirm.		ase	asga
	negat.		no asgas	no asga
Inf.	Pres.	asir (ergreifen, fassen)		
	Perf.	haber asido		
Part.		asido		
Ger.	Pres.	asiendo		
	Perf.	habiendo asido		

Vor allen Endungen, die mit -a, -o beginnen, wird der Verbstamm um -g erweitert.

Die Verben auf -asir

 Verbstamm + -g

	1. Person Plural		2. Person Plural		3. Person Plural
	asimos		asís		asen
	asíamos		asíais		asían
	asimos		asisteis		asieron
hemos	asido	habéis	asido	han	asido
habíamos	asido	habíais	asido	habían	asido
hubimos	asido	hubisteis	asido	hubieron	asido
	asiremos		asiréis		asirán
habremos	asido	habréis	asido	habrán	asido
	asiríamos		asiríais		asirían
habríamos	asido	habríais	asido	habrían	asido
	asgamos		asgáis		asgan
	asiéramos		asierais		asieran
	asiésemos		asieseis		asiesen
hayamos	asido	hayáis	asido	hayan	asido
hubiéramos	asido	hubierais	asido	hubieran	asido
hubiésemos	asido	hubieseis	asido	hubiesen	asido
	asiéremos		asiereis		asieren
hubiéremos	asido	hubiereis	asido	hubieren	asido
	asgamos		asid		asgan
no	asgamos	no	asgáis	no	asgan

Dies gilt für asir und seine Zusammensetzungen.

Die Verben auf -IR

Die Verben auf *-alir*

Mod.	Zeit	1. Person Singular	2. Person Singular	3. Person Singular
Ind.	Pres.	sal*go*	sal*es*	sal*e*
	Imperf.	sal*ía*	sal*ías*	sal*ía*
	P. I.	sal*í*	sal*iste*	sal*ió*
	P. P.	*he* sal*ido*	*has* sal*ido*	*ha* sal*ido*
	P. C.	*había* sal*ido*	*habías* sal*ido*	*había* sal*ido*
	P. A.	*hube* sal*ido*	*hubiste* sal*ido*	*hubo* sal*ido*
	Fut.	sal*dré*	sal*drás*	sal*drá*
	F. P.	*habré* sal*ido*	*habrás* sal*ido*	*habrá* sal*ido*
Con.	Con.	sal*dría*	sal*drías*	sal*dría*
	C. P.	*habría* sal*ido*	*habrías* sal*ido*	*habría* sal*ido*
Sub.	Pres.	sal*ga*	sal*gas*	sal*ga*
	Imperf.	sal*iera* / sal*iese*	sal*ieras* / sal*ieses*	sal*iera* / sal*iese*
	P. P.	*haya* sal*ido*	*hayas* sal*ido*	*haya* sal*ido*
	P. C.	*hubiera* sal*ido* / *hubiese* sal*ido*	*hubieras* sal*ido* / *hubieses* sal*ido*	*hubiera* sal*ido* / *hubiese* sal*ido*
	Fut.	sal*iere*	sal*ieres*	sal*iere*
	F. P.	*hubiere* sal*ido*	*hubieres* sal*ido*	*hubiere* sal*ido*
Imp.	afirm.		sal	sal*ga*
	negat.		no sal*gas*	no sal*ga*
Inf.	Pres.	sal*ir* ((hin)ausgehen)		
	Perf.	*haber* sal*ido*		
Part.		sal*ido*		
Ger.	Pres.	sal*iendo*		
	Perf.	*habiendo* sal*ido*		

 Vor allen Endungen, die mit -a, -o beginnen, wird der Verbstamm um -g erweitert. gewandelt. Dies gilt für *salir* und seine Zusammensetzungen.

180

Die Verben auf -alir

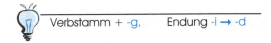

Verbstamm + -g,   Endung -i → -d

1. Person Plural	2. Person Plural	3. Person Plural
salimos	salís	salen
salíamos	salíais	salían
salimos	salisteis	salieron
hemos salido	habéis salido	han salido
habíamos salido	habíais salido	habían salido
hubimos salido	hubisteis salido	hubieron salido
saldremos	saldréis	saldrán
habremos salido	habréis salido	habrán salido
saldríamos	saldríais	saldrían
habríamos salido	habríais salido	habrían salido
salgamos	salgáis	salgan
saliéramos	salierais	salieran
saliésemos	salieseis	saliesen
hayamos salido	hayáis salido	hayan salido
hubiéramos salido	hubierais salido	hubieran salido
hubiésemos salido	hubieseis salido	hubiesen salido
saliéremos	saliereis	salieren
hubiéremos salido	hubiereis salido	hubieren salido
salgamos	salid	salgan
no salgamos	no salgáis	no salgan

Im futuro und condicional wird der Anfangsbuchstabe -i- der Endung in -d- um-

Die Verben auf -IR

Die Verben auf -oír

Mod.	Zeit	1. Person Singular	2. Person Singular	3. Person Singular
Ind.	Pres.	oigo	oyes	oye
	Imperf.	oía	oías	oía
	P. I.	oí	oíste	oyó
	P. P.	he oído	has oído	ha oído
	P. C.	había oído	habías oído	había oído
	P. A.	hube oído	hubiste oído	hubo oído
	Fut.	oiré	oirás	oirá
	F. P.	habré oído	habrás oído	habrá oído
Con.	Con.	oiría	oirías	oiría
	C. P.	habría oído	habrías oído	habría oído
Sub.	Pres.	oiga	oigas	oiga
	Imperf.	oyera / oyese	oyeras / oyeses	oyera / oyese
	P. P.	haya oído	hayas oído	haya oído
	P. C.	hubiera oído / hubiese oído	hubieras oído / hubieses oído	hubiera oído / hubiese oído
	Fut.	oyere	oyeres	oyere
	F. P.	hubiere oído	hubieres oído	hubiere oído
Imp.	afirm.		oye	oiga
	negat.		no oigas	no oiga
Inf.	Pres.	oír (hören)		
	Perf.	haber oído		
Part.		oído		
Ger.	Pres.	oyendo		
	Perf.	habiendo oído		

 Vor allen Endungen, die mit -a, -o bzw. -e beginnen, wird der Verbstamm um -ig beginnen, wandeln das -i der Endung in -y um. Alle Endungen, die mit -i + Kon -oír.

Die Verben auf -oír

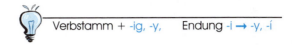

Verbstamm + -ig, -y,   Endung -i → -y, -í

1. Person Plural		2. Person Plural		3. Person Plural	
	oímos		oís		oyen
	oíamos		oíais		oían
	oímos		oísteis		oyeron
hemos	oído	habéis	oído	han	oído
habíamos	oído	habíais	oído	habían	oído
hubimos	oído	hubisteis	oído	hubieron	oído
	oiremos		oiréis		oirán
habremos	oído	habréis	oído	habrán	oído
	oiríamos		oiríais		oirían
habríamos	oído	habríais	oído	habrían	oído
	oigamos		oigáis		oigan
	oyéramos		oyerais		oyeran
	oyésemos		oyeseis		oyesen
hayamos	oído	hayáis	oído	hayan	oído
hubiéramos	oído	hubierais	oído	hubieran	oído
hubiésemos	oído	hubieseis	oído	hubiesen	oído
	oyéremos		oyereis		oyeren
hubiéremos	oído	hubiereis	oído	hubieren	oído
	oigamos		oíd		oigan
no	oigamos	no	oigáis	no	oigan

bzw. -y erweitert. Alle Endungen, die mit unbetontem -i (-i ohne Akzent) + Vokal sonant beginnen, wandeln das –i der Endung in –í um. Dies gilt für alle Verben auf

183

Die Verben auf -IR

Die Verben auf -uir

Mod.	Zeit	1. Person Singular	2. Person Singular	3. Person Singular
Ind.	Pres.	huyo	huyes	huye
	Imperf.	huía	huías	huía
	P. I.	huí	huiste	huyó
	P. P.	he huido	has huido	ha huido
	P. C.	había huido	habías huido	había huido
	P. A.	hube huido	hubiste huido	hubo huido
	Fut.	huiré	huirás	huirá
	F. P.	habré huido	habrás huido	habrá huido
Con.	Con.	huiría	huirías	huiría
	C. P.	habría huido	habrías huido	habría huido
Sub.	Pres.	huya	huyas	huya
	Imperf.	huyera / huyese	huyeras / huyeses	huyera / huyese
	P. P.	haya huido	hayas huido	haya huido
	P. C.	hubiera huido / hubiese huido	hubieras huido / hubieses huido	hubiera huido / hubiese huido
	Fut.	huyere	huyeres	huyere
	F. P.	hubiere huido	hubieres huido	hubiere huido
Imp.	afirm.		huye	huya
	negat.		no huyas	no huya
Inf.	Pres.	huir (fliehen)		
	Perf.	haber huido		
Part.		huido		
Ger.	Pres.	huyendo		
	Perf.	habiendo huido		

Vor allen Endungen, die mit -a, -e, -o beginnen, wird nach dem Verbstamm ein -y nen, wandeln das -i der Endung in -y um. Dies gilt für alle Verben auf -uir außer für

Die Verben auf -uir

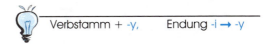
Verbstamm + -y, Endung -i → -y

1. Person Plural		2. Person Plural		3. Person Plural	
	huimos		huis		huyen
	huíamos		huíais		huían
	huimos		huisteis		huyeron
hemos	huido	habéis	huido	han	huido
habíamos	huido	habíais	huido	habían	huido
hubimos	huido	hubisteis	huido	hubieron	huido
	huiremos		huiréis		huirán
habremos	huido	habréis	huido	habrán	huido
	huiríamos		huiríais		huirían
habríamos	huido	habríais	huido	habrían	huido
	huyamos		huyáis		huyan
	huyéramos		huyerais		huyeran
	huyésemos		huyeseis		huyesen
hayamos	huido	hayáis	huido	hayan	huido
hubiéramos	huido	hubierais	huido	hubieran	huido
hubiésemos	huido	hubieseis	huido	hubiesen	huido
	huyéremos		huyereis		huyeren
hubiéremos	huido	hubiereis	huido	hubieren	huido
	huyamos		huid		huyan
no	huyamos	no	huyáis	no	huyan

eingefügt. Alle Endungen, die mit unbetontem -i (-i ohne Akzent) + Vokal beginnen die Verben auf -guir und -quir.

Die Verben auf -IR

Die Verben auf -egir

Mod.	Zeit	1. Person Singular		2. Person Singular		3. Person Singular	
Ind.	Pres.		rijo		riges		rige
	Imperf.		regía		regías		regía
	P. I.		regí		registe		rigió
	P. P.	he	regido	has	regido	ha	regido
	P. C.	había	regido	habías	regido	había	regido
	P. A.	hube	regido	hubiste	regido	hubo	regido
	Fut.		regiré		regirás		regirá
	F. P.	habré	regido	habrás	regido	habrá	regido
Con.	Con.		regiría		regirías		regiría
	C. P.	habría	regido	habrías	regido	habría	regido
Sub.	Pres.		rija		rijas		rija
	Imperf.		rigiera		rigieras		rigiera
			rigiese		rigieses		rigiese
	P. P.	haya	regido	hayas	regido	haya	regido
	P. C.	hubiera	regido	hubieras	regido	hubiera	regido
		hubiese	regido	hubieses	regido	hubiese	regido
	Fut.		rigiere		rigieres		rigiere
	F. P.	hubiere	regido	hubieres	regido	hubiere	regido
Imp.	afirm.				rige		rija
	negat.			no	rijas	no	rija
Inf.	Pres.		regir (regieren)				
	Perf.	haber	regido				
Part.			regido				
Ger.	Pres.		rigiendo				
	Perf.	habiendo	regido				

Vor allen Endungen, die mit -a, -o beginnen, wird das -g des Verbstamms in -j um würde -g vor -a, -o wie [g] ausgesprochen. Zusätzlich wird in allen auf dem Verb Akzent) + Vokal oder -a beginnen, das -e des Verbstamms in -i umgewandelt.

Die Verben auf -egir

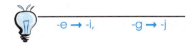

-e → -i,   -g → -j

	1. Person Plural		2. Person Plural		3. Person Plural
	regimos		regís		rigen
	regíamos		regíais		regían
	regimos		registeis		rigieron
hemos	regido	habéis	regido	han	regido
habíamos	regido	habíais	regido	habían	regido
hubimos	regido	hubisteis	regido	hubieron	regido
	regiremos		regiréis		regirán
habremos	regido	habréis	regido	habrán	regido
	regiríamos		regiríais		regirían
habríamos	regido	habríais	regido	habrían	regido
	rijamos		rijáis		rijan
	rigiéramos		rigierais		rigieran
	rigiésemos		rigieseis		rigiesen
hayamos	regido	hayáis	regido	hayan	regido
hubiéramos	regido	hubierais	regido	hubieran	regido
hubiésemos	regido	hubieseis	regido	hubiesen	regido
	rigiéremos		rigiereis		rigieren
hubiéremos	regido	hubiereis	regido	hubieren	regido
	rijamos		regid		rijan
no	rijamos	no	rijáis	no	rijan

gewandelt. Somit kann der ch-Laut des Infinitivs beibehalten werden, andernfalls stamm betonten Verbformen, vor allen Endungen, die mit unbetontem -i (-i ohne Dies gilt für alle Verben auf -egir.

Die Verben auf -IR

Die Verben auf -eguir

Mod.	Zeit	1. Person Singular		2. Person Singular		3. Person Singular	
Ind.	Pres.		sigo		sigues		sigue
	Imperf.		seguía		seguías		seguía
	P. I.		seguí		seguiste		siguió
	P. P.	he	seguido	has	seguido	ha	seguido
	P. C.	había	seguido	habías	seguido	había	seguido
	P. A.	hube	seguido	hubiste	seguido	hubo	seguido
	Fut.		seguiré		seguirás		seguirá
	F. P.	habré	seguido	habrás	seguido	habrá	seguido
Con.	Con.		seguiría		seguirías		seguiría
	C. P.	habría	seguido	habrías	seguido	habría	seguido
Sub.	Pres.		siga		sigas		siga
	Imperf.		siguiera siguiese		siguieras siguieses		siguiera siguiese
	P. P.	haya	seguido	hayas	seguido	haya	seguido
	P. C.	hubiera hubiese	seguido seguido	hubieras hubieses	seguido seguido	hubiera hubiese	seguido seguido
	Fut.		siguiere		siguieres		siguiere
	F. P.	hubiere	seguido	hubieres	seguido	hubiere	seguido
Imp.	afirm.				sigue		siga
	negat.			no	sigas	no	siga
Inf.	Pres.		seguir ((ver)folgen)				
	Perf.	haber	seguido				
Part.			seguido				
Ger.	Pres.		siguiendo				
	Perf.	habiendo seguido					

Vor allen Endungen, die mit -a, -o beginnen, wird das -gu des Verbstamms in -g (-u wird nicht ausgesprochen). Somit kann das -g wie [g] ausgesprochen werden, ten Verbformen, vor allen Endungen, die mit unbetontem -i (-i ohne Akzent) + Vo alle Verben auf -eguir.

Die Verben auf -eguir

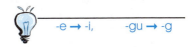

-e → -i,   -gu → -g

	1. Person Plural		2. Person Plural		3. Person Plural
	seguimos		seguís		siguen
	seguíamos		seguíais		seguían
	seguimos		seguisteis		siguieron
hemos	seguido	habéis	seguido	han	seguido
habíamos	seguido	habíais	seguido	habían	seguido
hubimos	seguido	hubisteis	seguido	hubieron	seguido
	seguiremos		seguiréis		seguirán
habremos	seguido	habréis	seguido	habrán	seguido
	seguiríamos		seguiríais		seguirían
habríamos	seguido	habríais	seguido	habrían	seguido
	sigamos		sigáis		sigan
	siguiéramos		siguierais		siguieran
	siguiésemos		siguieseis		siguiesen
hayamos	seguido	hayáis	seguido	hayan	seguido
hubiéramos	seguido	hubierais	seguido	hubieran	seguido
hubiésemos	seguido	hubieseis	seguido	hubiesen	seguido
	siguiéremos		siguiereis		siguieren
hubiéremos	seguido	hubiereis	seguido	hubieren	seguido
	sigamos		seguid		sigan
no	sigamos	no	sigáis	no	sigan

umgewandelt. Vor allen Endungen, die mit -e, -i beginnen, bleibt das -u erhalten andernfalls würde es wie [ch] ausgesprochen. In allen auf dem Verbstamm betonkal oder -a beginnen, wird das -e des Verbstamms in -i umgewandelt. Dies gilt für

Die Verben auf -IR

Das Verb erguir

Mod.	Zeit	1. Person Singular		2. Person Singular		3. Person Singular	
Ind.	Pres.		irgo		irgues		irgue
			yergo		yergues		yergue
	Imperf.		erguía		erguías		erguía
	P. I.		erguí		erguiste		irguió
	P. P.	he	erguido	has	erguido	ha	erguido
	P. C.	había	erguido	habías	erguido	había	erguido
	P. A.	hube	erguido	hubiste	erguido	hubo	erguido
	Fut.		erguiré		erguirás		erguirá
	F. P.	habré	erguido	habrás	erguido	habrá	erguido
Con.	Con.		erguiría		erguirías		erguiría
	C. P.	habría	erguido	habrías	erguido	habría	erguido
Sub.	Pres.		irga		irgas		irga
			yerga		yergas		yerga
	Imperf.		irguiera		irguieras		irguiera
			irguiese		irguieses		irguiese
	P. P.	haya	erguido	hayas	erguido	haya	erguido
	P. C.	hubiera	erguido	hubieras	erguido	hubiera	erguido
		hubiese	erguido	hubieses	erguido	hubiese	erguido
	Fut.		irguiere		irguieres		irguiere
	F. P.	hubiere	erguido	hubieres	erguido	hubiere	erguido
Imp.	afirm.				irgue		irga
					yergue		yerga
	negat.			no	irgas	no	irga
				no	yergas	no	yerga
Inf.	Pres.		erguir (aufrichten, (er)heben)				
	Perf.	haber	erguido				
Part.			erguido				
Ger.	Pres.		irguiendo				
	Perf.	habiendo	erguido				

In allen auf dem Verbstamm betonten Verbformen und vor allen Endungen, die len Endungen, die mit unbetontem -i (-i ohne Akzent) + Vokal beginnen, wird der nen, wird das -gu des Verbstamms in -g umgewandelt. Vor allen Endungen, die das -g wie [g] ausgesprochen werden, andernfalls würde es vor -e, -i wie [ch] aus

Das Verb erguir

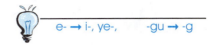
e- → i-, ye-,   -gu → -g

1. Person Plural		2. Person Plural		3. Person Plural	
	erguimos		erguís		irguen
	erguimos		erguís		yerguen
	erguíamos		erguíais		erguían
	erguimos		erguisteis		irguieron
hemos	erguido	habéis	erguido	han	erguido
habíamos	erguido	habíais	erguido	habían	erguido
hubimos	erguido	hubisteis	erguido	hubieron	erguido
	erguiremos		erguiréis		erguirán
habremos	erguido	habréis	erguido	habrán	erguido
	erguiríamos		erguiríais		erguirían
habríamos	erguido	habríais	erguido	habrían	erguido
	irgamos		irgáis		irgan
	yergamos		yergáis		yergan
	irguiéramos		irguierais		irguieran
	irguiésemos		irguieseis		irguiesen
hayamos	erguido	hayáis	erguido	hayan	erguido
hubiéramos	erguido	hubierais	erguido	hubieran	erguido
hubiésemos	erguido	hubieseis	erguido	hubiesen	erguido
	irguiéremos		irguiereis		irguieren
hubiéremos	erguido	hubiereis	erguido	hubieren	erguido
	irgamos		erguid		irgan
	yergamos		erguid		yergan
no	irgamos	no	irgáis	no	irgan
no	yergamos	no	yergáis	no	yergan

mit a beginnen, wird der Anfangsbuchstabe -e in -i oder -ye umgewandelt. Vor al- Anfangsbuchstabe -e in -i umgewandelt. Vor allen Endungen, die mit -a, -o begin- mit -e, -i beginnen, bleibt das -u erhalten (-u wird nicht ausgesprochen). Somit kann gesprochen. Vor -a, -o wird -g wie [g] ausgesprochen. Dies gilt für erguir.

191

Die Verben auf –IR

Das Verb decir

Mod.	Zeit	1. Person Singular	2. Person Singular	3. Person Singular
Ind.	Pres.	digo	dices	dice
	Imperf.	decía	decías	decía
	P. I.	dije	dijiste	dijo
	P. P.	he dicho	has dicho	ha dicho
	P. C.	había dicho	habías dicho	había dicho
	P. A.	hube dicho	hubiste dicho	hubo dicho
	Fut.	diré	dirás	dirá
	F. P.	habré dicho	habrás dicho	habrá dicho
Con.	Con.	diría	dirías	diría
	C. P.	habría dicho	habrías dicho	habría dicho
Sub.	Pres.	diga	digas	diga
	Imperf.	dijera / dijese	dijeras / dijeses	dijera / dijese
	P. P.	haya dicho	hayas dicho	haya dicho
	P. C.	hubiera dicho / hubiese dicho	hubieras dicho / hubieses dicho	hubiera dicho / hubiese dicho
	Fut.	dijere	dijeres	dijere
	F. P.	hubiere dicho	hubieres dicho	hubiere dicho
Imp.	afirm.		di	diga
	negat.		no digas	no diga
Inf.	Pres.	decir (sagen)		
	Perf.	haber dicho		
Part.		dicho		
Ger.	Pres.	diciendo		
	Perf.	habiendo dicho		

Vor allen Endungen, die mit -a, -o beginnen, wird das -c des Verbstamms in -g dungen, die mit -i beginnen und im gerundio, wird das –e des Verbstamms in –i beginnen, wird die Endung –i in –j umgewandelt. Vor allen Endungen, die mit un turo und condicional entfällt die Verbstammsilbe –ec. Dies gilt für decir und 2. Person Singular des imperativo afirmativo der Zusammensetzungen wer

Das Verb decir

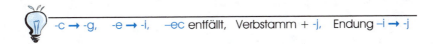
-c → -g, -e → -i, –ec entfällt, Verbstamm + -j, Endung –i → -j

1. Person Plural		2. Person Plural		3. Person Plural	
	decimos		decís		dicen
	decíamos		decíais		decían
	dijimos		dijisteis		dijeron
hemos	dicho	habéis	dicho	han	dicho
habíamos	dicho	habíais	dicho	habían	dicho
hubimos	dicho	hubisteis	dicho	hubieron	dicho
	diremos		diréis		dirán
habremos	dicho	habréis	dicho	habrán	dicho
	diríamos		diríais		dirían
habríamos	dicho	habríais	dicho	habrían	dicho
	digamos		digáis		digan
	dijéramos		dijerais		dijeran
	dijésemos		dijeseis		dijesen
hayamos	dicho	hayáis	dicho	hayan	dicho
hubiéramos	dicho	hubierais	dicho	hubieran	dicho
hubiésemos	dicho	hubieseis	dicho	hubiesen	dicho
	dijéremos		dijereis		dijeren
hubiéremos	dicho	hubiereis	dicho	hubieren	dicho
	digamos		decid		digan
no	digamos	no	digáis	no	digan

umgewandelt. In allen auf dem Verbstamm betonten Verbformen, vor allen En-
umgewandelt. Vor allen Endungen, die mit unbetontem -i (-i ohne Akzent) + Vokal
betontem –i + Konsonant beginnen, wird der Verbstamm um –j erweitert. Im fu-
seine Zusammensetzungen. Die Verbformen des futuro, condicional und der
den jedoch regelmäßig konjugiert (z.B.: predeciré etc., prediciría etc., predice).

193

Die Verben auf -IR

Das Verb *ir*

Mod.	Zeit	1. Person Singular		2. Person Singular		3. Person Singular	
Ind.	Pres.		voy		vas		va
	Imperf.		iba		ibas		iba
	P. I.		fui		fuiste		fue
	P. P.	*he*	ido	*has*	ido	*ha*	ido
	P. C.	*había*	ido	*habías*	ido	*había*	ido
	P. A.	*hube*	ido	*hubiste*	ido	*hubo*	ido
	Fut.		iré		irás		irá
	F. P.	*habré*	ido	*habrás*	ido	*habrá*	ido
Con.	Con.		iría		irías		iría
	C. P.	*habría*	ido	*habrías*	ido	*habría*	ido
Sub.	Pres.		vaya		vayas		vaya
	Imperf.		fuera		fueras		fuera
			fuese		fueses		fuese
	P. P.	*haya*	ido	*hayas*	ido	*haya*	ido
	P. C.	*hubiera*	ido	*hubieras*	ido	*hubiera*	ido
		hubiese	ido	*hubieses*	ido	*hubiese*	ido
	Fut.		fuere		fueres		fuere
	F. P.	*hubiere*	ido	*hubieres*	ido	*hubiere*	ido
Imp.	afirm.				ve		vaya
	negat.			*no*	vayas	*no*	vaya
Inf.	Pres.		*ir (gehen)*				
	Perf.	*haber*	ido				
Part.			ido				
Ger.	Pres.		yendo				
	Perf.	*habiendo* ido					

Das Verb *ir*

1. Person Plural		2. Person Plural		3. Person Plural	
	vamos		vais		van
	íbamos		ibais		iban
	fuimos		fuisteis		fueron
hemos	ido	habéis	ido	han	ido
habíamos	ido	habíais	ido	habían	ido
hubimos	ido	hubisteis	ido	hubieron	ido
	iremos		iréis		irán
habremos	ido	habréis	ido	habrán	ido
	iríamos		iríais		irían
habríamos	ido	habríais	ido	habrían	ido
	vayamos		vayáis		vayan
	fuéramos		fuerais		fueran
	fuésemos		fueseis		fuesen
hayamos	ido	hayáis	ido	hayan	ido
hubiéramos	ido	hubierais	ido	hubieran	ido
hubiésemos	ido	hubieseis	ido	hubiesen	ido
	fuéremos		fuereis		fueren
hubiéremos	ido	hubiereis	ido	hubieren	ido
	vayamos		id		vayan
no	vayamos	no	vayáis	no	vayan

Die Verben auf -IR

Das Verb venir

Mod.	Zeit	1. Person Singular	2. Person Singular	3. Person Singular
Ind.	Pres.	vengo	vienes	viene
	Imperf.	venía	venías	venía
	P. I.	vine	viniste	vino
	P. P.	he venido	has venido	ha venido
	P. C.	había venido	habías venido	había venido
	P. A.	hube venido	hubiste venido	hubo venido
	Fut.	vendré	vendrás	vendrá
	F. P.	habré venido	habrás venido	habrá venido
Con.	Con.	vendría	vendrías	vendría
	C. P.	habría venido	habrías venido	habría venido
Sub.	Pres.	venga	vengas	venga
	Imperf.	viniera / viniese	vinieras / vinieses	viniera / viniese
	P. P.	haya venido	hayas venido	haya venido
	P. C.	hubiera venido / hubiese venido	hubieras venido / hubieses venido	hubiera venido / hubiese venido
	Fut.	viniere	vinieres	viniere
	F. P.	hubiere venido	hubieres venido	hubiere venido
Imp.	afirm.		ven	venga
	negat.		no vengas	no venga
Inf.	Pres.	venir (kommen)		
	Perf.	haber venido		
Part.		venido		
Ger.	Pres.	viniendo		
	Perf.	habiendo venido		

Vor allen Endungen, die mit –a, -o beginnen, wird der Verbstamm um –g erwei son Plural des presente wird das –e des Verbstamms in –ie umgewandelt. Im das –e des Verbstamms in -i umgewandelt. Im futuro und condicional wird mensetzungen.

Das Verb venir

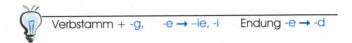

Verbstamm + -g,   -e → –ie, -i   Endung -e → -d

1. Person Plural		2. Person Plural		3. Person Plural	
	venimos		venís		vienen
	veníamos		veníais		venían
	vinimos		vinisteis		vinieron
hemos	venido	habéis	venido	han	venido
habíamos	venido	habíais	venido	habían	venido
hubimos	venido	hubisteis	venido	hubieron	venido
	vendremos		vendréis		vendrán
habremos	venido	habréis	venido	habrán	venido
	vendríamos		vendríais		vendrían
habríamos	venido	habríais	venido	habrían	venido
	vengamos		vengáis		vengan
	viniéramos		vinierais		vinieran
	viniésemos		vinieseis		viniesen
hayamos	venido	hayáis	venido	hayan	venido
hubiéramos	venido	hubierais	venido	hubieran	venido
hubiésemos	venido	hubieseis	venido	hubiesen	venido
	viniéremos		viniereis		vinieren
hubiéremos	venido	hubiereis	venido	hubieren	venido
	vengamos		venid		vengan
no	vengamos	no	vengáis	no	vengan

tert. In der auf dem Verbstamm betonten 2. und 3. Person Singular und der 3. Perpretérito indefinido, subjuntivo imperfecto und subjuntivo futuro wird das Anfangs-e der Endung in –d umgewandelt. Dies gilt für venir und seine Zu-

197

Verben mit unregelmäßigen Partizipien

Verben mit unregelmäßigem Partizip (verbos con participio irregular)

Einige Verben weichen nur im Partizip von der Konjugation ihrer Verbgruppe ab.

Verb	Bedeutung	Partizip	Seite
romper	brechen	roto	88
abrir	öffnen	abierto	142
entreabrir	halb, ein wenig öffnen	entreabierto	142
reabrir	wieder öffnen	reabierto	142
cubrir	bedecken	cubierto	142
descubrir	auf-, entdecken	descubierto	142
encubrir	verbergen, -heimlichen	encubierto	142
recubrir	nochmals bedecken	recubierto	142
adscribir	zuschreiben	adscrito	142
circunscribir	umschreiben	circunscrito	142
describir	beschreiben	descrito	142
escribir	schreiben	escrito	142
inscribir	einschreiben	inscrito	142
prescribir	vorschreiben	prescrito	142
proscribir	verbannen	proscrito	142
su(b)scribir	unterschreiben	su(b)scrito	142
transcribir	umschreiben	transcrito	142
morir	sterben	muerto	172

Verben mit unregelmäßigen Partizipien

Verben mit zwei Partizipien (verbos con dos participios)

Einige Verben haben neben einem regelmäßigen auch ein unregelmäßiges Partizip. Meist wird das unregelmäßige Partizip als Adjektiv verwendet, zur Bildung der zusammengesetzten Zeiten wird das regelmäßige Partizip verwendet.

Verb	Bedeutung	Regelmäßiges Partizip	Unregelmäßiges Partizip	Seite
circuncidar	beschneiden	circuncidado	circunciso	42
expresar	ausdrücken	expresado	expreso	42
hartar	übersättigen, -häufen	hartado	harto	42
insertar	einfügen	insertado	inserto	42
salvar	retten	salvado	salvo	42
sepultar	begraben	sepultado	sepulto	42
sujetar	unterwerfen	sujetado	sujeto	42
soltar	losbinden, -lassen	soltado	suelto	54
compeler	nötigen, zwingen	compelido	compulso	88
expeler	verjagen	expelido	expulso	88
corromper	verunstalten; bestechen	corrompido	corrupto	88
prender	nehmen	prendido	preso	88
propender	hinneigen	propendido	propenso	88
suspender	aufhängen; aufschieben	suspendido	suspenso	88
convencer	überzeugen	convencido	convicto	90
nacer	geboren werden	nacido	nato	92
extender	ausdehnen	extendido	extenso	100
desproveer	berauben	desproveído	desprovisto	110
poseer	besitzen	poseído	poseso	110
proveer	vorhersehen	proveído	provisto	110
retorcer	verbiegen, krümmen	retorcido	retuerto	120
torcer	(ver)drehen	torcido	tuerto	120
comprimir	zusammenpressen	comprimido	compreso	142
confundir	verwechseln, -wirren	confundido	confuso	142

Verben mit unregelmäßigen Partizipien

Verb	Bedeutung	Regelmäßiges Partizip	Unregelmäßiges Partizip	Seite
difundir	aus-, verbreiten	difundido	difuso	142
dividir	teilen; dividieren	dividido	diviso	142
imprimir	drucken	imprimido	impreso	142
oprimir	unterdrücken	oprimido	opreso	142
consumir	auf-, verbrauchen	consumido	consunto	142
presumir	annehmen, vermuten	presumido	presunto	142
sepelir	begraben	sepelido	sepulto	142
afligir	betrüben, -kümmern	afligido	aflicto	150
extinguir	auslöschen	extinguido	extinto	152
convertir	umwandeln	convertido	converso	158
freír	braten, frittieren	freído	frito	164
sofreír	leicht braten, frittieren	sofreído	sofrito	164
teñir	färben	teñido	tinto	166
concluir	abschließen, beenden	concluido	concluso	184
excluir	ausschließen	excluido	excluso	184
incluir	einschließen	incluido	incluso	184
recluir	einschließen, -sperren	recluido	recluso	184
su(b)stituir	ersetzen	su(b)stituido	su(b)stituto	184
corregir	korrigieren	corregido	correcto	186
elegir	wählen (durch Abstimmung)	elegido	electo	186
preelegir	vorauswählen	preelegido	preelecto	186
reelegir	wieder wählen	reelegido	reelecto	186
maldecir	verfluchen, -wünschen	maldecido	maldito	192

Unvollständige Verben

Unvollständige Verben (los verbos defectivos)

Einige Verben kommen nur in bestimmten Zeiten, Personen vor. Man nennt diese Verben unvollständige Verben.

Verb	Verwendung	Bedeutung	Seite
abarse	nur 2. Pers. imp. und inf., part., ger.	Ausweichen	42
acaecer	nur 3. Pers. Sing. und Plur. in allen	sich ereignen	92
acontecer	Zeiten, inf., part., ger.	Sich ereignen	92
atañer		betreffen	118
abolir	nur die Verbformen, deren Endung	abschaffen	142
agredir	mit –i beginnt, d.h. nicht in der 1. – 3.	Angreifen, überfallen	142
arrecirse	Pers.Sing. und der 3. Pers. Plur. des	vor Kälte erstarren	142
despavorir	pres.und imp. und nicht im sub.	er-; abschrecken	142
empedernir	pres.	verhärten	142
guarnir		schmücken, garnieren	142
adir	nur inf., part., ger.	Antreten (Erbe)	142
soler	nur pres., imperf., p.i., p.p., sub.pres.	pflegen	102
concernir	nur 3. Pers. Sing. und Plur. des pres., imperf. und sub. pres.	betreffen	156

Index

Die Verben sind mit *t* bzw. *i* gekennzeichnet, wobei *t* die transitiven Verben und *i* die intransitiven Verben bezeichnet. Die Objektergänzungen mit den entsprechenden Präpositionen sind in wichtigen, insbesondere vom Deutschen abweichenden Fällen, angegeben. Bedeutungsunterschiede bei sowohl transitiv als auch intransitiv verwendeten Verben werden aufgeführt, wobei die Bedeutungen bei transitivem Gebrauch zuerst angegeben werden.

Die reflexiven Verben sind durch *r* gekennzeichnet.

Die unpersönlichen Verben werden nur in der 3. Person Singular verwendet. Sie sind durch *im* gekennzeichnet.

Zu jedem Verb ist eine Ziffer angegeben, die auf die Seite verweist, auf der das gesuchte Verb zu finden ist. Alle Verben, die als Beispielverb für die Konjugation dienen, sind im Index durch ➤ gekennzeichnet.

A

abajar, *t, i*   42
  herunterlassen, -senken, sinken

abalanzar, *t*   50
  ausgleichen

abaldesar, *t*   42
  gerben

abalserar, *t*   42
  an-, aufschütten, stapeln

aballestar, *t*   42
  schleudern

abandonar, *t*   42
  aufgeben, verlassen

abanicar, *t*   44
  fächeln

abaratar, *t, i*   42
  billiger machen, billiger werden

abarcar, *t*   44
  umfassen; -zingeln

abarraganarse, *r*   42
  in wilder Ehe leben

abarrajar, *t, i*   42
  wegschleudern; umstürzen; verkommen

abarrotar, *t*   42
  festbinden, knebeln

abarse, *r*   201
  aus dem Weg gehen

abastardar, *i*   42
  kreuzen (Rassen); aus-, entarten

abastecer, *t*   92
  beliefern, versorgen

abatir, *t*   142
  ab-, niederreißen, umwerfen

abdicar, *t, i*   44
  ~ *de a.* etw. entsagen, ~ *en alg.* zugunsten von jm. abdanken

abejonear, *i*   42
  flüstern, leise sprechen

aberrar, *i*   64
  abweichen

abestiarse, *r*   42
  verblöden, -rohen

abetunar, *t*   42
  teeren; wichsen (Schuhe)

abjurar, *t*   42
  ~ *de a.* einer Sache abschwören, -leugnen, widerrufen

ablandecer, *t*   92
  erweichen

abluir, *t*   184
  reinigen

abnegar, *t, i*   66
  verzichten, entsagen

abobar, *t*   42
  verdummen, dumm machen

abocar, *t*   44
  umfüllen, gießen

abochornar, *t*   42
  erhitzen; versengen; erzürnen

abofetear, *t*   42
  ohrfeigen

abogar, *t, i*   46
  vor Gericht vertreten

abolir, *t*   201
  abschaffen

abollar, *t*   42
  treiben (Metall); verbeulen

abominar, *t*   42
  verwünschen, -fluchen; ~ *de a.* etw. verabscheuen

abonanzar, *im*   50
  sich aufheitern (Wetter)

abonar, *t*   42
  billigen; abonnieren

aborrascarse, *r*   44
  stürmisch werden (Wetter)

aborrecer, *t*   92
  verabscheuen, hassen

abortar, *t, i*   42
  eine Fehlgeburt ha-

ben; misslingen

aborujar,*t* 42
knäueln, knüllen

abotonar,*t,i* 42
zuknöpfen; Knospen
treiben

abrahonar,*t* 42
fest in die Arme
schließen

abrasar,*t,i* 42
anzünden; erzürnen;
brennen (Sonne)

abrazar,*t* 50
umarmen; -ringen

abreviar,*t* 42
ab-, verkürzen

abribonarse,*r* 42
zum Gauner werden

abrigar,*t* 46
warm halten, schützen

abrir,*t* 198
(er)öffnen

abrochar,*t* 42
zuknöpfen, -schnüren

abrogar,*t* 46
abschaffen, aufhe-
ben

abroncar,*t* 44
erzürnen; anwidern

abrumar,*t* 42
bedrücken; -lästigen

absolver,*t* 104
freisprechen

absorber,*t* 88
absorbieren

abstenerse,*r* 134
~ *de* sich enthalten,
verzichten auf

absterger,*t* 98
reinigen

abstraer,*t* 116
abziehen, abstra-
hieren

abuchear,*t* 42
auspfeifen, -buhen

abultar,*t* 42
vergrößern, erweitern

abundar,*i* 42
reichlich vorhanden
sein, ~ *en* viel haben
von

aburguesarse,*r* 42
verbürgerlichen, ver-
spießern

aburrarse,*r* 42
verrohen

aburrir,*t* 142
langweilen; belästigen

abusar,*t* 42
missbrauchen; täu-
schen

acabar,*t* 42
be-, vollenden, aus-
führen

acachetear,*t* 42
ohrfeigen

acaecer,*i* 201
sich ereignen, ge-
schehen

acalambrarse,*r* 42
sich verkrampfen

acalorar,*t* 42
erhitzen; -mutigen;
aufregen

acallar,*t* 42
zum Schweigen brin-
gen; beschwichtigen

acampar,*i* 42
lagern, kampieren,
campen

acaparar,*t* 42
anhäufen, aufkaufen

acaparrar,*t* 42
verstecken

acardenalar,*t* 42
quetschen

acarear,*t* 42
trotzen, die Stirn bieten

acariciar,*t* 42
(lieb)kosen

acarrear,*t* 42
transportieren, beför-
dern

acatar,*t* 42
(ver)ehren; befolgen

acatarrar,*t* 42
belästigen, plagen

acaudalar,*t* 42
ansammeln (Vermögen)

acaudillar,*t* 42
anführen, befehligen

acceder,*t* 88

beitreten; ~ *a a.* etw.
beipflichten

accionar,*t,i* 42
(ein)wirken; antreiben,
betätigen

acecinar,*t* 42
pökeln

acechar,*t,i* 42
spähen, (be)lauern

aceitar,*t* 42
(ein)ölen, schmieren

acelerar,*t* 42
beschleunigen

acendrar,*t* 42
reinigen, läutern

acensuar,*t* 62
besteuern

acentuar,*t* 62
betonen

acepillar,*t* 42
(ab-, aus)hobeln

aceptar,*t* 42
akzeptieren

acercar,*t* 44
näher (heran)bringen

acerrar,*t* 52
greifen, packen

acerrojar,*t* 42
abriegeln

acertar,*t* 52
erraten

acezar,*i* 50
keuchen

aciberar,*t* 42
pulverisieren, zermahlen

acicalar,*t* 42
reinigen, polieren;
verputzen

aclamar,*t* 42
zujubeln; dringend
bitten

aclarar,*t,i* 42
(auf)klären; ab-, aus-
spülen; sich aufklären
(Wetter)

aclarecer,*t,i* 92
(auf)klären; ab-, aus-
spülen; sich aufklären
(Wetter)

aclimatar,*t* 42
akklimatisieren

acobardar,*t* — 42
einschüchtern

acochambrar,*t* — 42
verschmutzen, verunreinigen

acocharse,*r* — 42
sich kauern

acochinar,*t* — 42
abmurksen; einschüchtern

acodalar,*t* — 42
abstützen

acoger,*t* — 98
aufnehmen, empfangen

acojonar,*t* — 42
einschüchtern

acometer,*t,i* — 88
angreifen; in Angriff nehmen

acomodar,*t,i* — 42
in Ordnung bringen; unterbringen; behagen

acompañar,*t* — 42
begleiten

acomunarse,*r* — 42
sich verbünden

aconchar,*t* — 42
lehnen, stemmen gegen

acondicionar,*t* — 42
bilden, gestalten, herrichten

acongojar,*t* — 42
betrüben

aconsejar,*t* — 42
(be)raten

acontecer,*i* — 201
sich ereignen, vorkommen

acopiar,*t* — 42
an-, aufhäufen, ansammeln

acoplar,*t* — 42
ankoppeln; paaren

acoquinar,*t* — 42
einschüchtern

acorar,*t* — 42
betrüben

acordar,*t,i* — 54

beschließen, übereinstimmen

acorrer,*t* — 88
unterstützen, zu Hilfe eilen

acortar,*t* — 42
ab-, verkürzen; vermindern

acortejarse,*r* — 42
in wilder Ehe leben

acorvar,*t* — 42
krümmen, biegen

acosar,*t* — 42
hetzen, verfolgen; quälen, bedrängen

acostar,*t,i* — 54
ins Bett bringen; näher bringen; anlegen (Schiff)

acostumbrar,*t,i* — 42
(an)gewöhnen, ~ *a* + *inf.* gewohnt sein zu

acrecentar,*t* — 52
vergrößern, -mehren

acrecer,*t* — 92
vermehren

acreditar,*t* — 42
Ansehen verleihen

acribar,*t* — 42
sieben

acribillar,*t* — 42
durchlöchern; bedrängen

acriminar,*t* — 42
beschuldigen, anklagen

activar,*t* — 42
in Gang bringen, beleben

actualizar,*t* — 50
aktualisieren

actuar,*t* — 62
zu Stande bringen

acuartelar,*t* — 42
einquartieren

acuchillar,*t* — 42
er-, niederstechen

acuciar,*t* — 42
anspornen, an-, aufstacheln

acuclillarse,*r* — 42

sich niederkauern

acudir,*i* — 142
herbeieilen; ~ *a alg.* sich an jn. wenden

acuitar,*t* — 42
betrüben

acumular,*t* — 42
an-, aufhäufen; an-, beifügen

acunar,*t* — 42
wiegen (Kind)

acurrucarse,*r* — 44
sich nieder-, zs.kauern

acusar,*t,i* — 42
~ *a alg. de a.* jn. einer Sache anklagen, beschuldigen

achacar,*t* — 44
~ *a. a alg.* jm. etw. zuschreiben

achamparse,*r* — 42
(widerrechtlich) mitnehmen

achanchar,*t* — 42
in die Enge treiben

achantarse,*r* — 42
sich einschüchtern lassen

achicar,*t* — 44
verkleinern; einschüchtern

achinar,*t* — 42
entmutigen

achingar,*t* — 46
verkürzen, kürzer machen

achiquitar,*t* — 42
verkleinern

achispar,*t* — 42
leicht berauschen

achocar,*t* — 44
stoßen, schlagen

achocharse,*r* — 42
kindisch werden, vertrotteln

acholar,*t* — 42
beschämen

achubascarse,*r* — 44
sich mit Regenwolken überziehen

achuchar,*t* — 42

zerquetschen; auf-
hetzen

achucharrar,*t* 42
hetzen

adaptar,*t* 42
anpassen; -bringen

adecuar,*t* 42
anpassen

adelantar,*t,i* 42
vorrücken, voranbrin-
gen; früher kommen

adelgazar,*t,i* 50
dünner machen,
dünner werden

adentrar,*i* 42
durchdringen

aderezar,*t* 50
herrichten; ausrüsten

adeudar,*t* 42
schulden; belasten
(Betrag)

adherir,*i* 158
anhaften; ~ *a* bei-
pflichten

adiar,*t* 60
anberaumen

adicionar,*t* 42
addieren; hinzufügen

adiestrar,*t* 42
unterweisen, (an)leiten

adietar,*t* 42
auf Diät setzen

adinerar,*t* 42
zu Geld machen

adir,*t* 201
antreten (Erbe)

adivinar,*t* 42
vorhersehen; ergrün-
den

adjudicar,*t* 44
zuerkennen (gerichtlich)

administrar,*t* 42
verwalten

admirar,*t* 42
bewundern; rühmen

admitir,*t* 142
zulassen, gestatten

adobar,*t* 42
anrichten, zubereiten

adocenar,*t* 42
gering schätzen

adoctrinar,*t* 42
belehren, unterweisen

adolecer,*i* 92
krank sein/werden

adoptar,*t* 42
adoptieren; anneh-
men, gutheißen

adorar,*t* 42
verehren, -göttern

adormecer,*t* 92
einschläfern

adormilarse,*r* 42
einnicken

adornar,*t* 42
schmücken, verzieren

adosar,*t* 42
anlehnen

▶**adquirir,***t* 170
erwerben

adscribir,*t* 198
~ *a. a alg.* jm. etw.
zueignen, -schreiben

aduanar,*t* 42
verzollen

aducir,*t* 148
hinzufügen

adular,*t* 42
schmeicheln

adulterar,*t,i* 42
(ver)fälschen; ehe-
brechen

adulzar,*t* 50
weich/geschmeidig
machen

adulzorar,*t* 42
versüßen, mildern

adunar,*t* 42
vereinigen, versam-
meln

advertir,*t,i* 158
bemerken, wahrneh-
men; benachrichti-
gen; ~ *en a.* Acht
geben auf, ~ *contra
a.* vor etw. warnen

afamar,*t* 42
berühmt machen

afanar,*t* 42
quälen, belästigen

afarolarse,*r* 42
aus der Haut fahren

afear,*t* 42
entstellen; schänden

afeblecerse,*r* 92
abmagern

afectar,*t* 42
vorgeben, so tun als
ob

afeitar,*t* 42
rasieren

aferrar,*t* 52
anpacken, festhalten

afianzar,*t* 50
~ *a alg.* sich für jn.
verbürgen; festhalten;
stützen

aficionar,*t* 42
gewinnen für

afilar,*t* 42
schärfen, schleifen

afinar,*t,i* 42
vervollkommnen,
verfeinern; stimmen
(Instrument)

afirmar,*t* 42
befestigen, stützen;
bestätigen, versi-
chern

afligir,*t* 200
betrüben, -kümmern,
~ *a uno* jm. nahe-
gehen, Leid tun

afondar,*t* 42
versenken, (ver)sinken

aforar,*t* 42
ab-, einschätzen,
taxieren

aforar,*t* 54
verleihen (Sonderrechte)

afortunar,*t* 42
beglücken

afosarse,*r* 42
sich verschanzen

afrentar,*t* 42
beleidigen, be-
schimpfen

afrontar,*t,i* 42
gegenüberstellen;
bekämpfen; gegen-
überstehen

afutrarse,*r* 42
sich herausputzen

205

agachaparse,*r*	42
sich verstecken, sich ducken	
agachar,*t*	42
beugen, krümmen	
agarbarse,*r*	42
sich ducken	
agarrar,*t*	42
greifen, packen; befestigen	
agarrotar,*t*	42
knebeln; erdrosseln	
agasajar,*t*	42
freundlich aufnehmen	
agazapar,*t*	42
fassen, packen	
agenciar,*t*	42
besorgen, verschaffen	
agigantar,*t*	42
ungeheuer vergrößern, übertreiben	
agilitar,*t*	42
erleichtern; -mächtigen	
agitar,*t,i*	42
hin und her bewegen, schütteln; werben für	
aglomerar,*t*	42
anhäufen	
aglutinar,*t*	42
an-, verkleben	
agobiar,*t*	42
beugen, krümmen; unterdrücken	
agolpar,*t*	42
anhäufen	
agonizar,*t,i*	50
einem Sterbenden beistehen; ~ *a alg.* jn. quälen; mit dem Tode ringen	
➤ **agorar**,*t*	56
voraussagen	
agotar,*t*	42
aus-, erschöpfen, aufbrauchen	
agradar,*i*	42
gefallen, angenehm sein	

agradecer,*t*	92
danken	
agrandar,*t*	42
vergrößern, erweitern	
agravar,*t*	42
erschweren, verschlimmern	
agraviar,*t*	42
beleidigen	
agredir,*t*	201
angreifen, anfallen, überfallen	
agregar,*t*	46
hinzufügen	
agrupar,*t*	42
gruppieren, zs.stellen	
aguaitar,*t*	42
auf-, belauern	
aguantar,*t*	42
~ *con a.* etw. aushalten, ertragen	
aguar,*t*	48
(be)wässern, tränken	
aguardar,*t*	42
ab-, erwarten	
agudizar,*t*	50
zuspitzen	
aguij(one)ar,*t*	42
anspornen, -stacheln	
aguzar,*t*	50
schleifen, wetzen	
aherrojar,*t*	42
fesseln; be-, unterdrücken	
ahogar,*t*	46
erdrosseln, erwürgen, ersticken	
ahorcar,*t*	44
(auf-, er)hängen	
ahorrar,*t*	42
sparen; schonen	
ahoyar,*t*	42
(aus)höhlen	
ahuecar,*t*	44
aushöhlen, auflockern (Erde)	
ahumar,*t*	42
(aus)räuchern	
ahuyentar,*t*	42
verjagen, -treiben	
airear,*t*	42

(aus-, be)lüften	
ajamonarse,*r*	42
mollig werden, zunehmen	
ajar,*t*	42
betasten; zerknüllen; verunglimpfen	
ajuarar,*t*	42
ausstatten, möblieren	
ajuiciar,*t*	42
zur Vernunft bringen	
ajumarse,*r*	42
sich betrinken	
ajuntar,*t*	42
verbinden, zs.fügen	
ajustar,*t*	42
einrichten, an-, einpassen	
ajusticiar,*t*	42
hinrichten	
alabar,*t*	42
loben, preisen, rühmen	
alabear,*t*	42
biegen, krümmen	
alardear,*i*	42
~ *de* prahlen (mit)	
alargar,*t*	46
verlängern	
alarmar,*t*	42
alarmieren	
albergar,*t*	46
beherbergen, aufnehmen	
alborear,*im*	42
dämmern, tagen	
alborotar,*t,i*	42
beunruhigen, stören; schreien, lärmen	
alborozar,*t*	50
erfreuen, aufheitern	
alcahuetear,*t*	42
verkuppeln	
alcanzar,*t*	50
einholen, erreichen; erhalten	
alebrarse,*r*	42
sich ducken; verzagen	
aleccionar,*t*	42
lehren, unterrichten;	

abrichten

alegrar,*t* 42
erfreuen, aufheitern

alejar,*t* 42
entfernen; weit weg-
schicken

alelar,*t* 42
verdummen; -blüffen

alentar,*t,i* 52
aufmuntern, ermuti-
gen; atmen

alesar,*t* 42
bohren

aletargar,*t* 46
einschläfern, betäu-
ben

aletear,*i* 42
flattern; mit den Ar-
men um sich schla-
gen

aliar,*t* 60
verbinden, -bünden

alienar,*t* 42
veräußern; entfrem-
den

aligerar,*t* 42
erleichtern, entlasten;
lindern

alimentar,*t* 42
ernähren, verpflegen

alindar,*t* 42
ab-, begrenzen

alinderar,*t* 42
abstecken, begren-
zen

alinear,*t* 42
abmessen, ausrich-
ten

alisar,*t* 42
glätten; ebnen

alistar,*t* 42
einschreiben

aliviar,*t* 42
erleichtern, entlasten,
lindern

almacenar,*t* 42
einlagern, speichern

almibarar,*t* 42
in Zucker einmachen;
schmeicheln

almidonar,*t* 42

stärken (Wäsche)

almoned(e)ar,*t* 42
öffentlich versteigern

almorzar,*i* 74
frühstücken

alocar,*t* 44
um den Verstand
bringen

alojar,*t* 42
beherbergen, unter-
bringen

alongar,*t* 72
verlängern; -zögern

aloquecer,*t* 92
um den Verstand
bringen

alquilar,*t* 42
vermieten, -pachten

alquitranar,*t* 42
teeren

alterar,*t* 42
(ver)ändern

altercar,*i* 44
sich streiten

alternar,*t,i* 42
(ab)wechseln

alucinar,*t* 42
(ver)blenden; täu-
schen

aludir,*t* 142
~ *a* hinweisen, an-
spielen auf

alujar,*t* 42
polieren

alumbrar,*t* 42
be-, erleuchten, er-
hellen

alustrar,*t* 42
glänzend machen,
wichsen

aluzar,*t* 50
beleuchten, erhellen

alzaprimar,*t* 42
anspornen

alzar,*t* 50
auf-, erheben

allanar,*t* 42
(ein)ebnen

allegar,*t* 46
anhäufen, -sammeln;
hinzufügen

amacizar,*t* 50
befestigen, festma-
chen

amachar,*t* 42
vereinigen, -binden

amachinarse,*r* 42
in wilder Ehe leben

amadrinar,*t* 42
Patin werden, be-
muttern

amaestrar,*t* 42
unter-; abrichten

amagar,*t,i* 46
drohen, bevorstehen

amainar,*t,i* 42
heraufziehen; nach-
lassen

amaitinar,*t* 42
belauern, -spitzeln

amamantar,*t* 42
säugen, stillen; er-
nähren

amancebarse,*r* 42
in wilder Ehe leben

amancillar,*t* 42
beflecken; tadeln

amanecer,*im* 92
Tag werden

amanerarse,*r* 42
sich geziert aus-
drücken

amanojar,*t* 42
bündeln

amansar,*t* 42
bändigen, zähmen

amañar,*t* 42
geschickt anpacken,
deichseln

▶amar,*t* 42
lieben

amartelar,*t* 42
herzen, liebkosen,
eifersüchtig machen

ambicionar,*t* 42
erstreben, beanspru-
chen

ambular,*i* 42
umherziehen

amedrentar,*t* 42
einschüchtern

amenazar,*t* 50

(be)drohen

amenguar, *t*   48
beeinträchtigen, (ver)-
mindern

amigar, *t*   46
befreunden

amilanar, *t*   42
einschüchtern

aminorar, *t*   42
vermindern

amistar, *t*   42
befreunden, versöh-
nen

amnistiar, *t*   60
begnadigen

amoblar, *t*   54
möblieren, einrichten

amodorrarse, *r*   42
schläfrig/verdrießlich
werden

amojonar, *t*   42
abgrenzen, -stecken

amolar, *t*   54
schleifen; lästig fallen

amoldar, *t*   42
formen, gestalten

amollar, *i*   42
nachgeben

amonarse, *r*   42
sich betrinken

amonestar, *t*   42
erinnern, -mahnen

amontar, *t*   42
verjagen, verscheu-
chen

amontonar, *t*   42
an-, aufhäufen, auf-
schichten

amordazar, *t*   50
knebeln; unschädlich
machen

amorrar, *i*   42
den Kopf hängen
lassen; schmollen

amortecer, *t,i*   92
abschwächen,
dämpfen

amortiguar, *t*   48
abtöten, dämpfen,
mildern

amortizar, *t*   50

amortisieren, tilgen

amoscar, *t*   44
verscheuchen (Fliegen)

amostazar, *t*   50
reizen, erzürnen

amotinar, *t*   42
aufwiegeln; aus der
Fassung bringen

amover, *t*   102
des Amtes entheben

amparar, *t*   42
beschützen; beschlag-
nahmen

ampliar, *t*   60
vergrößern, erweitern

amplificar, *t*   44
vergrößern, ausdeh-
nen

amputar, *t*   42
amputieren

amuchar, *t,i*   42
vergrößern, steigern,
steigen, zunehmen

amueblar, *t*   42
möblieren, einrichten

amular, *t*   42
(er)würgen

amurriarse, *r*   42
Katzenjammer haben

anadear, *i*   42
watscheln

analizar, *t*   50
analysieren

anatomizar, *t*   50
sezieren

anclar, *t,i*   42
ankern

ancorar, *t,i*   42
ankern

▶**andar,** *t,i*   80
gehen

andorrear, *i*   42
herumbummeln

aneblar, *im*   52
be-, einnebeln

anestesiar, *t*   42
betäuben

anex(ion)ar, *t*   42
annektieren

angostar, *t*   42
verengen

angustiar, *t*   42
ängstigen, quälen

anhelar, *t*   42
ersehnen, -streben

anidar, *t,i*   42
beherbergen; nisten;
hausen

anieblar, *t*   42
ein-, vernebeln

animar, *t*   42
anregen

aniñarse, *r*   42
sich kindisch verhalten

aniquilar, *t*   42
vernichten, zerstören

anochecer, *im*   92
Nacht werden

anonadar, *t*   42
ausrotten; demütigen

ansiar, *t*   60
ersehnen

anteceder, *t*   88
vorhergehen

antedatar, *t*   42
zur.datieren

antedecir, *t*   192
vorhersagen

anteponer, *t*   128
voranstellen

antever, *t*   136
vorhersehen

anticipar, *t,i*   42
vorwegnehmen, zu-
vorkommen

anticuarse, *r*   42
veralten

antojarse, *r*   42
Lust haben zu

anublar, *t*   42
bewölken; verdunkeln,
trüben

anudar, *t*   42
verknoten, verschnü-
ren, verbinden

anunciar, *t*   42
ankündigen

añadir, *t*   142
hinzufügen

aojar, *t*   42
verderben, zu Grunde
richten

208

aovillarse, *r* 42
sich zs.kauern

apabullar, *t* 42
platt drücken

apacentar, *t* 52
weiden; belehren

apaciguar, *t* 48
beruhigen, -sänftigen

apachurrar, *t* 42
pressen, platt drük-
ken, ~ *a alg.* jn. fer-
tig machen

apadrinar, *t* 42
Patenstelle anneh-
men; als Zeuge die-
nen; beistehen

apagar, *t* 46
(aus)löschen; be-
schwichtigen

apalabrar, *t* 42
besprechen, verab-
reden

apalastrarse, *r* 42
sich verausgaben;
ohnmächtig werden

apampar, *t* 42
betrügen

apandar, *t* 42
klauen, stibitzen

apañar, *t* 42
ergreifen, packen

apañuscar, *t* 44
zerknittern; stehlen

aparar, *t* 42
hacken, jäten; ebnen

aparcar, *t* 44
parken

aparear, *t* 42
paarweise anordnen

aparecer, *i* 92
erscheinen

aparejar, *t* 42
vor-, zubereiten,
herrichten

aparentar, *t* 42
vorgeben, -spiegeln

apartar, *t* 42
absondern, trennen

apasionar, *t* 42
anreizen, mitreißen

apechar, *t* 42

~ *con* ungern ein-
willigen in

apechugar, *t* 46
an die Brust drücken;
widerstehen; ~ *con*
a. etw. über sich er-
gehen lassen

apedazar, *t* 50
ausbessern, flicken

apedrear, *t* 42
steinigen; kränken

apegarse, *r* 46
Zuneigung fassen (zu)

apelar, *i* 42
Berufung/Beschwer-
de einlegen, appel-
lieren an

apelmazar, *t* 50
zs.pressen; belästigen

apelotonar, *t* 42
aufwickeln (Knäuel)

apellidar, *t, i* 42
(be)nennen; aufrufen,
ausrufen, einberufen;
anflehen

apenar, *t* 42
bekümmern, schmerzen

apencar, *t* 44
~ *con* ungern einwil-
ligen in

aperar, *t* 42
herstellen, erzeugen

apercibir, *t* 142
vorbereiten; mahnen

apercollar, *t* 54
am Kragen packen;
den Hals umdrehen

aperchar, *t* 42
aufhäufen, stapeln

apesadumbrar, *t* 42
bekümmern

apesarar, *t* 42
bekümmern

apesgar, *t* 46
belasten, -drücken

apestar, *t, i* 42
verpesten; belästigen;
(pestartigen) Gestank
verbreiten

apetecer, *t* 92
begehren

apiadar, *t* 42
bemitleiden

apilar, *t* 42
aufhäufen, -schichten,
stapeln

apilonar, *t* 42
stapeln; vertagen

apiparse, *r* 42
sich den Bauch voll-
schlagen

apisonar, *t* 42
feststampfen, ein-
rammen

aplacar, *t* 44
besänftigen; lindern

aplanar, *t* 42
einebnen, planieren;
glätten

aplastar, *t* 42
platt drücken, zer-
quetschen

aplatanarse, *r* 42
sich gehen lassen

aplaudir, *t* 142
~ *a alg.* jm. applau-
dieren

aplazar, *t* 50
vertagen

aplicar, *t* 44
anwenden

apocar, *t* 44
verringern; einschrän-
ken; entmutigen

apodar, *t* 42
einen Spitznamen
geben

apoderar, *t* 42
bevollmächtigen

apolismar, *t* 42
quetschen

apologetizar, *t* 50
verteidigen

apoltronarse, *r* 42
faul werden; faulen-
zen

aporrar, *i* 42
verstummen, sprach-
los sein

aportar, *t, i* 42
beitragen, -steuern;
anlegen (Schiff)

209

aposentar,*t*   42
beherbergen

apostar,*t,i*   54
verwetten, wetten

apostatar,*i*   42
abtrünnig werden

apostrofar,*t*   42
plötzlich anreden; betiteln

apoyar,*t*   42
(unter)stützen

apreciar,*t*   42
(ab)schätzen

aprehender,*t*   88
(Besitz) ergreifen; verhaften

apremiar,*t*   42
drängen, drücken; zwingen

aprender,*t*   88
lernen; erfahren

aprensar,*t*   42
pressen, (hinein)drücken

apresar,*t*   42
fangen; verhaften; erbeuten

aprestar,*t*   42
zubereiten, -rüsten

apresurar,*t*   42
antreiben, beschleunigen

apretar,*t*   52
drücken, pressen

apretujar,*t*   42
zerknautschen; dränge(l)n

apriscar,*t*   44
einpferchen

aprisionar,*t*   42
verhaften, einkerkern

aprobar,*t*   54
anerkennen, billigen

aprontar,*t*   42
beschaffen, bereitstellen

apropiar,*t*   42
anpassen, zuerkennen

apropincuarse,*r*   42
sich nähern

aprovechar,*t*   42
(be-, aus)nutzen

aprovisionar,*t*   42
beliefern, verpflegen, versorgen

aproximar,*t*   42
nähern, näher bringen

apuntalar,*t*   42
(ab)stützen, verstreben

apuntar,*t*   42
hinweisen, notieren

apuntillar,*t*   42
den Genickstoß geben (Stier)

apurar,*t*   42
reinigen, läutern; aufbrauchen

aquejar,*t*   42
in die Enge treiben; quälen

aquejumbrarse,*r*   42
sich beklagen

aquerenciarse,*r*   42
sich eingewöhnen

aquietar,*t*   42
beruhigen, -sänftigen

aquistar,*t*   42
erobern, -langen

arar,*t*   42
(be-, um)ackern, pflügen

arcabucear,*t*   42
schießen

archivar,*t*   42
archivieren

arder,*t*   88
(ver)brennen

arengar,*t,i*   46
anreden, eine Ansprache halten

argumentar,*t,i*   42
folgern; argumentieren

aridecer,*t*   92
ausdörren, -trocknen

ariscarse,*r*   44
zornig werden

aristocratizar,*t*   50
adeln

armar,*t*   42
bewaffnen

armonizar,*t*   50
in Einklang bringen

aromar,*t*   42
würzen

aromatizar,*t*   50
würzen

arquear,*t*   42
biegen, wölben

arraigar,*t,i*   46
Wurzeln schlagen; einreißen (Gewohnheit)

arramblar,*t,i*   42
anschwemmen; versanden; ~ con an sich reißen

arrancar,*t*   44
aus-, entreißen

arranciarse,*r*   42
ranzig werden

arrastrar,*t,i*   42
schleifen, ab-, fortschleppen; mit-, fortreißen; kriechen

arrear,*t*   42
(aus)schmücken, ausrüsten

arrebatar,*t*   42
mit Gewalt entreißen; entzücken

arrebozar,*t*   50
verschleiern

arrebujar,*t*   42
zerknittern; einwickeln

arrecirse,*r*   201
vor Kälte erstarren

arredrar,*t*   42
zur.stoßen; erschrecken

arregazar,*t*   50
aufstülpen

arreglar,*t*   42
regeln, ordnen

arregostarse,*r*   42
Behagen finden an

arremangar,*t*   46
aufstülpen

arremeter,*t*   88
angreifen; -spornen

arrempujar,*t*   42
(auf-, fort-, zu)stoßen,

-schieben, schubsen
arrendar,*t* 52
vermieten, -pachten;
zähmen, zügeln;
nachäffen, -ahmen
arrepentirse,*r* 158
bereuen
arrequintar,*t* 42
festbinden, -schnü-
ren
arrestar,*t* 42
festnehmen, verhaf-
ten
arriesgar,*t* 46
riskieren, wagen
arrimar,*t* 42
anlehnen; stützen
arrinconar,*t* 42
ab-, weglegen
arriostrar,*t* 42
versteifen, -streben
arriscar,*t* 44
riskieren, wagen
arrobar,*t* 42
ent-, verzücken
arrodillar,*t* 42
knien lassen
arrogar,*t* 46
an sich reißen
arrojar,*t* 42
werfen
arrollar,*t* 42
auf-, zs.rollen, auf-
wickeln
arropar,*t* 42
(be)kleiden, be-
decken
arroscar,*t* 44
einwickeln, zs.fügen
arrostrar,*t* 42
trotzen, die Stirn bie-
ten
arroyar,*t* 42
auswaschen (Regen)
arrugar,*t* 46
runzeln, zerknüllen
arruinar,*t* 42
einreißen; zerstören
arrullar,*t* 42
einlullen; Süßholz ras-
peln

arrumar,*t* 42
schichten, verstauen
arrumbar,*t* 42
abstellen, wegräu-
men
arrunzar,*t* 50
stehlen
articular,*t* 42
artikulieren
artillar,*t* 42
bestücken
asalariar,*t* 42
besolden, löhnen
asaltar,*t* 42
angreifen, überfallen
asar,*t* 42 ▶
braten, rösten
ascender,*t,i* 100
be-, hinaufsteigen
asear,*t* 42
verzieren, herausput-
zen
asechar,*t* 42
nachstellen; Schlingen
legen
asediar,*t* 42
belagern
asegundar,*t* 42
wd.holen, hinzufü-
gen
asegurar,*t* 42
(ver)sichern, behaup-
ten
asemejar,*t* 42
ähneln, ähnlich sein
asenderear,*t* 42
bahnen; verfolgen;
plagen
asentar,*t* 52
hinsetzen, absetzen,
ab-, hinstellen
asentir,*i* 158
beipflichten
aserrar,*t* 52
(durch)sägen
asesar,*t,i* 42
zur Vernunft bringen,
Vernunft annehmen
asesinar,*t* 42
ermordern; peinigen
asesorar,*t* 42

(be)raten
aseverar,*t* 42
versichern, beteuern
asfaltar,*t* 42
asphaltieren
asfixiar,*t* 42
ersticken
asignar,*t* 42
anweisen, zuweisen,
zuteilen
asilar,*t* 42
Asyl gewähren
asimilar,*t* 42
angleichen, gleich-
stellen
asir,*t* 178
fassen, ergreifen
asistir,*t* 142
~ *a alg.* jm. beiste-
hen, helfen
asnear,*t* 42
jn. Esel nennen
asociar,*t* 42
verbinden, beige-
sellen
asolar,*t* 42
ausdorren, verbren-
nen
asolar,*t* 54
verheeren, zerstören
asolear,*t* 42
der Sonnenhitze aus-
setzen
asomar,*t* 42
zum Vorschein brin-
gen
asombrar,*t* 42
beschatten; erstau-
nen
asordar,*t* 42
betäuben, taub
machen
aspirar,*t,i* 42
einatmen, einsaugen
(Luft); ~ *a* abzielen auf,
streben nach
asquear,*t* 42
anekeln, -widern
astillar,*t* 42
zersplittern, spalten
astreñir,*t* 166

211

zs.ziehen; zwingen

astringir,*t*   150

zs.ziehen; zwingen

astriñir,*t*   168

zs.ziehen; zwingen

asumir,*t*   142

an/zu sich nehmen, übernehmen

asustar,*t*   42

erschrecken, Angst machen

atablar,*t*   42

eggen

atacar,*t*   44

angreifen

atafagar,*t*   46

betäuben; -ängstigen

atajar,*t*   42

versperren; ins Wort fallen; ab-, zur.halten

atalantar,*t,i*   42

betäuben; gefallen, zusagen

atalayar,*t*   42

(er)spähen, beobachten

atañer,*i*   201

angehen, betreffen

atapuzar,*t*   50

voll stopfen, beladen

atar,*t*   42

an-, ver-, zubinden, zuknöpfen

atardecer,*im*   92

Nachmittag/Abend werden

atarear,*t*   42

mit Arbeit überhäufen

atarquinar,*t*   42

beschmutzen

atarragar,*t*   46

festnageln; sich voll fressen

atascar,*t*   44

ver-, zustopfen

ataviar,*t*   60

putzen, schmücken

atediar,*t*   42

langweilen; anekeln, anwidern

atemorizar,*t*   50

erschrecken

atemperar,*t*   42

mäßigen, mildern

atender,*t,i*   100

beachten, -rücksichtigen, ~ *a* Acht geben auf

atenerse,*r*   134

~ *a* sich halten an, sich richten nach

atentar,*t,i*   42

~ *contra* ein Attentat begehen auf

atenuar,*t*   62

abschwächen

aterecerse,*r*   92

vor Kälte erstarren

aterrar,*t*   42

bestürzen

aterrar,*t*   52

zu Boden werfen, umstürzen

aterrizar,*i*   50

landen

aterrorizar,*t*   50

terrorisieren

atesorar,*t*   42

ansammeln, horten (Schätze)

atestar,*t*   42

bescheinigen, bezeugen

atestar,*t*   52

an-, auffüllen

atestiguar,*t*   48

bezeugen

atiborrar,*t*   42

voll laden, -pfropfen, voll stopfen

atiesar,*t*   42

spannen, straffen

atiplar,*i*   42

sich beschwipsen

atirantar,*t*   42

straffen

atisbar,*t*   42

aufpassen, ausspähen, erspähen

atizar,*t*   50

schüren (Feuer); aufhetzen

atocinar,*t*   42

meuchlerisch ermorden

atolondrar,*t*   42

betäuben; verwirren

atont(olin)ar,*t*   42

betäuben, dumm machen

atorar,*t*   42

Holz spalten; verstopfen

atormentar,*t*   42

foltern, quälen, belästigen

atornillar,*t*   42

fest-, zs.schrauben

atortillar,*t*   42

platt zs.drücken

atortolar,*t*   42

einschüchtern

atortujar,*t*   42

platt zs.drücken

atosigar,*t*   46

vergiften; quälen; drängen

atrabancar,*t*   44

überwinden (Hindernis)

atracar,*t,i*   44

landen, anlegen

atraer,*t*   116

anziehen; herbeiführen

atrafagar,*i*   46

abmühen, ermüden

atragantar,*t*   42

plagen

atrancar,*t*   44

verrammeln, -riegeln; verstopfen

atrapar,*t*   42

einholen, erwischen, ergattern

atrasar,*t,i*   42

aufschieben, verzögern, im Rückstand sein

atravesar,*t*   52

durchqueren

atreguar,*t*   48

Aufschub/Atempause gewähren

atreverse,*r* 88
sich erdreisten, wagen

atribuir,*t* 184
~ *a. a alg.* jm. etw. erteilen, zuerkennen, zuschreiben

atribular,*t* 42
betrüben, Kummer machen

atrinchilar,*t* 42
in die Enge treiben

atropar,*t* 42
an-, aufhäufen

atufar,*t* 42
(ver)ärgern

aturdir,*t* 142
betäuben; verblüffen

atur(r)ullar,*t* 42
einschüchtern, aus der Fassung bringen

atusar,*t* 42
schneiden (Haar; Baum)

augurar,*t* 42
wahr-, voraussagen

aumentar,*t* 42
vergrößern, steigern, steigen, zunehmen

auscultar,*t* 42
abhören

ausentar,*t* 42
entfernen

auspiciar,*t* 42
fördern, unterstützen

automatizar,*t* 50
automatisieren

autorizar,*t* 50
ermächtigen

auxiliar,*t* 42
~ *a alg.* jm. beistehen, helfen

avalar,*t,i* 42
bürgen

avalorar,*t* 42
bewerten, schätzen

avaluar,*t* 62
(ab)schätzen

avanzar,*t,i* 50
vorwärts bringen, vorrücken

avasallar,*t* 42
unterwerfen, -jochen

avecinar,*t* 42
annähern

avecindar,*t* 42
einbürgern

avejentar,*t* 42
vorzeitig altern (lassen)

avenir,*t,i* 196
einigen; geschehen

aventajar,*t,i* 42
übertreffen; zuvorkommen; bevorzugen, Vorzüge haben

aventar,*t* 52
Luft zuführen

aventurar,*t* 42
wagen, aufs Spiel setzen

▶ avergonzar,*t* 76
beschämen

averiar,*t* 60
beschädigen, verderben

averiguar,*t* 48
ergründen, untersuchen

avezar,*t* 50
angewöhnen

aviar,*t* 60
vorbereiten, fertig machen

aviejar,*t* 42
vorzeitig altern (lassen)

avillanar,*t* 42
verbauern, -rohen (lassen)

avisar,*t,i* 42
benachrichtigen; raten; warnen; kündigen

avistar,*t* 42
(von weitem) erblicken

avituallar,*t* 42
mit Lebensmitteln versorgen

avivar,*t* 42
beleben; schüren (Feuer)

avizorar,*t* 42
umherspähen, erkunden

avocar,*t* 44
vor ein höheres Gericht gehen

ayudar,*t* 42
~ *a alg.* jm. helfen, beistehen

ayunar,*i* 42
fasten, nüchtern bleiben

azarar,*t* 42
erschrecken

azorar,*t* 42
erschrecken, ängstigen

azorocarse,*r* 44
sich fürchten

azorrarse,*r* 42
benommen sein

azorrillar,*t* 42
in der Gewalt haben

azotar,*t* 42
geißeln, peitschen, verprügeln

azucarar,*t* 42
(über)zuckern, versüßen

B

bab(os)ear,*t,i* 42
geifern; ~ *con* über beide Ohren verliebt sein in

bachillerear,*i* 42
klug reden

badajear,*i* 42
quasseln

badulaquear,*i* 42
Schurkereien treiben

bailar,*i* 42
tanzen

bailotear,*i* 42
hüpfen, hopsen

bajar,*t,i* 42
herunterlassen, -senken, sinken

baladrar,*i* 42
schreien, heulen

baladron(e)ar,*i* 42
großschnauzig tun

balancear, *t,i*	42	
abwägen, ins Gleich-gewicht bringen; schwanken		
balbucear, *i*	42	
stammeln, stottern, lallen		
baldar, *t*	42	
lähmen		
bambalear, *i*	42	
schwanken, wackeln		
bambolear, *i*	42	
schaukeln, schwingen		
banquetear, *i*	42	
schmausen, schlem-men		
bañar, *t*	42	
baden		
baquiar, *t*	60	
abrichten		
barajar, *t*	42	
mischen (Karten); ver-wirren		
baratear, *t*	42	
verramschen, ver-schleudern		
barbar, *i*	42	
einen Bart bekom-men; Wurzeln treiben		
barbarizar, *i*	50	
Unsinn reden		
barbot(e)ar, *i*	42	
(vor sich hin) mur-meln		
barbullar, *i*	42	
brabbeln, brummeln		
barnizar, *t*	50	
lackieren		
barrear, *t*	42	
verrammeln, -sperren		
barrenar, *t*	42	
an-, aus-, durch-bohren		
barrer, *t*	88	
(aus)kehren, fegen		
barruntar, *t*	42	
ahnen		
barzonear, *i*	42	
bummeln		
basar, *t*	42	
(be)gründen;		

stützen		
bascular, *i*	42	
schwingen, wippen		
basquear, *t,i*	42	
anekeln; übel sein		
bastar, *i*	42	
genügen, genug sein		
bastardear, *t,i*	42	
kreuzen (Rassen); aus-, entarten		
bastimentar, *t*	42	
mit Proviant versorgen		
basurear, *t*	42	
umbringen, -legen		
batallar, *i*	42	
kämpfen, streiten, zanken		
batir, *t,i*	142	
schlagen		
bautizar, *t*	50	
taufen		
►beber, *t,i*	88	
trinken		
befar, *t*	42	
verspotten, -höhnen		
bejuquear, *t*	42	
verprügeln, peitschen		
bellaquear, *i*	42	
Schurkenstreiche verüben		
bendecir, *t*	192	
(ein)segnen, -weihen, lobpreisen		
beneficiar, *t*	42	
~ *a a./alg.* etw./jm. zugute kommen		
besar, *t*	42	
küssen		
bestializar, *t*	50	
verdummen		
besuquear, *t*	42	
(ab)küssen		
bich(e)ar, *t,i*	42	
auf-, belauern		
bienquerer, *t*	130	
jm. geneigt sein, schätzen		
bienquistar, *t*	42	
geneigt machen		
bienvivir, *i*	142	
ein gutes Auskommen		

haben		
bifurcarse, *r*	44	
sich gabeln		
bigardear, *i*	42	
vagabundieren		
binar, *t*	42	
umhacken		
bisbis(e)ar, *t,i*	42	
zwischen den Zähnen murmeln; lispeln		
bisecar, *t*	44	
halbieren		
bizarrear, *i*	42	
sich mutig zeigen; sich freigiebig zeigen		
bizcar, *t,i*	44	
schielend ansehen, schielen		
bizquear, *i*	42	
schielen		
blandear, *t,i*	42	
ablenken; schwan-ken, wanken		
blanquear, *t*	42	
weißen, tünchen		
blanquecer, *t*	92	
polieren		
blasfemar, *i*	42	
lästern, fluchen, ~ *de alg./a.* jn./etw. verflu-chen; ~ *contra Dios* Gott lästern		
blasonar, *t,i*	42	
blasonieren (Wappen); lobpreisen; ~ *de* prahlen mit, sich auf-spielen als		
bloquear, *t*	42	
blockieren, ab-, ver-sperren		
blufear, *t*	42	
bluffen		
bobear, *i*	42	
sich albern verhalten		
bocadear, *t*	42	
zerstückeln		
bocinar, *i*	42	
hupen		
boconear, *i*	42	
prahlen		
bochar, *t*	42	

ärgern

bogar,*i* 46
rudern, segeln

boicotear,*t* 42
boykottieren

bomb(ard)ear,*t* 42
bombardieren

bonificar,*t* 44
vergüten, gutschrei-
ben

boquear,*t,i* 42
hervorbringen (Wort);
Mund öffnen; nach
Luft schnappen; den
Geist aufgeben

borbotar,*i* 42
aufwallen (Wasser);
stottern

bordar,*t* 42
sticken; genau aus-
arbeiten

borlarse,*r* 42
promovieren

bornear,*t* 42
um-, verbiegen,
krümmen

borrachear,*i* 42
sich öfters berauschen

borrajear,*t* 42
bekritzeln

borrar,*t* 42
aus-, durchstreichen,
löschen

borronear,*t* 42
bekritzeln, schmieren

bosquejar,*t* 42
skizzieren, entwerfen

bostear,*t* 42
misten

bostezar,*i* 50
gähnen

botar,*t* 42
herausstoßen, werfen

bravear,*i* 42
prahlen

bregar,*t,i* 46
ausrollen (Teig); sich
herumzanken; hart
arbeiten

bribonear,*i* 42
herumvagabundieren

brillar,*i* 42
glänzen, strahlen; ~
por sich auszeichnen
durch

brincar,*i* 44
(über)springen; ~ *de*
außer sich sein vor

brindar,*t,i* 42
~ *a, por* trinken auf,
einen Trinkspruch aus-
bringen

brizar,*t* 50
wiegen (Kind)

brochar,*t* 42
hinsudeln

bromear,*i* 42
Spaß machen,
scherzen

brotar,*t,i* 42
keimen, sprießen,
treiben; hervorkom-
men, erscheinen

brozar,*t* 50
(ab)bürsten

brujulear,*t* 42
vermuten; intrigieren

brumar,*t* 42
verprügeln

bruñir,*t* 168
polieren

brutalizar,*t* 50
grob behandeln,
misshandeln

bruzar,*t* 50
(ab)bürsten

bucear,*i* 42
tauchen; (nach)for-
schen

bufar,*t,i* 42
~ *de* schnauben vor
(Wut etc.); schnauben
(Stier)

bullir,*t,i* 168
bewegen, rühren;
sieden, kochen; ~ *de*
wimmeln von

burear,*t* 42
foppen; sich amüsie-
ren

burlar,*t* 42
verspotten; täuschen

buscar,*t* 44
(a) suchen (nach)

C

cabalgar,*t* 46
reiten

caber,*i* 122
Platz haben

cabildear,*i* 42
intrigieren

cabrear,*t* 42
ärgern, schikanieren

cacarear,*t* 42
ausposaunen

cachar,*t* 42
zerbrechen, -stückeln

cachear,*t* 42
durchsuchen, filzen

cachifollar,*t* 42
foppen

cachiporrearse,*r* 42
einherstolzieren

cachondearse,*r* 42
spotten

cachorrear,*t* 42
belästigen

caer,*i* 112
fallen

calabacear,*t* 42
einen Korb geben;
durchfallen lassen

calar,*t* 42
hineindrücken, hi-
neinstoßen

calaverear,*i* 42
dumme Streiche
machen

calcar,*t* 44
(durch)pausen

calcular,*t* 42
aus-, berechnen

caldear,*t* 42
erwärmen

calecer,*i* 92
warm werden

calentar,*t* 52
(er)wärmen; beleben

calibrar,*t* 42
ausmessen, eichen

calificar,*t* 44

be-, kennzeichnen

calmar, *t* 42
besänftigen, lindern,
stillen

calotear, *t* 42
betrüben, täuschen,
stehlen

calumniar, *t* 42
verleumden

calzar, *t* 50
anziehen (Schuhe, Strümpfe)

callar, *t* 42
verschweigen

cambalach(e)ar, *t* 42
verschachern

cambiar, *t,i* 42
(ver)wechseln

camelar, *t* 42
(um)schmeicheln

caminar, *i* 42
zur.legen (Entfernung)

campar, *i* 42
sich hervortun

camuflar, *t* 42
tarnen

canalizar, *t* 50
kanalisieren

cancelar, *t* 42
durchstreichen, an-
nullieren

cancerar, *t* 42
zerstören; quälen

candonguear, *t* 42
verulken, hänseln

canjear, *t* 42
austauschen, aus-
wechseln

cansar, *t,i* 42
ermüden; abnützen

cantar, *t,i* 42
singen

cantonar, *t* 42
einlagern

cantonear, *i* 42
herumschlendern

canturrear, *i* 42
vor sich hin summen

canturriar, *i* 42
vor sich hin summen

capitanear, *t* 42
befehligen, anführen

capitular, *t,i* 42
vertraglich regeln; kapi-
tulieren

capotear, *t,i* 42
den Stier mit dem
Mantel reizen; foppen

captar, *t* 42
sich geneigt machen;
erschmeicheln

capturar, *t* 42
verhaften; kapern, er-
beuten

caracterizar, *t* 50
charakterisieren

carcajear, *i* 42
laut herauslachen

carcomer, *t* 88
zernagen, -fressen

carecer, *i* 92
~ de mangeln an,
entbehren

cargar, *t* 46
(be)laden

cargosear, *t* 42
belästigen

caricaturar, *t* 42
karikieren, lächerlich
machen

caricaturizar, *t* 50
karikieren, lächerlich
machen

carlear, *i* 42
keuchen

carpintear, *t* 42
zimmern, tischlern

carpir, *t* 142
(wund) kratzen

carraspear, *i* 42
heiser sein/sprechen

casar, *t,i* 42
(ver)heiraten

cascabelear, *t* 42
betören, foppen

cascamajar, *t* 42
zerdrücken

cascar, *t* 44
zerbrechen, knacken

castigar, *t* 46
bestrafen, züchtigen

castrar, *t* 42
kastrieren

catalogar, *t* 46
katalogisieren

catar, *t* 42
kosten, probieren, ver-
suchen

catatar, *t* 42
bezaubern, faszinie-
ren

caucionar, *t* 42
(ver)bürgen

causar, *t* 42
verursachen; veran-
lassen

cautelar, *t* 42
verhüten, vorbeu-
gen

cautivar, *t* 42
gefangen nehmen;
für sich einnehmen,
fesseln

cavar, *t,i* 42
aus-, um-, untergra-
ben

cavilar, *i* 42
(nach)grübeln, nach-
sinnen

cazar, *t* 50
jagen

cazcalear, *i* 42
zwecklos hin und her
laufen

cebar, *t* 42
füttern, mästen, kö-
dern

cecear, *t,i* 42
pst zurufen; lispeln

ceder, *t,i* 88
abtreten, überlassen;
(zur.)weichen, nach-
geben

cegar, *t,i* 66
(ver)blenden, erblin-
den

cejar, *i* 42
rückwärts fahren; zur.-
weichen, nachgeben,
nachlassen

celar, *t,i* 42
(be-, über)wachen;
verbergen

celebrar, *t* 42

feiern; loben

cementar,t 42
zementieren

cenar,t,i 42
zu Abend essen

cencerrear,t 42
klingeln; klappern, klirren

censurar,t 42
beurteilen; tadeln; zensieren

centralizar,t 50
zentralisieren

centrar,t 42
zentrieren

centuplicar,t 44
verhundertfachen

ceñir,t 166
umgürten, um-schnallen

cepillar,t 42
hobeln, abschleifen

cercar,t 44
~ de umgeben, umringen mit, ein-kreisen, umzingeln

cercenar,t 42
ab-, beschneiden; einschränken, kürzen

cerciorar,t 42
überzeugen, verge-wissern

cerner,t 100
sieben; auskund-schaften

cernir,t 156
sieben

cerrar,t 52
schließen

certificar,t 44
bescheinigen

cesar,t,i 42
~ de + inf. aufhören, einstellen zu + Inf.

cicatear,i 42
knausern

cicatrizar,t 50
heilen

cifrar,t 42
beziffern; verschlüs-seln

cimarronear,t 42
entfliehen

cimbr(e)ar,i 42
fuchteln; schwingen (Peitsche)

cintarear,t,i 42
fuchteln

circuir,t 184
umkreisen

circular,t,i 42
umgeben, -ringen; umlaufen, umkrei-sen, kursieren

circuncidar,t 199
beschneiden

circundar,t 42
umgeben, -ringen

circunferir,t 158
be-, umgrenzen

circunscribir,t 198
eingrenzen; um-schreiben

circunstanciar,t 42
umständlich schildern

circunvalar,t 42
umzäunen

circunvolar,t 54
(herum)fliegen (um)

ciscar,t 44
besudeln, -schmutzen

citar,t 42
gerichtlich vorladen; zitieren

civilizar,t 50
zivilisieren

clamar,t,i 42
schreien; (an)flehen, bitten

clamorear,t 42
(be)jammern

clarear,im 42
sich aufheitern (Wetter)

clarecer,im 92
Tag werden

clarificar,t 44
erhellen; läutern

clasificar,t 44
einteilen

claudicar,i 44
hinken

clausurar,t 42

(feierlich) schließen (Zs.kunft)

clavar,t 42
(an-, fest-, ver-, zu)na-geln

clocar,i 70
gluck(s)en

coaccionar,t 42
nötigen, zwingen

coactar,t 42
mit Gewalt zwingen

coadunar,t 42
vereinen, -mischen

coaligar,t 46
vereinen, -einigen

coartar,t 42
einengen, -schränken

cobardear,i 42
sich feige verhalten

cobijar,t 42
be-, zudecken; be-herbergen

cobrar,t 42
einkassieren, -ziehen

▶**cocer,**t,i 120
kochen, sieden

cocinar,t,i 42
zubereiten (Mahlzeit), kochen

cochear,t 42
(herum)kutschieren

codear,t 42
vermessen

codiciar,t 42
begehren, ersehnen

codificar,t 44
kodieren, chiffrieren

coercer,t 90
nötigen, zwingen

coexistir,i 142
gleichzeitig, neben-einander bestehen

▶**coger,**t 98
ergreifen

cohabitar,i 42
zs. wohnen

cohechar,t 42
betören

cohonestar,t 42
beschönigen

coincidir,i 142

übereinstimmen

colaborar,*i* — 42
~ en mitarbeiten, mitwirken an; kollaborieren

colacionar,*t,i* — 42
vergleichen; ausgleichen

colar,*t* — 54 ▶
(ab-, durch)seihen, (ab-, durch)sieben

coleccionar,*t* — 42
sammeln

cojear,*i* — 42
hinken

colectar,*t* — 42
einziehen (Steuern); sammeln (Geld)

colegir,*t* — 186
~ de schließen, folgern aus

colgar,*t* — 72
(auf)hängen

colicuar,*t* — 42
schmelzen

colicuecer,*t* — 92
schmelzen

coligar,*t* — 46
vereinen, -einigen

colisionar,*t* — 42
zs.stoßen, -prallen

colmar,*t* — 42
anfüllen, überhäufen

colocar,*t* — 44
(an-, ein)ordnen, aufstellen

colonizar,*t* — 50
besiedeln

color(e)ar,*t* — 42
färben

columpiar,*t* — 42
schaukeln

comadrear,*i* — 42
klatschen, tratschen

comandar,*t* — 42
kommandieren, befehligen

comarcar,*i* — 44
angrenzen

combar,*t* — 42
krümmen, biegen

combatir,*t,i* — 142
(be)kämpfen

combinar,*t* — 42
zs.fügen, kombinieren

comediar,*t* — 42
halbieren

comentar,*t* — 42
kommentieren

comenzar,*t,i* — 68
~ a + inf. anfangen, beginnen zu

comer,*t,i* — 88
essen

comercializar,*t* — 50
vermarkten

comerciar,*t,i* — 42
Handel treiben, handeln

cometer,*t* — 88
verüben

comisar,*t* — 42
beschlagnahmen, einziehen

comiscar,*t,i* — 44
naschen

comisquear,*t,i* — 42
naschen

compadecer,*t* — 92
bemitleiden

compadrar,*i* — 42
js. Freund werden

compadrear,*i* — 42
auf freundschaftlichem Fuß leben

comparar,*t* — 42
vergleichen

comparecer,*i* — 92
erscheinen (vor Gericht)

compartir,*t* — 142
abteilen

compeler,*t* — 199
nötigen, zwingen

compendiar,*t* — 42
ab-, zs.kürzen

compenetrarse,*r* — 42
sich gegenseitig durchdringen

compensar,*t* — 42
ausgleichen, ersetzen, entschädigen

competer,*i* — 88
rechtmäßig zustehen; befugt/zuständig sein

competir,*i* — 160
konkurrieren, wetteifern

compilar,*t* — 42
zs.stellen, kompilieren

complacer,*t,i* — 92
~ a alg. jm. gefällig sein

complementar,*t* — 42
ergänzen, vervollständigen

completar,*t* — 42
vervollständigen

complicar,*t* — 44
komplizieren

complotar,*i* — 42
ein Komplott schmieden

componer,*t* — 128
zs.stellen

comportar,*t* — 42
verursachen, bewirken

comprar,*t,i* — 42
kaufen

comprender,*t,i* — 88
verstehen; umfassen

comprimir,*t* — 199
zs.pressen

comprobar,*t* — 54
bestätigen, beglaubigen

comprometer,*t* — 88
bloßstellen

compungir,*t* — 150
rühren

computar,*t* — 42
aus-, berechnen

comunicar,*t,i* — 44
~ a. a/por alg. jm. etw. mitteilen, kommunizieren

concadenar,*t* — 42
verketten

concebir,*t,i* — 160
begreifen; ausdenken

conceder,*t* — 88
gewähren

concentrar,*t* — 42

zs.ziehen, konzentrie-
ren
conceptear, *i* — 42
witzeln
conceptuar, *t* — 62
ausdenken, entwer-
fen, ~ *de/por* erach-
ten als, halten für
concernir, *i* — 201
(an)betreffen, anbe-
langen
concertar, *t* — 52
ordnen, in Einklang
bringen
conciliar, *t* — 42
aus-, versöhnen
concitar, *t* — 42
aufregen, -wiegeln
concluir, *t,i* — 200
abschließen, been-
den, enden
concomerse, *r* — 88
die Achseln zucken
concordar, *t,i* — 54
in Einklang bringen,
übereinstimmen
concretar, *t* — 42
zs.setzen; vereinbaren;
konkretisieren
conculcar, *t* — 44
mit Füßen treten;
übertreten (Gesetz)
concurrir, *i* — 142
sich versammeln;
beitragen, mitwirken;
übereinstimmen
conchabar, *t* — 42
vereinigen, -binden
condenar, *t* — 42
~ *à* verurteilen zu,
verdammen, missbilli-
gen
condensar, *t* — 42
verdichten, konden-
sieren
condescender, *i* — 100
~ *con alg.* jm.
nachgeben, ~ *a*
einwilligen in, ~ *en*
eingehen auf
condicionar, *i* — 42

Bedingungen stellen
condimentar, *t* — 42
würzen
condoler, *t* — 102
bemitleiden
condonar, *t* — 42
vergeben, -zeihen
► **conducir,** *t* — 148
führen, leiten, fahren,
steuern
conectar, *t* — 42
verbinden, anschlie-
ßen
conexionarse, *r* — 42
Verbindungen an-
knüpfen
confabularse, *r* — 42
sich verschwören,
sich einlassen
confeccionar, *t* — 42
(an)fertigen, erzeu-
gen
confederar, *i* — 42
sich verbünden
conferenciar, *i* — 42
eine Besprechung
haben
conferir, *t* — 158
erteilen; erörtern
confesar, *t* — 52
anerkennen; zuge-
ben; sich bekennen;
beichten; ~ *a alg.*
jm. die Beichte ab-
nehmen
confiar, *t,i* — 60
anvertrauen, über-
geben, übertragen;
~ *en* vertrauen auf
configurar, *t* — 42
bilden, formen, ge-
stalten
confinar, *t* — 42
verbannen
confirmar, *t* — 42
bestätigen, -stärken;
(kon)firmieren
confiscar, *t* — 44
beschlagnahmen
confitar, *t* — 42
überzuckern; versüßen

conflagrar, *t* — 42
anzünden
confluir, *i* — 184
zs.fließen, -strömen
conformar, *t* — 42
~ *con* anpassen,
angleichen an
confortar, *t* — 42
stärken, trösten
confraternizar, *i* — 50
sich verbrüdern,
sympathisieren
confrontar, *t,i* — 42
gegenüberstellen,
vergleichen; an-
grenzen
confundir, *t* — 199
vermischen; ver-
wechseln
confutar, *t* — 42
widerlegen
congelar, *t* — 42
einfrieren; gerinnen
lassen
congeniar, *i* — 42
harmonieren, über-
einstimmen
conglobar, *t* — 42
anhäufen, zs.ballen
conglomerar, *t* — 42
anhäufen
conglutinar, *t* — 42
ver-, zs.kleben
congojar, *t* — 42
ängstigen, betrüben
congraciar, *t* — 42
schmeicheln
congratular, *t* — 42
~ *con alg. por a.* jm.
zu etw. beglückwün-
schen, gratulieren
congregar, *t* — 46
versammeln
conjeturar, *t* — 42
mutmaßen, vermuten
conjugar, *t* — 46
konjugieren
conjurar, *t,i* — 42
beschwören, instän-
dig bitten; konspirieren
conllevar, *t* — 42

219

mittragen; ertragen;
dulden

conmemorar,*t* 42
in Erinnerung bringen

conminar,*t* 42
bedrohen

conmover,*t* 102
rühren, erschüttern

conmutar,*t* 42
umtauschen, um-
wandeln

connaturalizarse,*r* 50
sich eingewöhnen;
~ *con* hineinwachsen
in

►conocer,*t* 92
kennen(lernen), ~ *en/
por* erkennen an

conquistar,*t* 42
erobern

consagrar,*t* 42
heiligen, weihen

conseguir,*t* 188
erlangen, -reichen

consentir,*t,i* 158
gestatten, billigen

conservar,*t* 42
(auf)bewahren

considerar,*t* 42
erwägen, berücksich-
tigen

consignar,*t* 42
anweisen (Geld); de-
ponieren, übergeben

consistir,*i* 142
~ *en* beruhren auf,
~ *de, en* bestehen
aus

consolar,*t* 54
trösten

consolidar,*t* 42
befestigen, sichern,
verstärken; konsoli-
dieren

conspirar,*i* 42
sich verschwören

constar,*i* 42
gewiss sein; ~ *de* be-
stehen aus, ersichtlich
sein aus

constatar,*t* 42

feststellen, konstatie-
ren

consternar,*t* 42
bestürzen

constituir,*t* 184
bilden, darstellen

constreñir,*t* 166
zwingen; zügeln; zs.-
ziehen

constriñir,*t* 150
zwingen; zügeln; zs.-
ziehen

construir,*t* 184
bauen, errichten

consultar,*t,i* 42
zu Rate ziehen, sich
beraten

consumar,*t* 42
vollenden, -ziehen,
vollbringen

consumir,*t* 199
auf-, verzehren, ver-
brauchen

contagiar,*t* 42
anstecken

contaminar,*t* 42
verunreinigen, ver-
seuchen

contar,*t,i* 54
zählen; ~ *por* halten
für, ansehen als; rech-
nen ~ *con alg.* auf jn.
rechnen

contemplar,*t* 42
betrachten

contemporizar,*i* 50
~ *con alg.* sich js.
Willen fügen

contender,*i* 100
kämpfen, streiten

contener,*t* 134
enthalten

contentar,*t* 42
zufrieden stellen

contestar,*t,i* 42
(be)antworten, erwi-
dern

►continuar,*t,i* 62
fortfahren, weiterma-
chen, fortdauern

contorsionar,*t* 42

verdrehen, -renken,
zerren

contrabandear,*i* 42
schmuggeln

contradecir,*t* 192
widersprechen

contraer,*t* 116
zs.ziehen, -fassen

contramandar,*t* 42
abbestellen, -sagen

contraordenar,*t* 42
abbestellen

contrapasar,*t* 42
stornieren

contraponer,*t* 128
~ *a* vergleichen mit

contrariar,*t* 60
widerstreben, sich
widersetzen; ~ *a* ver-
stoßen gegen

contrasellar,*t,i* 42
gegensiegeln

contrasignar,*t,i* 42
gegenzeichnen

contrastar,*t,i* 42
sich widersetzen; ~
con sich abheben
von

contratar,*t,i* 42
vertraglich festsetzen;
an-, einstellen (Person)

contravenir,*i* 196
~ *a* einer Sache zu-
widerhandeln

contribuir,*t,i* 184
~ *a* beitragen zu

controlar,*t* 42
kontrollieren, nach-
prüfen

controvertir,*t* 158
bestreiten

conturbar,*t* 42
beunruhigen, -stürzen

convalecer,*i* 92
genesen, sich erholen

convencer,*t* 199
überzeugen

convenir,*t* 196
vereinbaren

converger,*i* 98
in einem Punkt zs.lau-

fen; ~ *en* (sich) einig
sein über

convergir,*t* 150
in einem Punkt zs.lau-
fen; ~ *en* (sich) einig
sein über

conversar,*i* 42
sich unterhalten

convertir,*t* 200
umwandeln, konver-
tieren

convidar,*t* 42
~ *a* einladen zu,
aufmuntern; verlo-
cken; ~ *con a.* etw.
anbieten

convivir,*i* 142
zs.leben

convocar,*t* 44
einberufen

convoyar,*t* 42
geleiten

coñearse,*r* 42
sich lustig machen

cooperar,*t,i* 42
~ *a, en* mitwirken,
mithelfen bei, beitra-
gen zu, zs.arbeiten

coordinar,*t* 42
aufeinander abstim-
men

copar,*t* 42
umzingeln, einkesseln

copiar,*t,i* 42
kopieren, abschrei-
ben

coquetear,*i* 42
kokettieren, liebäu-
geln

corcovar,*t* 42
krümmen

coronar,*t* 42
krönen

corporificar,*t* 44
verkörpern

corregir,*t* 200
korrigieren

correlacionar,*t* 42
in Beziehung bringen

correr,*t,i* 88
(durch-, nach)laufen,

rennen

corresponder,*i* 88
~ *a* übereinstimmen
mit, entsprechen;
korrespondieren

corretear,*i* 42
herum-, hin und her
laufen

corroborar,*t* 42
stärken, bekräfti-
gen

corroer,*t* 114
an-, zernagen, zer-
fressen; korrodieren

corromper,*t,i* 199
verderben; bestechen

cortar,*t,i* 42 ▶
(ab-, durch-, zer)-
schneiden

cortejar,*t* 42
den Hof machen,
schmeicheln

coscarse,*r* 44
die Achseln zucken

cosechar,*t* 42
ernten

coser,*t* 88
nähen

cosquill(o)ar,*t* 42
kitzeln, jucken

costar,*t,i* 54
kosten

cotillear,*i* 42
klatschen, schäkern,
flirten

cotorrear,*i* 42
plaudern, schwatzen

crear,*t* 42
schaffen

crecer,*i* 92
wachsen

creer,*t,i* 110
glauben

crepitar,*i* 42
prasseln, rasseln,
knistern

▶**criar,***t,i* 60
erzeugen; auf-, er-
ziehen

cribar,*t* 42
(durch)sieben, läutern

crispar,*t* 42
kräuseln; verkramp-
fen, -zerren

cristianar,*t* 42
taufen, kirchlich
trauen

criticar,*t* 44
kritisieren

critiquizar,*t,i* 50
kritisieren, meckern,
nörgeln

crucificar,*t* 44
kreuzigen, quälen,
martern

crujir,*i* 142
knarren, knirschen

cruzar,*t* 50
kreuzen

cuadriplicar,*t* 44
vervierfachen

cuadruplicar,*t* 44
vervierfachen

cualificar,*t* 44
be-, kennzeichnen

cuantiar,*t* 60
(ab)schätzen

cuartear,*t* 42
vierteilen, abteilen,
spalten

cuartelar,*t* 42
vierteilen

cubrir,*t* 198
(be)decken

cuchichear,*i* 42
flüstern, tuscheln

cuchuchear,*i* 42
klatschen, tratschen

cuestionar,*t* 42
streiten; bezweifeln

cuidar,*t* 42
versorgen, pflegen

culebrear,*i* 42
sich schlängeln

culpar,*t* 42
an-, beschuldigen,
anklagen, ~ *a alg.*
de a. jn. einer Sache
beschuldigen

cultivar,*t* 42
an-, bebauen, kulti-
vieren

cumplimentar,*t*	42
~ *por* beglückwün-	
schen zu	
cumplir,*t*	142
erfüllen, ausführen	
cumular,*t*	42
anhäufen	
cundir,*i*	142
sich aus-, verbreiten	
cuñar,*t*	42
verkeilen	
curar,*t*	42
pflegen, heilen	
curiosear,*t,i*	42
neugierig sein	
currar,*t*	42
betrügen	
cursar,*t*	42
häufig besuchen,	
absolvieren, in Um-	
lauf setzen	
custodiar,*t*	42
auf-, be-, verwahren	

CH

chacarrear,*t,i*	42
brummen, knurren	
chacolotear,*i*	42
klappern	
chacotear,*i*	42
Unfug treiben	
chacharear,*i*	42
plaudern, schwatzen	
chafallar,*t*	42
(ver)pfuschen	
chafar,*t*	42
zerdrücken, -knittern,	
zerknüllen	
chalanear,*i*	42
schachern	
chalar,*t,i*	42
verblöden, blöd ma-	
chen	
cham(arile)ar,*t*	42
(ver)tauschen	
chamarrear,*t*	42
belästigen, ärgern;	
betrüben	
champar,*t*	42
vorwerfen, Vorwurf	
machen	

chamullar,*i*	42
reden, sprechen	
chancear,*i*	42
scherzen	
chapar,*t*	42
schleudern; belau-	
schen	
chaparrear,*im*	42
in Strömen regnen	
chapotear,*t,i*	42
anfeuchten; plät-	
schern	
chapucear,*t*	42
(ver)pfuschen; be-	
trügen	
chapurr(e)ar,*t,i*	42
gebrochen sprechen	
chaquetear,*i*	42
seine Fahne nach	
dem Wind hängen	
charlatanear,*i*	42
plaudern, schwatzen	
charlotear,*i*	42
plaudern, schwatzen	
charolar,*t*	42
lackieren	
charranear,*i*	42
Gaunereien treiben	
chascar,*i*	44
knistern, knarren; mit	
der Zunge schnalzen	
chasquear,*t*	42
foppen, reinlegen	
chatear,*i*	42
die Kneipen abklap-	
pern	
chequear,*t*	42
überprüfen	
chichear,*t,i*	42
pst rufen	
chichisbear,*i*	42
um die Gunst einer	
Frau buhlen	
chichonear,*t*	42
hänseln	
chicolear,*i*	42
Süßholz raspeln	
chicotear,*t*	42
peitschen, verprügeln	
chiflar,*t,i*	42
verhöhnen; pfeifen	

chillar,*t,i*	42
kreischen, pfeifen,	
schreien	
chimar,*t*	42
belästigen	
chinchar,*t*	42
belästigen; erschla-	
gen, töten	
chinchinear,*t*	42
streicheln, verwöhnen	
chinchorrear,*i*	42
klatschen	
chingar,*t,i*	46
viel und oft trinken	
chinguear,*i*	42
Spaß machen, scher-	
zen	
chirlar,*i*	42
laut schreien; reden,	
sprechen	
chirriar,*i*	60
knistern; knarren;	
quietschen; zwitschern	
chiscar,*i*	44
spucken	
chismar,*i*	42
spucken	
chismear,*i*	42
klatschen, tratschen	
chispear,*i*	42
Funken sprühen;	
funkeln	
chisporrotear,*i*	42
Funken sprühen;	
knistern	
chitar,*i*	42
(auf)mucken	
chivatear,*t*	42
petzen; betrügen,	
täuschen	
chocar,*t,i*	44
herausfordern, reizen,	
~ *a alg.* bei jm. An-	
stoß erregen; an-	
stoßen, zs.stoßen	
chochear,*i*	42
faseln; verhätscheln	
chufar,*i*	42
bespötteln	
chumar,*i*	42
kneipen, zechen	

chunguearse,*r*   42
  scherzen, sich necken
chupar,*t*   42
  (aus-, ein)saugen
chupetear,*i*   42
  lutschen
churruscar,*t*   44
  anbrennen
chutar,*t,i*   42
  schießen (Fußball)

D

dactilografiar,*t*   60
  Schreibmaschine
  schreiben
dallar,*t*   42
  mähen
damnificar,*t*   44
  schädigen
danzar,*t,i*   50
  tanzen
►dar,*t,i*   82
  geben
datar,*t,i*   42
  mit dem Datum ver-
  sehen
deambular,*i*   42
  hin und her gehen
debatir,*t,i*   142
  besprechen; streiten
deber,*t,i*   88
  müssen, sollen;
  schulden
debilitar,*t*   42
  schwächen, entkräf-
  ten
debitar,*t*   42
  schulden
decaer,*i*   112
  verfallen; nachlassen
decantar,*t*   42
  abfüllen; -scheiden;
  besingen, rühmen
decapitar,*t*   42
  enthaupten
decentar,*t*   52
  anschneiden
decepcionar,*t*   42
  enttäuschen, hinter-
  gehen

decidir,*t,i*   142
  entscheiden, ~ *a*
  alg. a a. jn. zu etw.
  veranlassen; einen
  Entschluss fassen
►decir,*t*   192
  sagen
declamar,*t,i*   42
  deklamieren
declarar,*t,i*   42
  erklären; verkünden;
  anmelden (Zoll)
declinar,*t*   42
  ablehnen; deklinieren
decolorar,*t*   42
  entfärben, ausblei-
  chen
decomisar,*t*   42
  beschlagnahmen
decorar,*t*   42
  dekorieren, aus-
  schmücken
decrecer,*i*   92
  abnehmen, sich ver-
  mindern
decretar,*t,i*   42
  an-, verordnen, er-
  lassen
decuplar,*t*   42
  verzehnfachen
dedicar,*t*   44
  ~ *a. a alg.* jm. etw.
  widmen
deducir,*t*   148
  ab-, herleiten, folgern
defender,*t*   100
  verteidigen
deferir,*t,i*   158
  übertragen, bevoll-
  mächtigen; zustim-
  men
definir,*t*   142
  bestimmen, festset-
  zen, definieren
deformar,*t*   42
  entstellen; verformen
defraudar,*t*   42
  betrügen, veruntreuen
degenerar,*i*   42
  entarten, ~ *en* aus-
  arten in

deglutir,*t,i*   142
  ver-, hinunterschlu-
  cken
degollar,*t*   56
  enthaupten
degradar,*t,i*   42
  entwürdigen, herab-,
  absetzen; erniedrigen
degustar,*t*   42
  kosten, probieren
deificar,*t*   44
  vergöttern, -göttlichen
dejar,*t,i*   42
  (aus-; da-; los-; -nach-,
  ver-; weg-, zu)lassen
delatar,*t*   42
  angeben; denunzie-
  ren; verraten
delegar,*t*   46
  abordnen, entsenden,
  delegieren, ~ *en*
  übertragen auf
deleitar,*t*   42
  ergötzen
deletrear,*t,i*   42
  buchstabieren, ent-
  ziffern
deliberar,*t,i*   42
  beschließen; berat-
  schlagen, erwägen
delimitar,*t*   42
  ab-, be-, eingrenzen
delinear,*t*   42
  zeichnen, skizzieren,
  entwerfen
►delinquir,*i*   154
  straffällig werden
delirar,*i*   42
  fiebern, fantasieren,
  außer sich sein;
  schwärmen
demacrarse,*r*   42
  abmagern
demandar,*t,i*   42
  bitten, ersuchen;
  fordern
demarcar,*t*   44
  ab-, begrenzen
demoler,*t*   102
  zerstören
demorar,*t,i*   42

aufhalten, verzögern;
sich aufhalten, sich
befinden

demostrar,t 54
nachweisen, darle-
gen

demudar,t 42
verändern, -zerren

denegar,t 66
verneinen, -weigern

denigrar,t 42
lästern, verunglimpfen

denominar,t 42
(be)nennen

denostar,t 54
(be)schimpfen

denotar,t 42
an-, hindeuten auf,
be-, kennzeichnen

densificar,t 44
verdichten

denudar,t 42
entblößen, bloßlegen

denunciar,t 42
ab-, verkünden; de-
nunzieren; ~ *por* ver-
klagen wegen

deparar,t 42
bescheren, verlei-
hen; vorlegen; zutei-
len

depauperar,t 42
ins Elend stürzen

depender,i 88
abhängen, abhän-
gig sein

depilar,t 42
enthaaren

deplorar,t 42
beklagen, -jammern

deponer,t 128
deponieren, hinter-
legen

deportar,t 42
deportieren; auswei-
sen, verschleppen

depositar,t,i 42
aufbewahren, hinter-
legen, deponieren

depravar,t 42
verderben, zerrütten

deprecar,t 44
anflehen

depreciar,t 42
ab-, entwerten

deprimir,t 142
niederdrücken; de-
mütigen

depurar,t 42
reinigen, läutern,
säubern

derivar,t 42
ab-, herleiten

derogar,t 46
abschaffen; widerru-
fen

derramar,t 42
aus-, vergießen,
verschütten

derrapar,i 42
ins Schleudern kom-
men

derrengar,t 46
verrenken; -biegen

derretir,t 160
schmelzen; vergeu-
den

derribar,t 42
ab-, ein-, niederrei-
ßen

derrocar,t 44
herabstürzen; einrei-
ßen

derrochar,t 42
verschwenden

derrotar,t 42
verschwenden; rui-
nieren

derrubiar,t 42
auswaschen, weg-
spülen

derruir,t 184
abreißen

derrumbar,t 42
herabstürzen

desabotonar,t 42
aufknöpfen

desabrigar,t 46
entblößen

desabrochar,t 42
aufknöpfen, auf-
schnüren

desacertar,i 52
sich irren

desaconsejar,t 42
abraten

desacordar,t 54
verstimmen; entzwei-
en

desacostumbrar,t 42
entwöhnen

desacreditar,t 42
in Verruf bringen

desactivar,t 42
deaktivieren

desadvertir,t 158
übersehen, unbeach-
tet lassen

desafiar,t,i 60
herausfordern; trotzen

desaficionar,t 42
abgewöhnen

desaforar,t 54
gesetzwidrig handeln

desagarrar,t 42
loslassen

desagradar,i 42
missfallen

desagradecer,t 92
undankbar sein

desagraviar,t 42
entschädigen, wd.
gutmachen

desagregar,t 46
zersetzen, auflösen,
trennen

desaguar,t,i 48
entwässern; abfließen

desaguazar,t 50
entwässern

desahuciar,t 42
zwangsweise räumen

desajustar,t 42
in Unordnung bringen

desalentar,t 52
entmutigen

desalojar,t,i 42
aus-, vertreiben; ver-
drängen, ausziehen,
ausquartieren

desalquilar,t 42
räumen (lassen)

desamoldar,t 42

verunstalten
desamparar, t 42
verlassen, aufgeben
desamueblar, t 42
ausräumen (Zimmer)
desandar, t 80
zur.gehen
desanimar, t 42
entmutigen
desanudar, t 42
aufknüpfen, lösen
desapañar, t 42
in Unordnung bringen
desaparear, t 42
voneinander trennen
desaparecer, i 92
verschwinden
desapreciar, t 42
gering schätzen
desaprender, t 88
verlernen
desapretar, t 52
lockern
desaprisionar, t 42
auf freien Fuß setzen
desaprobar, t 54
missbilligen; leugnen
desaprovechar, t, i 42
nicht nutzen, versäu-
men; zur.bleiben
desarmar, t 42
entwaffnen
desarraigar, t 46
entwurzeln
desarrancarse, r 44
sich losreißen
desarrebozar, t 50
enthüllen, -schleiern
desarreglar, t 42
in Unordnung bringen
desarrollar, t, i 42
ab-, aufrollen, ab-,
aufwickeln
desarropar, t 42
entkleiden
desarrugar, t 46
entrunzeln, glätten
desasear, t 42
verunreinigen
desasegurar, t 42
entsichern (Waffe);

verunsichern
desasir, t 178
loslassen; aufhaken
desasnar, t 42
jm. Manieren bei-
bringen
desasosegar, t 46
beunruhigen
desatar, t 42
auf-, losbinden,
auf-, losmachen
desatender, t 100
nicht beachten, ge-
ring schätzen, ver-
nachlässigen
desatolondrar, t 42
wd. zur Besinnung
bringen
desatontarse, r 42
wd. zu sich kommen
desatornillar, t 42
aufschrauben
desatufarse, r 42
(sich) verschnaufen
desaturdir, t 142
ermuntern, wd. zur
Besinnung bringen
desautorizar, t 50
herabwürdigen; die
Befugnis entziehen
desavenir, t 196
entzweien
desaviar, t 60
irreführen
desavisar, t 42
widerrufen, abbe-
stellen
desayudar, t 42
hinderlich sein
desayunar, t, i 42
frühstücken
desbandarse, r 42
sich zerstreuen; die
Flucht ergreifen
desbarajustar, t 42
durcheinander brin-
gen
desbaratar, t 42
zerstören, zu Grunde
richten
desbarrar, i 42

ausrutschen
desbarrigar, t 46
aufschlitzen
desbautizar, t 50
umtaufen
desbeber, i 88
Wasser lassen
desbloquear, t 42
freigeben, Blockade
aufheben
desbocar, t, i 44
ausweiten; münden
desbordar, t, i 42
überlaufen, -fluten
desbravar, t 42
zureiten, zähmen
descabellar, t, i 42
zerzausen
descabezar, t 50
enthaupten, köpfen
descalabazarse, r 50
sich den Kopf zer-
brechen
descalcificar, t 44
entkalken
descalificar, t 44
disqualifizieren
descalzar, t 50
ausziehen (Schuhe)
descambiar, t 42
tauschen
descaminar, t 42
irreführen
descansar, t, i 42
entlasten; ~ *en/*
sobre stützen auf;
ausruhen; ~ *en alg.*
sich auf jn. verlassen
descararse, r 42
frech werden
descargar, t 46
entladen
descarriar, t 60
irreführen; auf die
schiefe Bahn bringen
descarrilar, i 42
entgleisen; ausrut-
schen; abschweifen
descasar, t 42
scheiden (Ehe), Zs.ge-
hörendes trennen

descastar,*t*	42	descongestionar,*t*	42	entfalten, ausbreiten	
ausrotten		entlasten, -stauen		desear,*t*	42
descender,*t,i*	100	desconocer,*t*	92	wünschen	
herunter-, hinunter-		nicht kennnen		desecar,*t*	44
bringen, -nehmen,		desconsentir,*t*	158	austrocknen, trocken-	
-gehen		nicht bewilligen		legen	
descentralizar,*t*	50	desconsiderar,*t*	42	desechar,*t*	42
dezentralisieren		außer Acht lassen;		weg-, verwerfen	
descerrajar,*t*	42	rücksichtslos behan-		desellar,*t*	42
aufbrechen (Schloss)		deln		entsiegeln	
descervigar,*t*	46	desconsolar,*t*	54	desembalar,*t*	42
demütigen		betrüben		auspacken	
descifrar,*t*	42	descontar,*t*	54	desembarazar,*t*	50
entziffern, -schlüsseln		abziehen, -rechnen		frei-, losmachen,	
descobijar,*t*	42	descontentar,*t*	42	ausräumen	
entblößen		unzufrieden machen		desembarcar,*t*	44
descoger,*t*	98	desconvenir,*i*	196	ausladen (Schiff)	
entfalten		nicht übereinstim-		desembocar,*i*	44
descolgar,*t*	72	men; nicht gelegen		~ *en* (ein)münden in	
ab-, loshaken		sein		desembolsar,*t*	42
descolorar,*t*	42	descorazonar,*t*	42	auslegen, vorstrecken	
entfärben, ausblei-		entmutigen, ein-		(Geld)	
chen		schüchtern		desemborrachar,*t*	42
descollar,*t,i*	54	descorrer,*t*	88	ernüchtern	
~ *sobre* hervor-,		wd. zur.laufen; zur.-		desembozar,*t*	50
überragen		ziehen, -schieben		enthüllen, offenbaren	
descomedirse,*r*	160	descoser,*t*	88	desembravecer,*t*	92
sich ungebührlich		auftrennen (Naht)		zähmen	
verhalten		descoyuntar,*t*	42	desembriagar,*t*	46
descompadrar,*t*	42	aus-, verrenken; be-		ernüchtern	
entzweien		lästigen		desembrollar,*t*	42
descompasarse,*r*	42	descreer,*t*	110	entwirren	
grob/unhöflich		nicht glauben		desembuchar,*t,i*	42
werden		describir,*t*	198	den Kropf leeren,	
descomponer,*t*	128	beschreiben, schil-		herausplatzen, aus-	
zerlegen		dern		plaudern	
desconceptuar,*t*	62	descuartizar,*t*	50	desemejar,*t,i*	42
in Misskredit/Verruf		vierteilen, in Stücke		entstellen; anders sein	
bringen		schlagen		desempacar,*t*	44
desconcertar,*t*	52	descubrir,*t*	198	auspacken	
in Unordnung brin-		auf-, entdecken		desempapelar,*t*	42
gen; verlegen ma-		descuidar,*t,i*	42	Tapeten abreißen; aus	
chen; verblüffen		nicht beachten; ver-		dem Papier auswi-	
desconectar,*t*	42	nachlässigen; nach-		ckeln	
ab-, ausschalten		lässig sein, ~ *en alg.*		desempaquetar,*t*	42
desconfiar,*t*	60	sich auf jn. verlassen		auspacken	
misstrauen		desdar,*t*	82	desempeñar,*t*	42
desconformar,*i*	42	zur.drehen, -spulen		ausführen (Auftrag)	
anderer Meinung sein		desdibujar,*t*	42	desempolvar,*t*	42
descongelar,*t*	42	verwischen		abstauben	
ab-, auftauen		desdoblar,*t*	42	desemponzoñar,*t*	42

entgiften
desenamorar,*t* 42
  abspenstig machen
desencadenar,*t* 42
  losketten; entfesseln
desencajar,*t* 42
  verrenken, -zerren
desencaminar,*t* 42
  irremachen; -führen
desencantar,*t* 42
  entzaubern, ernüchtern
desencaprichar,*t* 42
  zur Vernunft bringen
desencarecer,*t* 92
  verbilligen
desencargar,*t* 46
  abbestellen
desencastillar,*t* 42
  aus-, vertreiben; ent-
  hüllen
desencerrar,*t* 52
  aufschließen
desencintar,*t* 42
  aufgürten, -binden
desenclavijar,*t* 42
  auseinander reißen,
  wegreißen
desencoger,*t* 98
  auseinander breiten
desencolerizar,*t* 50
  besänftigen
desenfadar,*t* 42
  beschwichtigen
desenfard(el)ar,*t* 42
  auspacken, auf-
  schnüren
desenfundar,*t* 42
  aus dem Futteral
  nehmen
desenfurecer,*t* 92
  beschwichtigen
desenganchar,*t* 42
  ab-, aus-, loshaken
desengañar,*t* 42
  enttäuschen, er-
  nüchtern
desengarzar,*t* 50
  ausfädeln
desengrosar,*t,i* 54
  mager machen,
  mager werden

desenhornar,*t* 42
  aus dem Backofen
  nehmen
desenlazar,*t* 50
  auf-, losbinden
desenlodar,*t* 42
  von Schmutz befreien
desenmascarar,*t* 42
  demaskieren, entlar-
  ven
desenojar,*t* 42
  besänftigen, -ruhigen
desenredar,*t* 42
  entwirren, in Ordnung
  bringen
desenrollar,*t* 42
  aufrollen, abspulen
desenroscar,*t* 44
  aufrollen, -schrauben
desensamblar,*t* 42
  auseinander nehmen
desensartar,*t* 42
  ausfädeln
desensoberbecer,*t* 92
  demütigen
desentenderse,*r* 100
  sich unwissend stel-
  len; absehen von; ~
  de sich nicht beküm-
  mern um
desenterrar,*t* 52
  ausgraben
desentorpecer,*t* 92
  wd. beweglich ma-
  chen; jm. Erziehung
  beibringen
desentronizar,*t* 50
  entthronen
desenvolver,*t* 104
  auf-, abwickeln, aus-
  packen; enthüllen
desequilibrar,*t* 42
  aus dem Gleichge-
  wicht bringen
desertar,*t,i* 42
  abtrünnig werden,
  desertieren
desesperanzar,*t* 50
  die Hoffnung nehmen
desesperar,*t* 42
  zur Verzweiflung brin-

gen
desestancar,*t* 44
  entstauen, freigeben
desestimar,*t* 42
  verachten; ablehnen;
  abschlagen
desfajar,*t* 42
  auf-, loswickeln
desfalcar,*t* 44
  abziehen, wegneh-
  men; unterschlagen,
  veruntreuen
desfallecer,*t,i* 92
  schwächen, in Ohn-
  macht fallen, schwach
  werden
desfavorecer,*t* 92
  benachteiligen, nicht
  passen
desfigurar,*t* 42
  entstellen, verunstal-
  ten
desfijar,*t* 42
  lockern
desfilar,*i* 42
  einzeln hintereinan-
  der gehen, vorbei-
  marschieren
desflorecer,*i* 92
  verblühen
desfruncir,*t* 144
  entrunzeln, glätten
desgañitarse,*r* 42
  sich heiser schreien
desgarrar,*t* 42
  zerreißen, -fetzen
desgastar,*t* 42
  abnutzen, verschlei-
  ßen, zermürben, auf-
  reiben
desgobernar,*t* 52
  in Unordnung bringen,
  herunterwirtschaften
desgraciar,*t,i* 42
  verdrießlich machen;
  misslingen
desgravar,*t* 42
  entlasten, erleichtern
desgreñar,*t* 42
  zerzausen
desguazar,*t* 50

verschrotten
deshabituar,*t* 62
~ *a alg. de a.* jm.
etw. abgewöhnen
deshacer,*t* 124
zerlegen
deshelar,*t* 52
auftauen
desherbar,*t* 52
jäten (Unkraut)
desheredar,*t* 42
enterben
deshermanar,*t* 42
entzweien
deshojar,*t* 42
ab-, entblättern,
entlauben
deshollinar,*t* 42
entrußen
deshon(or)ar,*t* 42
entehren, schänden
deshornar,*t* 42
aus dem Backofen
nehmen
designar,*t* 42
bezeichnen; bestim-
men, ausersehen
desilusionar,*t* 42
enttäuschen, ernüch-
tern
desinfectar,*t* 42
desinfizieren
desinflar,*t* 42
ausblasen
desintoxicar,*t* 44
entgiften
desistir,*t* 142
aufgeben
deslazar,*t* 50
aufbinden, losma-
chen
desleír,*t,i* 164
ein-, an-, verrühren,
zergehen
deslendrar,*t* 52
entlausen
desliar,*t* 60
aufbinden
desligar,*t* 46
lösen
desmamar,*t* 42

entwöhnen
desmandar,*t* 42
abbestellen, widerru-
fen
desmantelar,*t* 42
abbauen, zerlegen
desmaquillar,*t* 42
abschminken
desmayar,*t,i* 42
niederschmettern; ver-
zagen, nachlassen
desmedirse,*r* 160
das Maß überschrei-
ten
desmedrar,*t,i* 42
verfallen, -kümmern
(lassen)
desmejorar,*t,i* 42
verschlechtern, ver-
schlimmern
desmembrar,*t* 52
zerteilen
desmentir,*t* 158
abstreiten, leugnen
desmenuzar,*t* 50
zerkleinern, -stückeln
desmerecer,*t,i* 92
nicht verdienen,
(an Wert) verlieren
desmigajar,*t* 42
zerbröckeln, -krümeln
desmigar,*t* 46
zerbröckeln, -krümeln
desmonetizar,*t* 50
entwerten (Geld)
desmoralizar,*t* 50
demoralisieren, ent-
mutigen
desmoronar,*t* 42
ab-, zerbröckeln
desmovilizar,*t* 50
demobilisieren
desnaturalizar,*t* 50
ausbürgern
desnivelar,*t* 42
uneben/ungleich
machen
desnudar,*t* 42
entblößen, -kleiden,
entblättern
desnutrirse,*r* 142

abmagern
desobedecer,*t* 92
nicht gehorchen
desobstruir,*t* 184
frei machen, räumen
desocupar,*t* 42
unbesetzt/unbe-
wohnt lassen, frei
machen, räumen
desodorizar,*t* 50
desodorieren
desoír,*t* 182
überhören, nicht
hören auf
desolar,*t* 54
verwüsten, -heeren
desordenar,*t* 42
in Unordnung bringen
desorientar,*t* 42
irreführen, verwirren
▶desosar,*t* 58
entsteinen, -kernen,
entbeinen
despachar,*t,i* 42
beendigen, ausfüh-
ren, erledigen; ab-
schicken, -fertigen
despachurrar,*t* 42
pressen, platt drü-
cken, ~ *a alg.* jn. fertig
machen
despaldar,*t* 42
aus-, verrenken
desparejar,*t* 42
auseinander bringen,
trennen
desparramar,*t* 42
aus-, zerstreuen, ver-
schütten
despatarrarse,*r* 42
Beine spreizen
despavorir,*t* 201
ab-, erschrecken,
ängstigen
despearse,*r* 42
sich die Füße wund
laufen
despechar,*t* 42
ärgern, erbosen;
entwöhnen (Kind)
despedazar,*t* 50

zerstückeln
despedir, *t* 160
(hoch)werfen; verab-
schieden; entlassen
despegar, *t* 46
ab-, loslösen
despeinar, *t* 42
zerzausen
despejar, *t* 42
(ab-, auf)räumen, frei
machen
despenar, *t* 42
trösten; töten, umle-
gen
despeñar, *t* 42
herabstürzen
desperdiciar, *t* 42
verschwenden; ver-
passen
desperdigar, *t* 46
zerstreuen
desperecerse, *r* 92
~ *por* sich sehnen
nach
desperezarse, *r* 50
sich strecken, sich
rekeln
desperfilar, *t* 42
verwischen; tarnen
despertar, *t* 52
auf-, erwecken; ent-
täuschen; aufmun-
tern
despiezar, *t* 50
auseinander nehmen,
zerlegen
despilfarrar, *t* 42
vergeuden, ver-
schwenden
despistar, *t* 42
von der Fährte ab-
bringen, ablenken,
irreführen
desplacer, *t* 92
missfallen
desplantar, *t* 42
verpflanzen
desplegar, *t* 66
entfalten
despoblar, *t* 54
entvölkern

despojar, *t* 42
berauben, ausplün-
dern
despolv(ore)ar, *t* 42
abstauben
desposar, *t* 42
verloben, trauen
desposeer, *t* 110
enteignen; des Am-
tes entheben ~ *a*
alg. de/a a. jm.
etw. entziehen
despotizar, *t* 50
tyrannisieren
despotricar, *i* 44
faseln
despreciar, *t* 42
verachten, gering
schätzen
desprender, *t* 88
ablösen, trennen
despreocuparse, *r* 42
~ *de* sich nicht mehr
kümmern um
desprestigiar, *t* 42
herab-, entwürdigen
desproveer, *t* 199
~ *de* einer Sache
berauben
desquitar, *t* 42
entschädigen
destacar, *t* 44
abkommandieren,
absondern; betonen,
hervorheben
destaponar, *t* 42
entkorken
destechar, *t* 42
abdecken (Haus)
destellar, *t,i* 42
ausstrahlen, auf-
leuchten
destemplar, *t* 42
stören, in Unordnung
bringen
desteñir, *t* 166
entfärben
desternillarse, *r* 42
sich totlachen
desterrar, *t* 52
verbannen

destetar, *t* 42
abstillen, entwöhnen
destilar, *t* 42
destillieren, filtrieren
destinar, *t* 42
bestimmen, zuweisen
destituir, *t* 184
des Amtes entheben
destorcer, *t* 120
sich lockern, aufdre-
hen
destornillar, *t* 42
ab-, aufschreiben
destoserse, *r* 88
sich räuspern, hüsteln
destrabar, *t* 42
lösen, entriegeln;
entsichern
destrenzar, *t* 50
auf-, entflechten
destrizar, *t* 50
zerstückeln
destronar, *t* 42
entthronen, absetzen
destrozar, *t* 50
zerstückeln
destruir, *t* 184
zerstören
desunir, *t* 142
trennen, entzweien
desvalijar, *t* 42
ausplündern, -ziehen,
rupfen
desvalorar, *t* 42
ab-, entwerten
desvalorizar, *t* 50
ab-, entwerten
desvanecer, *t* 92
verwischen
desvariar, *i* 60
faseln; irrereden
desvelar, *t* 42
nicht schlafen lassen,
wach halten
desvencijar, *t* 42
auseinander reißen
desvergonzarse, *r* 76
unverschämt werden
desvestir, *t* 160
entkleiden
desviar, *t,i* 60

ablenken, verscheu-
chen; verlagern, um-
leiten; abbringen

desvirtuar,*t*   62
verderben; entkräften,
widerlegen

desyerbar,*t*   42
jäten

detallar,*t*   42
ausführlich schildern,
einzeln aufführen

detener,*t*   134
verhaften; anhalten

detentar,*t,i*   42
unrechtmäßig zur.-,
be-, vorenthalten

deterger,*t*   98
reinigen, säubern
(Wunde)

deteriorar,*t*   42
verschlechtern,
verschlimmern

determinar,*t*   42
bestimmen, ent-
scheiden, ~ *a alg. a*
hacer a. jn. dazu
bewegen etw. zu tun

detestar,*t*   42
verabscheuen

detonar,*i*   42
knallen, krachen, de-
tonieren

detractar,*t*   42
verleumden

detraer,*t*   116
aussondern, abzie-
hen, ablenken,
herabsetzen

devaluar,*t*   62
abwerten

devanar,*t*   42
abspulen, -wickeln

devanear,*i*   42
fantasieren, faseln

devastar,*t*   42
verheeren, -wüsten

devengar,*t*   46
erwerben, verdienen;
abwerfen, einbringen

devolver,*t*   104
zur.geben, -erstatten

devorar,*t*   42
auffressen, verschlin-
gen; vergeuden;
ruinieren

dezmar,*t*   52
den Zehnten zahlen;
dezimieren

diagnosticar,*t*   44
diagnostizieren

dializar,*t*   50
dialysieren

dibujar,*t*   42
malen, zeichnen

dictaminar,*i*   42
Bericht erstatten

dictar,*t,i*   42
diktieren; vorschreiben

diezmar,*t*   42
den Zehnten zahlen;
dezimieren

difamar,*t*   42
in Verruf bringen, ver-
leumden, diffamieren

diferenciar,*t,i*   42
unterscheiden; un-
einig sein

diferir,*t,i*   158
aufschieben, ver-
zögern; ~ *en* abwei-
chen, differieren in

dificultar,*t,i*   42
erschweren, behin-
dern; bestreiten, be-
zweifeln

difluir,*i*   184
sich auflösen, zerflie-
ßen

difractar,*t*   42
beugen

difundir,*t*   200 ▶
aus-, verbreiten

digerir,*t*   158
verdauen

dignarse,*r*   42
~ *de* + *inf.* geruhen,
sich herablassen zu

dignificar,*t*   44 ▶
würdig machen, mit
Würden ausstatten

dilacerar,*t*   42
gewaltsam zerreißen;

entehren

dilapidar,*t*   42
vergeuden,
verschwenden

dilatar,*t*   42
ausdehnen, erweitern;
aufschieben, verzö-
gern

diligenciar,*t*   42
betreiben, in die Wege
leiten

dilucidar,*t*   42
aufklären, erläutern,
aufhellen

diluir,*t*   184
auflösen, verdünnen,
vermischen

diluviar,*im*   42
in Strömen regnen

dimanar,*i*   42
ausfließen, -strömen;
herrühren, abstam-
men

dimensionar,*t*   42
bemessen, dimen-
sionieren

diminuir,*t*   184
vermindern, -ringern,
verkleinern

dimitir,*t*   142
niederlegen (Amt)

diputar,*t*   42
abordnen, entsen-
den; ~ *como* halten
für, ~ *para* bestim-
men für

diquelar,*t,i*   42
sehen, blicken; ka-
pieren

dirigir,*t*   150
leiten, führen

dirimir,*t*   142
auflösen, -heben;
schlichten

discar,*t*   44
wählen (Telefon)

discernir,*t*   156
unterscheiden

disciplinar,*t*   42
disziplinieren, maß-
regeln

discontinuar,*t* 62
unterbrechen
discordar,*i* 54
abweichen, uneinig
sein
discrepar,*i* 42
ungleich, verschieden
sein; uneinig sein
discretear,*i* 42
witzeln, heimlich flüs-
tern
discriminar,*t* 42
unterscheiden; diskrimi-
nieren
disculpar,*t* 42
~ *a alg. de a.* jm.
etw. verzeihen, ~ *a.*
por etw. entschuldigen
mit, ~ *alg. con alg.* jn.
bei jm. entschuldigen
discurrir,*t,i* 142
durch-, umherlaufen,
durch-, umhergehen
discursear,*i* 42
ein Gespräch führen,
öffentlich reden
discutir,*t* 142
diskutieren
disecar,*t* 44
zerschneiden, sezie-
ren
diseminar,*t* 42
aus-, zerstreuen, ver-
breiten
disentir,*i* 158
anderer Meinung
sein
diseñar,*t,i* 42
abzeichnen, skizzie-
ren, umranden, kon-
turieren
disformar,*t* 42
entstellen; verformen
disfrazar,*t* 50
verkleiden, vermum-
men, verbergen,
verhüllen
disfrutar,*t,i* 42
~ *de* genießen,
(~ con/en) sich er-
freuen (an); sich ver-

gnügen
disgregar,*t* 46
trennen, absondern
disgustar,*t* 42
anekeln; verärgern
disidir,*i* 142
abweichen, dissen-
tieren
disimular,*t,i* 42
verbergen, verheim-
lichen; heucheln
disipar,*t* 42
auflösen; vergeuden
dislocar,*t* 44
auseinander nehmen,
auseinander reißen
disminuir,*t* 184
(sich) vermindern
disociar,*t* 42
trennen, auflösen
disolver,*t* 104
auflösen, zersetzen
disonar,*i* 54
misstönen; missfallen;
(~ de/en) nicht pas-
sen (zu)
disparatar,*i* 42
Unsinn reden
dispensar,*t,i* 42
~ *de* freisprechen,
entbinden von; ~ *a*
alg. de a. jm. etw. er-
lassen; ~ *de* über
etw. verfügen
dispersar,*t* 42
aus-, zerstreuen; in
Unordnung bringen
displacer,*t* 92
missfallen
disponer,*t* 128
in Ordnung bringen;
anordnen, aufstellen;
~ *de* verfügen über
disputar,*t* 42
bestreiten
distanciar,*t* 42
trennen, voneinander
entfernen
distar,*i* 42
fern/entfernt sein
distender,*t* 100

gewaltsam ausdeh-
nen, auseinander
ziehen
▶distinguir,*t,i* 152
unterscheiden
distraer,*t* 116
ablenken, zerstreuen
distribuir,*t* 184
ein-, zu-, verteilen
disturbar,*t* 42
zerstören, -rütten
disuadir,*t* 142
abraten, umstimmen
divagar,*i* 46
abschweifen; um-
herirren
divergir,*i* 150
abweichen, diver-
gieren
diversificar,*t* 44
abwechslungsreich/
verschieden gestal-
ten
divertir,*t* 158
vergnügen, ablen-
ken
dividir,*t* 200
(ab-, ver-, zer)teilen;
dividieren
divorciar,*t* 42
scheiden, trennen
(Ehe)
divulgar,*t* 46
verbreiten (Gerücht)
doblar,*t* 42
verdoppeln; biegen,
krümmen
doblegar,*t* 46
biegen, krümmen
doctorar,*t* 42
promovieren
doctrinar,*t* 42
belehren, unterweisen
documentar,*t* 42
beurkunden, -legen
dolar,*t* 54
(ab)hobeln, abkan-
ten
doler,*i* 102
schmerzen; Leid tun
domar,*t* 42

bändigen, zäh-
men

domeñar,*t* 42
bezwingen, unter-
werfen

domesticar,*t* 44
zähmen, domestizie-
ren, dressieren

domiciliar,*t* 42
ansiedeln

dominar,*t,i* 42
beherrschen, bändi-
gen, bezwingen;
(vor)herrschen

donar,*t* 42
beschenken, spen-
den, stiften

► dormir,*i* 172
schlafen

dormitar,*i* 42
schlummern

dosificar,*t* 44
ab-, zumessen, do-
sieren

dotar,*t* 42
ausrüsten, -statten,
~ con/de versehen
mit, dotieren

dragar,*t* 46
ausbaggern

dramatizar,*t* 50
dramatisieren

driblar,*t* 42
dribbeln

drizar,*t* 50
hissen

duchar,*t* 42
duschen

dudar,*t* 42
(be)zweifeln

dulcificar,*t* 44
versüßen

duplicar,*t* 44
verdoppeln

durar,*i* 42
(fort)dauern; aus-,
durchhalten

E

eclipsar,*t* 42
verfinstern, -dunkeln;

~ a alg. jn. in den
Schatten stellen

economizar,*t* 50
(ein-, er)sparen

echar,*t* 42
wegwerfen

edificar,*t* 44
errichten, -bauen

editar,*t* 42
herausgeben, verle-
gen

educar,*t* 44
erziehen

educir,*t* 148
ab-, herleiten, fol-
gern

edulcorar,*t* 42
(ver)süßen

efectuar,*t* 62
ausführen, bewirken

eflorecerse,*r* 92
ausblühen, verwittern

ejecutar,*t* 42
aus-, durchführen

ejemplarizar,*i* 50
mit gutem Beispiel
vorangehen, Beispiel
geben

ejemplificar,*t* 44
durch Beispiele er-
klären/belegen

ejercer,*t* 90
ausüben

ejercitar,*t* 42
einüben, schulen, un-
terweisen

elaborar,*t* 42
aus-, verarbeiten, an-
fertigen

electrizar,*t* 50
elektrisieren

elegir,*t* 200
(aus-, er)wählen

elevar,*t* 42
heben

elidir,*t* 142
ausstoßen, elidieren

eliminar,*t,i* 42
ausmerzen, beseiti-
gen, ausstoßen,
ausschließen

elogiar,*t* 42
preisen, loben

elucidar,*t* 42
auf-, erklären, er-
läutern

eludir,*t* 142
ausweichen, umge-
hen

emanar,*t* 42
ausfließen, -strömen;
~ de hervorgehen,
stammen aus

emancipar,*t* 42
befreien, frei machen,
emanzipieren,
gleichstellen

embadurnar,*t* 42
be-, verschmieren

embalar,*t* 42
ein-, verpacken

embaldosar,*t* 42
mit Fliesen belegen

embalsamar,*t* 42
(ein)balsamieren

embanastar,*t* 42
in einen Korb legen;
zs.pferchen

embarazar,*t* 50
hindern, hemmen

embarbecer,*t* 92
einen Bart bekommen

embarcar,*t* 44
verschiffen, -laden

embargar,*t* 46
pfänden, beschlag-
nahmen

embarnecer,*i* 92
dicker/kräftiger wer-
den

embarrancar,*i* 44
stecken bleiben,
stranden

embarrar,*t* 42
beschmieren, be-
werfen

embarullar,*t* 42
verwirren; -wechseln

embastecer,*i* 92
zunehmen, dick
werden

embaucar,*t* 44

berücken, umgarnen

embebecer,*t*   92
   betrügerisch hinhal-
   ten

embeber,*t*   88
   tränken

embelecar,*t*   44
   betrügen, beschwin-
   deln

embeleñar,*t*   42
   betäuben

embelesar,*t*   42
   entzücken, bezau-
   bern

embellecer,*t*   92
   verschönern

emberrenchinarse,*r*   42
   einen Wutanfall be-
   kommen

emberrinchinarse,*r*   42
   einen Wutanfall be-
   kommen

embestir,*t*   160
   angreifen, -fallen

embetunar,*t*   42
   teeren; wichsen
   (Schuhe)

emblandecer,*t*   92
   erweichen

emblanquecer,*t*   92
   weißen, tünchen

embobar,*t*   42
   betäuben; verblüffen;
   verblöden

embobecer,*t,i*   92
   verdummen

embocar,*t*   44
   in den Mund stecken

embochinchar,*t*   42
   aufwiegeln

embolar,*t*   42
   wichsen (Schuhe)

embolismar,*t*   42
   verhetzen, Unfrieden
   stiften

embolsar,*t*   42
   einstecken, -nehmen
   (Geld)

emborrachar,*t*   42
   berauschen; -täuben

emborrar,*t*   42

polstern, ausstopfen

emborricar,*t*   44
   verdummen

emborronar,*t*   42
   beklecksen, hin-
   schmieren, -kritzeln

emborrullarse,*r*   42
   lärmen, sich herum-
   zanken

emboscar,*t*   44
   auf die Lauer legen

embotellar,*t*   42
   abfüllen; aufhalten,
   behindern

embozar,*t*   50
   ein-; verhüllen, ver-
   mummen

embragar,*t*   46
   anseilen

embravecer,*t*   92
   in Wut bringen

embriagar,*t*   46
   berauschen; be-
   geistern, entzücken,
   hinreißen

embrollar,*t*   42
   verwirren, Unruhe
   stiften

embromar,*t,i*   42
   verulken; belästigen

embrujar,*t*   42
   be-, verhexen; betö-
   ren, verzaubern,
   verführen

embrutecer,*t*   92
   verdummen; -rohen

embutir,*t*   142
   aus-, voll stopfen

emerger,*i*   98
   auftauchen

emigrar,*i*   42
   auswandern

emitir,*t.*   142
   senden, ausgeben

emocionar,*t*   42
   bewegen, ergreifen,
   rühren

empacar,*t*   44
   ein-, verpacken

empachar,*t*   42
   (ver)hindern; -wirren;

verhehlen

empalagar,*t*   46
   anekeln; langweilen,
   lästig fallen

empanar,*t*   42
   in Teig einwickeln,
   panieren

empañar,*t*   42
   wickeln (Kind); trüben,
   beschlagen

empapar,*t,i*   42
   durchtränken, ein-
   weichen, sich voll
   saugen

empapelar,*t*   42
   in Papier einwickeln;
   tapezieren

empapirotar,*t*   42
   herausputzen, auf-
   donnern

empaquetar,*t*   42
   ein-, verpacken

emparedar,*t*   42
   einmauern, -schließen

emparejar,*t,i*   42
   paaren, zs.tun; ebnen,
   ausgleichen; gleich/
   ähnlich sein

emparrillar,*t*   42
   grillen, auf dem Rost
   braten

empastar,*t*   42
   verkleben, -kitten

empastelar,*t*   42
   verkleistern

empatar,*t*   42
   hemmen, aufhalten

empecer,*t*   92
   (ver)hindern, hinder-
   lich sein

empedernir,*t*   201
   verhärten

empedrar,*t*   52
   pflastern, spicken

empelotarse,*r*   42
   sich verwirren; in Streit
   geraten

empellar,*t*   42
   stoßen, schubsen

empeñar,*t*   42
   verpfänden

empeorar, *t* — 42
verschlimmern

emperejilar, *t* — 42
herausputzen, auf-
donnern

emperifollarse, *r* — 42
sich herausputzen

emperrarse, *r* — 42
~ *en* hartnäckig
bestehen auf

empezar, *t* — 68
~ *a* + *inf.* beginnen,
anfangen zu

empinar, *t* — 42
empor-, hochheben,
aufrichten

empiparse, *r* — 42
sich überessen

empitonar, *t* — 42
auf die Hörner neh-
men (Stier)

emplastar, *t* — 42
ein Pflaster auflegen

emplazar, *t* — 50
aufstellen, montieren

emplear, *t* — 42
anwenden

empobrecer, *t,i* — 92
arm machen, verar-
men

empolvar, *t,i* — 42
bestäuben; verstau-
ben

empolvorizar, *t* — 50
bestäuben; verstau-
ben

empollar, *t,i* — 42
be-, ausbrüten;
büffeln, pauken; Eier
legen

emponzoñar, *t* — 42
vergiften, -derben

emporcar, *t* — 70
beschmutzen

empotrar, *t* — 42
einkeilen, -zwängen

emprender, *t* — 88
in Angriff nehmen, un-
ternehmen

emprimar, *t* — 42
zum Narren halten

empringar, *t,i* — 46
(ein-; be)schmieren,
einfetten

empujar, *t,i* — 42
(fort)stoßen, schie-
ben, drücken; antrei-
ben

emular, *t* — 42
nach-, wetteifern

enaceitar, *t* — 42
(ein)ölen, schmieren

enajenar, *t* — 42
~ *a alg. de alg.* jn.
jm. entfremden; ver-
zücken

enaltecer, *t* — 92
erhöhen; verherrlichen

enamorar, *t* — 42
den Hof machen, um-
werben

enamori(s)carse, *r* — 44
sich verlieben in

enardecer, *t* — 92
entzünden; begeistern

encabezar, *t* — 50
einschreiben, -tragen

encabillar, *t* — 42
vernageln

encadenar, *t* — 42
in Ketten legen, an-
ketten, fesseln

encajonar, *t* — 42
in eine Kiste packen

encalabrinar, *t* — 42
benebeln (durch Alkohol)

encallar, *i* — 42
auflaufen, stranden,
stocken

encallejonar, *t* — 42
in eine enge Gasse
treiben (Stier)

encaminar, *t,i* — 42
auf den (rechten)
Weg bringen, führen,
leiten, lenken

encamisar, *t* — 42
anziehen (Hemd), be-
ziehen (Bett)

encanalar, *t* — 42
kanalisieren

encanalizar, *t* — 50

kanalisieren

encanastar, *t* — 42
in einen Korb legen

encandilar, *t* — 42
blenden; hinters Licht
führen

encanecer, *i* — 92
ergrauen

encanijar, *t* — 42
schwächen, kränkeln

encantar, *t* — 42
behexen, verzaubern;
entzücken

encaperuzar, *t* — 50
verhüllen

encapotar, *t* — 42
ein-, verhüllen

encapricharse, *r* — 42
sich Hals über Kopf
verlieben

encaramar, *t* — 42
hinaufheben, -stellen;
übertreiben; übermä-
ßig loben

encarar, *t* — 42
anlegen (Waffe); ge-
genüberstellen; die
Stirn bieten; ~ *a/con
alg.* jn. anstarren

encarcelar, *t* — 42
einkerkern, -sperren

encarecer, *t,i* — 92
verteuern; loben; be-
tonen, ~ *a alg.* jn.
inständig bitten; teu-
rer werden

encargar, *t* — 46
beauftragen

encariñar, *t* — 42
Zuneigung wecken

encarnar, *t* — 42
verkörpern, darstellen

encarnizar, *t* — 50
wütend machen,
reizen

encarpetar, *t* — 42
einheften

encartar, *t* — 42
den Prozess machen,
in Abwesenheit verur-
teilen

encartonar,*t* 42
in Schachteln ver-
packen

encasillar,*t* 42
einordnen, -reihen

encasquetar,*t* 42
aufstülpen, tief in die
Stirn drücken; verset-
zen (Schlag)

encausar,*t* 42
~ *a alg.* jn. an-, verkla-
gen

encelar,*t* 42
eifersüchtig machen

encenagar,*t* 46
beschmutzen

encender,*t* 100
anzünden

encentar,*t* 52
anschneiden

encerar,*t* 42
wichsen, bohnern

encerrar,*t* 52
ein-, verschließen;
umgeben, -schließen;
enthalten

encimar,*t* 42
obenauf, übereinan-
der legen

encismar,*t* 42
entzweien, Zwietracht
säen

enclavar,*t* 42
an-, festnageln; ver-
riegeln; einfügen,
einschließen

enclavijar,*t* 42
anstöpseln, ineinan-
der stecken

encocorar,*t* 42
belästigen

encoger,*t* 98
ein-, zur.-, zs.ziehen

encojar,*t* 42
lähmen

encolar,*t* 42
(an)leimen, -kleben

encolerizar,*t* 50
erzürnen

encomendar,*t* 52
~ *a alg. a.* jn. mit

etw. (be)auftragen,
anvertrauen

encomiar,*t* 42
loben, preisen, rüh-
men

enconar,*t* 42
infizieren; vereitern; erzürnen

encontrar,*t* 54
treffen; finden

encoraj(in)ar,*t* 42
erzürnen

encornudar,*t* 42
Hörner aufsetzen

encorralar,*t* 42
einpferchen (Vieh)

encorsetar,*t* 42
in ein Korsett pressen

encortinar,*t* 42
mit Vorhängen ver-
sehen

encorvar,*t* 42
biegen, krümmen

encostrar,*t* 42
überkrusten lassen

encrespar,*t* 42
kräuseln

encrestarse,*r* 42
sich brüsten

encrudecer,*t,i* 92
roh machen, verro-
hen

encuadernar,*t* 42
einbinden (Buch)

encuadrar,*t* 42
(ein-, um)rahmen

encubrir,*t* 198
verbergen, verheim-
lichen

encuitarse,*r* 42
sich grämen

encumbrar,*t,i* 42
erheben, -höhen;
rühmen, preisen; den
Gipfel ersteigen

encunar,*t* 42
in die Wiege legen

enchiquerar,*t* 42
einzeln einsperren
(Stiere)

enchironar,*t* 42

einsperren, -buchten

enchufar,*t* 42
anschließen, -stecken,
verbinden

endechar,*t* 42
beklagen, -jammern

endentecer,*i* 92
zahnen (Kind)

enderezar,*t* 50
in Ordnung bringen

endeudarse,*r* 42
sich verschulden

endiablar,*t* 42
verderben, -führen

endilgar,*t* 46
einfädeln, in die We-
ge leiten; ~ *a. a alg.*
jm. etw. aufhalsen

endiosar,*t* 42
vergöttern

endulzar,*t* 50
(ver)süßen

endurecer,*t* 92
(ver)härten

enemistar,*t* 42
verfeinden, entzweien

enervar,*t* 42
entnerven

enfadar,*t* 42
ärgern, erzürnen

enfangar,*t* 46
beschmutzen

enfardar,*t* 42
(ein)packen

enfardelar,*t* 42
bündeln

enfermar,*t,i* 42
krank machen,
krank werden

enfervorizar,*t* 50
begeistern, erwärmen

enfilar,*t* 42
aneinander reihen,
auf-, einfädeln

enflaquecer,*t,i* 92
schwächen, abma-
gern

enflautar,*t* 42
aufblähen; verführen;
täuschen

enfocar,*t* 44

einstellen (Fotografie)

enfrentar,*t,i* — 42
gegenüberstellen;
sich widersetzen; sich
gegenüber befinden

enfriar,*t,i* — 60
(ab)kühlen

enfrontar,*t* — 42
~ *a alg.* jm. die Stirn
bieten

enfullar,*t,i* — 42
mogeln

enfundar,*t* — 42
in eine Hülle stecken;
aus-, voll stopfen

enfurecer,*t* — 92
wütend machen

enfurruñarse,*r* — 42
böse werden; trüb
werden (Himmel)

engaitar,*t* — 42
beschwatzen; hinter-
gehen, überlisten

engalanar,*t* — 42
ausschmücken, heraus-
putzen

enganchar,*t* — 42
an-, einhaken, -hän-
gen; überreden, ver-
leiten

engañar,*t* — 42
betrügen

engarabitar,*i* — 42
klettern, steigen

engarbullar,*t* — 42
durcheinander brin-
gen, verwirren

engatusar,*t* — 42
betören, umschmei-
cheln

engendrar,*t* — 42
erzeugen; bewirken

englobar,*t* — 42
zs.fassen; einverlei-
ben

englutir,*t* — 142
verschlingen, ver-
schlucken

engolondrinarse,*r* — 42
sich verlieben; vor-
nehm tun

engordar,*t,i* — 42
mästen; dick machen,
dick werden

engranar,*t* — 42
zs.fügen

engrandecer,*t* — 92
vergrößern; übertrei-
ben

engranujarse,*r* — 42
Pickel bekommen; ver-
lumpen

engrasar,*t* — 42
(ein)fetten, (ein)ölen,
(ein)schmieren

engravecer,*t* — 92
schwer machen

engrescar,*t* — 44
aufhetzen

engrosar,*t* — 54
dicker machen, ver-
größern

engrudar,*t* — 42
(an)kleistern

engrumecerse,*r* — 92
verklumpen

engullir,*t* — 168
fressen, verschlingen

engurruñar,*t* — 42
schrumpfen (lassen)

enharinar,*t* — 42
mit Mehl bestreuen

enhastiar,*t* — 60
anwidern; langweilen

enhebrar,*t* — 42
auf-, einfädeln

enhestar,*t* — 52
aufrichten

enhilar,*t* — 42
einfädeln; ordnen

enhornar,*t* — 42
in den Ofen schieben

enjabonar,*t* — 42
ab-, einseifen

enjalbegar,*t* — 46
weiß anstreichen,
tünchen

enjaular,*t* — 42
einsperren (Käfig, Gefängnis)

enjuagar,*t* — 46
ab-, ausspülen

enjugar,*t* — 46

ab-, austrocknen,
abwischen

enlabiar,*t* — 42
berücken, -tören

enlardar,*t* — 42
spicken

enlazar,*t* — 50
verknüpfen, festbin-
den

enlobreguecer,*t* — 92
verfinstern

enlodar,*t* — 42
beschmutzen

enlodazar,*t* — 50
beschmutzen

enloquecer,*t,i* — 92
verrückt machen,
verrückt werden

enlosar,*t* — 42
mit Fliesen/Platten
belegen

enlucir,*t* — 146
tünchen; blank put-
zen

enlutar,*t* — 42
verdunkeln; betrüben

enmagrecer,*i* — 92
abmagern

enmalecer,*i* — 92
erkranken

enmantar,*t* — 42
zudecken

enmarañar,*t* — 42
verfilzen; -wirren;
verwickeln

enmarcar,*t* — 44
ein-, umrahmen,
umranden

enmaridar,*t* — 42
heiraten

enmascarar,*t* — 42
maskieren, verkleiden,
verschleiern

enmasillar,*t* — 42
verkitten

enmendar,*t* — 52
(ver)bessern, berich-
tigen

enmudecer,*i* — 92
verstummen

ennoblecer,*t* — 92

236

adeln, veredeln

enojar,t — 42
ärgern, kränken

enorgullecer,t — 92
stolz machen

enrabiar,t — 42
wütend machen

enrarecer,t — 92
verknappen

enredar,t,i — 42
verwickeln, -stricken,
Unfug machen

enrielar,t — 42
in Gang bringen (Geschäft)

enriquecer,t — 92
bereichern, reich
machen

enriscar,t — 44
er-, emporheben

enrollar,t — 42
auf-, ein, -zs.rollen

enronquecer,t,i — 92
heiser machen,
heiser werden

enroscar,t — 44
auf-, verschrauben;
zs.rollen

enrubiar,t — 42
blond färben

enrudecer,i — 92
verrohen

ensacar,t — 44
einsacken, in Säcke
füllen

ensalzar,t — 50
lobpreisen, verherrlichen

ensanchar,t — 42
vergrößern, erweitern, ausdehnen,
ausweiten

ensartar,t — 42
einfädeln

ensayar,t — 42
ausprobieren, versuchen

enseñar,t — 42
lehren, unterrichten,
unterweisen

enseñorearse,r — 42

sich bemächtigen

ensillar,t — 42
satteln; plagen, belästigen

ensimismarse,r — 42
nachsinnen

ensoberbecer,t — 92
hochmütig machen

ensombrecer,t — 92
überschatten, verdüstern

ensopar,t — 42
eintauchen, -tunken

ensordecer,t — 92
betäuben

ensortijar,t — 42
kräuseln, locken

ensuciar,t — 42
verschmutzen

entalegar,t — 46
einsacken

entallecer,i — 92
keimen

entapujar,t — 42
(zu)decken, verhüllen

entarascar,t — 44
aufdonnern, herausputzen

entender,t — 100
verstehen

entenebrecer,t — 92
verfinstern

enterar,t — 42
benachrichtigen

enternecer,t — 92
er-, aufweichen

enterrar,t — 52
be-, vergraben

entibiar,t — 42
abkühlen, -schrecken

entiesar,t — 42
spannen, straffen

entonar,t,i — 42
anstimmen (Gesang),
richtig singen

entontar,t — 42
verdummen

entontecer,t — 92
verdummen

entornar,t — 42
halb öffnen; umkippen

entorpecer,t — 92
behindern, hemmen,
stören

entrampar,t — 42
in eine Falle locken;
betören

entrar,t,i — 42
hineinbringen; hineingehen, eintreten

entreabrir,t — 198
halb/ein wenig
öffnen

entrecerrar,t — 52
halb schließen

entrecoger,t — 98
auflesen, packen,
ergreifen

entrecomillar,t — 42
mit Kommas/Anführungszeichen versehen

entrecortar,t — 42
unterbrechen;
(hin)einschneiden (in)

entrecruzar,t — 50
(durch)kreuzen, ineinander schlingen

entrechocar,t,i — 44
anstoßen, aneinander stoßen

entredecir,t — 192
verbieten

entregar,t — 46
~ a. a alg. jm. etw.
aushändigen, überreichen

entrelazar,t — 50
ineinander schlingen,
verflechten

entrelucir,i — 146
durchschimmern

entremeter,t — 88
(hin)einschieben,
hineinstecken; vermengen, -mischen

entremezclar,t — 42
(unter-, ver)mischen

entrenar,t — 42
einüben, trainieren,
schulen

entreoír,t — 182

undeutlich, nur halb hören

entreparecerse,*r*   92
durchscheinen, durchschimmern

entretener,*t*   134
auf-, hinhalten

entrever,*t*   136
undeutlich sehen; mutmaßen; durchschauen

entrevistar,*t*   42
interviewen, ausfragen

entristecer,*t*   92
betrüben, traurig stimmen

entrojar,*t*   42
einfahren, speichern
(Ernte)

entrometer,*t*   88
(hin)einschieben, hineinstecken; vermengen, vermischen

entromparse,*r*   42
sich betrinken

entronizar,*t*   50
inthronisieren

entruchar,*t*   42
beschwindeln

entrujar,*t*   42
einfahren, speichern
(Ernte)

entullecer,*t*   92
lähmen, lahm legen

entumecer,*t*   92
lähmen

entupir,*t*   142
verstopfen

enturbiar,*t*   42
trüben

entusiasmar,*t*   42
begeistern

enumerar,*t*   42
aufzählen

enunciar,*t*   42
äußern, verkünden

envalentonar,*t*   42
ermutigen

envalijar,*t*   42
in Koffer packen

envanecer,*t*   92
stolz machen

envasar,*t*   42
ab-, einfüllen

envejecer,*t,i*   92
alt machen/werden

envenenar,*t*   42
vergiften; anstecken, verführen; verfälschen

enverdecer,*i*   92
ergrünen

enviar,*t*   60
(ver)schicken, versenden

envidar,*t*   42
bieten, ein Gebot machen

envidiar,*t*   42
beneiden

envilecer,*t*   92
erniedrigen, herabwürdigen

enviudar,*i*   42
verwitwen

envolver,*t*   104
einhüllen, -wickeln

enyesar,*t*   42
eingipsen

enzurizar,*t*   50
aufhetzen

equilibrar,*t*   42
ins Gleichgewicht bringen

equipar,*t*   42
ausrüsten, -statten

equiparar,*t*   42
~ a/con vergleichen mit, gleichstellen, gleichsetzen

equivaler,*i*   108
gleichwertig sein

equivocar,*t*   44
verwechseln

ergotizar,*i*   50
alles besser wissen wollen

erguir,*t*   190
aufrichten

erigir,*t*   150
auf-, errichten

erizar,*t*   50

sträuben; ausstatten

erogar,*t*   46
ausgeben, verteilen

erradicar,*t*   44
entwurzeln

errar,*t,i*   64
irren, sich irren; herumirren

eructar,*i*   42
aufstoßen, rülpsen

esbozar,*t*   50
skizzieren

escabullir,*t*   168
entkommen, entwischen

escachar(rar),*t*   42
zerbrechen

escachifollar,*t*   42
ärgern, foppen

escachifullar,*t*   42
ärgern, foppen

escalar,*t*   42
besteigen, erklettern

escaldar,*t*   42
ab-, verbrühen, glühend machen

escalonar,*t*   42
abstufen, aufstellen, einteilen

escalpar,*t*   42
skalpieren

escamonearse,*r*   42
durch Schaden klug werden, stutzig werden

escamotear,*t*   42
verschwinden lassen, wegzaubern

escampar,*t,i*   42
räumen, leer machen; aufhören, nachlassen

escanciar,*t*   42
einschenken, kredenzen

escandalizar,*t*   50
empören

escapar,*i*   42
davon-, entkommen

escarabajear,*t*   42
beunruhigen

escarapelar,*i* 42
zanken

escarbar,*t,i* 42
scharren, aufwühlen;
schüren; (herum)sto-
chern

escard(ill)ar,*t* 42
jäten, auslesen,
säubern

escarmenar,*t* 42
entwirren

escarmentar,*t* 52
bestrafen, abschre-
cken

escarnecer,*t* 92
verspotten

escasear,*t,i* 42
sparen, knausern

escatimar,*t* 42
abzwacken, knapp
abmessen, sparen
mit, schmälern

escayolar,*t* 42
ein-, vergipsen

escenificar,*t* 44
inszenieren

escindir,*t* 142
aufspalten, trennen,
teilen

esclarecer,*t,i* 92
aufhellen, be-, er-
leuchten

esclavizar,*t* 50
versklaven, unterjo-
chen

escobar,*t* 42
(aus)kehren, -fegen

escobillar,*t* 42
abwischen, reinigen;
fegen

escocer,*i* 120
brennen, jucken

escoger,*t* 98
auswählen

escoltar,*t* 42
be-, geleiten, eskor-
tieren

escombrar,*t* 42
(ab-, aus)räumen

esconder,*t* 88
verstecken, verheim-

lichen

escoñar 42
verhunzen, -patzen

escorchar,*t* 42
abhäuten, -schürfen
(Haut)

escoriar,*t* 42
wund reiben, ab-
schürfen

escribir,*t* 198
schreiben

escriturar,*t* 42
schriftlich ausfertigen,
beurkunden

escrutar,*t* 42
peinlich genau un-
tersuchen

escuchar,*t* 42
~ *a alg.* jn. anhören,
jm. zuhören

escudriñar,*t,i* 42
aus-, er-, nachfor-
schen, durchsuchen

esculpir,*t* 142
meißeln; schnitzen

esculturar,*t* 42
meißeln, schnitzen

escupir,*t,i* 142
(aus)spucken

escurrir,*t* 142
(ab)tropfen lassen

esforzar,*t* 74
anstrengen; be-; ver-
stärken

esgrimir,*t* 142
schwingen, herum-
fuchteln

esguazar,*t* 50
durchwaten

eslabonar,*t* 42
verketten, verknüpfen,
verbinden

esmerar,*t* 42
glätten, polieren,
putzen

esmerilar,*t* 42
(ab)schmirgeln, ab-
schleifen

espaciar,*t* 42
ausdehnen, -breiten,
Zwischenräume lassen

esparcir,*t* 144
(ver)streuen

esparrancarse,*r* 44
spreizen (Beine)

espatarrarse,*r* 42
spreizen (Beine)

especializar,*t* 50
einzeln anführen, auf
eine Sache begren-
zen

especificar,*t* 44
spezifizieren

especular,*t,i* 42
nachdenken, nach-
grübeln; ~ *con* spe-
kulieren auf

espejear,*i* 42
glänzen, gleißen,
glitzern

espeluznar,*t* 42
sträuben (Haare), ent-
setzen

esperanzar,*t* 50
Hoffnung machen

esperar,*t* 42
hoffen; (er)warten

espesar,*t* 42
ein-, verdicken; ver-
dichten, -stärken

espetar,*t* 42
aufspießen (Geflügel)

espiar,*t* 60
(aus)spionieren

espichar,*t* 42
aufspießen, verwun-
den

espinar,*t* 42
stechen (Dorn); sticheln

espirar,*t,i* 42
ausatmen; -dünsten

espitar,*t* 42
anzapfen (Fass)

esplender,*i* 88
glänzen, erstrahlen

espolear,*t,i* 42
die Sporen geben;
anspornen, -treiben

espolvorear,*t* 42
in Staub/Pulver ver-
wandeln, bestäuben,
einpudern

espolvorizar,*t*	50	
bestäuben		
espontanearse,*r*	42	
sein Inneres enthüllen,		
sich öffnen		
espumajear,*i*	42	
schäumen (vor Wut)		
espurrear,*t*	42	
anfeuchten, besprengen		
espurriar,*t*	60	
anfeuchten, besprengen		
esputar,*t,i*	42	
ausspucken, -husten		
esquiar,*i*	60	
Ski fahren		
esquilmar,*t,i*	42	
ernten, einsammeln; aussaugen, -laugen		
esquivar,*t*	42	
(ver)meiden, ausweichen		
estabilizar,*t*	50	
stabilisieren, festmachen		
establecer,*t*	92	
bestimmen, festsetzen; aufstellen, errichten		
estacar,*t*	44	
abgrenzen, einzäunen		
estacionar,*t*	42	
ab-, aufstellen, stationieren		
estafar,*t,i*	42	
betrügen, ~ a. a alg. jm. etw. abgaunern; veruntreuen		
estallar,*i*	42	
zerplatzen, bersten		
estampar,*t*	42	
(be)drucken; prägen, pressen, stanzen		
estampillar,*t*	42	
abstempeln		
estancar,*t*	44	
stauen, hemmen		
estandar(d)izar,*t*	50	
normen, standardi-		

sieren
▶estar,*i* 36
sein
estatizar,*t* 50
verstaatlichen
estatuir,*t* 184
verordnen
estenografiar,*t* 60
stenografieren
estercolar,*t,i* 42
düngen; (aus)misten
esterilizar,*t* 50
sterilisieren
estigmatizar,*t* 50
brandmarken, stigmatisieren
estimar,*t* 42
hoch achten, würdigen; (ab)schätzen, veranschlagen
estimular,*t* 42
anspornen, -treiben; anregen, stimulieren
estipular,*t* 42
bestimmen, festsetzen
estirar,*t* 42
ausziehen, strecken, dehnen
estirazar,*t* 50
ausziehen, strecken, dehnen
estofar,*t* 42
dämpfen, dünsten, schmoren
estomagar,*t* 46
verderben (Magen); auf die Nerven gehen
estorbar,*t,i* 42
beunruhigen, stören, ab-, aufhalten; hinderlich sein
estornudar,*i* 42
niesen
estragar,*t* 46
verwüsten, -heeren
estrangular,*t* 42
erdrosseln, -würgen
estraperlear,*i* 42
Schwarzhandel treiben

estratificar,*t* 44
schichten
estrechar,*t* 42
einengen
estregar,*t* 66
(ab)reiben
estremecer,*t* 92
erschüttern
estrenar,*t* 42
einweihen
estribar,*i* 42
~ en beruhen, sich stützen auf
estropajear,*t* 42
abreiben, scheuern
estropear,*t* 42
beschädigen
estructurar,*t* 42
gestalten, strukturieren
estrujar,*t* 42
aus-, zs.drücken, zs.-pressen, zerknittern; zermalmen
estudiar,*t* 42
studieren, lernen
estuprar,*t* 42
schänden, entehren
eternizar,*t* 50
verewigen; in die Länge ziehen
etiquetar,*t* 42
etikettieren
evacuar,*t* 42, 62
(aus)leeren, räumen, evakuieren
evadir,*t,i* 142
vermeiden; entrinnen; ausweichen, umgehen
evaluar,*t* 62
(ab)schätzen, bewerten
evaporar,*t* 42
verfliegen, -rauchen, verdunsten lassen
evaporizar,*t* 50
verfliegen, -rauchen, verdunsten lassen
evidenciar,*t* 42
einleuchtend bewei-

sen, an den Tag legen

evitar, *t* 42
(ver)meiden; verhindern

evocar, *t* 44
hervorrufen; zu Hilfe rufen

evolucionar, *i* 42
sich weiterentwickeln, sich allmählich ändern

exacerbar, *t* 42
verschlimmern

exagerar, *t* 42
übertreiben

exaltar, *t* 42
erheben, lobpreisen; begeistern, aufreizen

examinar, *t* 42
prüfen, untersuchen

exasperar, *t* 42
zur Verzweiflung bringen

excarcelar, *t* 42
aus der Haft entlassen

excavar, *t* 42
ausgraben, ·höhlon, aufgraben, -wühlen

exceder, *t* 88
übersteigen, überschreiten

exceptuar, *t* 62
ausschließen

excitar, *t,i* 42
an-, auf-, erregen

exclamar, *t* 42
(aus)rufen, -schreien

excluir, *t* 200
ausschließen

excogitar, *t* 42
ausdenken

excomulgar, *t* 46
exkommunizieren

exculpar, *t* 42
von Schuld befreien, rechtfertigen

excusar, *t* 42
entschuldigen, rechtfertigen

execrar, *t* 42
verfluchen, verabscheuen

exentar, *t* 42
ausnehmen, befreien

exfoliar, *t* 42
abblättern

exhalar, *t* 42
ausatmen, -hauchen, ausströmen

exheredar, *t* 42
enterben

exhibir, *t* 142
vorzeigen, -bringen, ausstellen, zur Schau stellen

exhortar, *t* 42
ermahnen; aufmuntern

exhumar, *t* 42
ausgraben, exhumieren

exigir, *t* 150
fordern

exiliar, *t* 42
verbannen

eximir, *t* 142
ausnehmen, befreien

existir, *t* 142
existieren

exonerar, *t* 42
entlasten, -ledigen, befreien

exorar, *t* 42
beharrlich bitten

exorcizar, *t* 50
den bösen Geist beschwören/austreiben

exornar, *t* 42
ausschmücken, verschönern

expandir, *t* 142
ausdehnen, verbreiten

expatriar, *t* 42
verbannen

expedir, *t* 160
(ver)senden

expeler, *t* 199
verjagen, -treiben,

ausstoßen, -werfen

expender, *t* 88
ausgeben, verausgaben

experimentar, *t* 42
erfahren, -leben, empfinden

expiar, *t* 60
büßen

expirar, *i* 42
den Geist aufgeben, ablaufen, erlöschen

explanar, *t* 42
erklären; (ein)ebnen

explayar, *t* 42
ausdehnen, -breiten

explicar, *t* 44
erklären

explorar, *t* 42
erforschen

explosionar, *i* 42
explodieren

explotar, *t* 42
anbauen, bewirtschaften, -treiben; ausbeuten

expoliar, *t* 42
berauben, ausplündern

exponer, *t* 128
ausstellen

exportar, *t* 42
exportieren

expresar, *t* 199
ausdrücken, äußern

exprimir, *t* 142
auspressen, ausquetschen

expropiar, *t* 42
enteignen

expugnar, *t* 42
erstürmen, -obern

expulsar, *t* 42
~ *de* vertreiben, verbannen, ausstoßen aus

expurgar, *t* 46
reinigen, säubern; zensieren

extasiar, *t* 60

241

ent-, verzücken, hin-
reißen

extender,*t* 199
ausbreiten, -dehnen,
ausstrecken

extenuar,*t* 62
entkräften

exterminar,*t* 42
verjagen, -nichten,
ausrotten

extinguir,*t* 200
auslöschen; tilgen

extirpar,*t* 42
ausrotten, entfernen;
exstirpieren

extorsionar,*t* 42
erpressen; stören

extractar,*t* 42
einen Auszug bringen
aus

extraer,*t* 116
herausziehen, he-
rausnehmen

extralimitarse,*r* 42
die Grenzen des Er-
laubten überschrei-
ten

extranjerizar,*t* 50
fremde Sitten einfüh-
ren, überfremden

extraviar,*t* 60
irreführen

exudar,*t* 42
ausschwitzen

exultar,*i* 42
frohlocken, jauchzen

F

fabricar,*t* 44
herstellen

fachendear,*i* 42
prahlen, protzen

facilitar,*t* 42
erleichtern; ermögli-
chen; besorgen, ver-
schaffen

facturar,*t* 42
eine Rechnung aus-
stellen

facultar,*t* 42
~ *a alg. para a.* jn.

zu etw. ermächtigen

fajar,*t* 42
binden, (um)wickeln

falsear,*t* 42
verfälschen

falsificar,*t* 44
fälschen

faltar,*i* 42
fehlen, mangeln,
knapp sein

fallar,*t,i* 42
fällen (Urteil); misslin-
gen; abbrechen,
reißen

fallecer,*i* 92
sterben; aufhören

familiarizar,*t* 50
vertraut machen

fanatizar,*t* 50
fanatisieren, aufput-
schen

fandanguear,*i* 42
geräuschvoll/lustig
sein

fanfarr(on)ear,*i* 42
prahlen

fantasear,*i* 42
fantasieren

farandulear,*i* 42
angeben, wichtig tun

farfullar,*t,i* 42
(her)stammeln, stot-
tern

farolear,*i* 42
angeben, wichtig tun

fascinar,*t* 42
fesseln, bannen

fastidiar,*t* 42
anekeln; ärgern

fatigar,*t* 46
ermüden

favorecer,*t* 92
begünstigen, fördern

fecundar,*t* 42
befruchten, fruchtbar
machen

fecundizar,*t* 50
fruchtbar machen

fechar,*t* 42
datieren

federar,*t* 42

verbünden

felicitar,*t* 42
~ *por* beglückwün-
schen zu

fenecer,*t* 92
beendigen, vollenden

fertilizar,*t* 50
düngen

fiar,*t,i* 60
(ver)bürgen; ~ *en a./
alg.* auf jn. vertrauen,
jm./etw. trauen

fichar,*t* 42
polizeilich identifizie-
ren, registrieren; ~ *a
alg.* jn. beschatten

fiestear,*t* 42
feiern

figurar,*t* 42
gestalten

fijar,*t* 42
befestigen

filar,*t* 42
~ *a alg.* jn. beobach-
ten, -schatten

filetear,*t* 42
einsäumen

filiar,*t* 42
~ *a alg.* js. Persona-
lien aufnehmen

filmar,*t* 42
(ver)filmen

filosofar,*i* 42
philosophieren, nach-
denken

filtrar,*t* 42
durchseihen, passieren,
filtern

finalizar,*t* 50
beenden

financiar,*t* 42
finanzieren

finar,*i* 42
(be)enden, ausge-
hen, ablaufen (Frist);
sterben

fingir,*t* 150
vortäuschen

firmar,*t* 42
unterschreiben, un-
terzeichnen

fisgonear,*t* 42
verspotten; herum-
schnüffeln
flagelar,*t* 42
geißeln, peitschen
flamear,*t,i* 42
flambieren; Flammen
sprühen; blitzen, fun-
keln
flaquear,*i* 42
schwach/schwächer
werden, nachlassen
fletar,*t* 42
befrachten, mieten,
chartern
flexionar,*t* 42
biegen; flektieren, ab-
wandeln
flirtear,*i* 42
flirten
flojear,*i* 42
schwach/schwächer
werden, nachlassen
florar,*i* 42
blühen
florear,*t* 42
mit Blumen schmü-
cken
florecer,*i* 92
blühen, gedeihen
flotar,*i* 42
schweben, treiben,
flattern, wehen
fluctuar,*i* 62
schwanken, wackeln
fluir,*i* 184
fließen, strömen
fomentar,*t* 42
erwärmen; begünsti-
gen; aufregen, schü-
ren
forcej(e)ar,*i* 42
sich sehr bemühen,
alle Kräfte aufwenden
forjar,*t* 42
schmieden, hämmern
formalizar,*t* 50
ausfertigen, in die
endgültige Form brin-
gen
formar,*t* 42

bilden
formular,*t* 42
formulieren, abfassen
forrajear,*t* 42
mähen
fortalecer,*t* 92
stärken
fortificar,*t* 44
kräftigen, (be-, ver)-
stärken
►forzar,*t* 74
~ *alg. a + inf.* jn.
zwingen zu
fosilizarse,*r* 50
versteinern; erstarren
fotocopiar,*t* 42
fotokopieren
fotografiar,*t* 60
fotografieren
fracasar,*i* 42
scheitern, misslingen
fraccionar,*t* 42
in Brüche zerlegen;
zerstückeln, auftei-
len
fracturar,*t* 42
(auf-, zer)brechen
fragmentar,*t* 42
zerstückeln
►fraguar,*t* 48
schmieden
frangollar,*t* 42
zermalmen; verpfu-
schen
franquear,*t* 42
freimachen, frankie-
ren
fraternizar,*t* 50
sich verbrüdern; sym-
pathisieren, mitem-
pfinden
frecuentar,*t* 42
öfters wd.holen;
häufig besuchen,
frequentieren
fregar,*t* 66
abwaschen, -spülen,
scheuern
freír,*t* 200
braten, backen,
frittieren

frenar,*t,i* 42
(ab)bremsen; hem-
men
friccionar,*t* 42
(ab-, ein)reiben, frot-
tieren
frigorizar,*t* 50
einfrieren, gefrieren
lassen
fritar,*t* 42
frittieren, in der Pfanne
backen
frotar,*t* 42
(ab-, ein)reiben, frot-
tieren
fructificar,*i* 44
Früchte tragen; fruch-
ten, gedeihen
fruncir,*t* 144
runzeln
frustrar,*t* 42
zunichte machen
fugarse,*r* 46
(ent)fliehen, flüchten
fulgurar,*i* 42
(er)strahlen, blitzen,
aufleuchten
fulminar,*t,i* 42
durch Blitzschlag tö-
ten; verhängen (Urteil);
toben
fumar,*t,i* 42
rauchen, qualmen,
dampfen
fumigar,*t* 46
räuchern
funcionar,*i* 42
funktionieren
fundamentar,*t* 42
Grundlage geben,
stützen
fundar,*t* 42
gründen, errichten,
erbauen
fundir,*t* 142
(ver)schmelzen
fusilar,*t* 42
standrechtlich er-
schießen
fusionar,*t* 42
vereinigen, fusionieren

fustigar,*t* 46
auspeitschen; tadeln,
rügen

G

galantear,*t* 42
den Hof machen,
schmeicheln

galardonar,*t* 42
(be)lohnen, verleihen
(Preis)

galop(e)ar,*i* 42
galoppieren, im Ga-
lopp reiten

gallardear,*i* 42
Mut zeigen; angeben,
prahlen

gallofear,*i* 42
herumstrolchen; bet-
teln

gandulear,*i* 42
bummeln, faulenzen

ganguear,*i* 42
näseln

gansear,*i* 42
Albernheiten sagen

gañir,*i* 168
heulen, winseln

garabatear,*i* 42
kritzeln, unleserlich
schreiben

garantizar,*t* 50
garantieren, gewähr-
leisten

gargajear,*i* 42
ausspucken, sich
räuspern

gargarizar,*i* 50
gurgeln

garlar,*i* 42
plaudern, schwätzen

garrafiñar,*t* 42
wegraffen, entreißen

garrapatear,*t* 42
kritzeln, hinschmieren

garuar,*im* 62
nieseln

gasear,*t* 42
vergasen

gasificar,*t* 44
vergasen

gastar,*t,i* 42
ausgeben; ver-
schwenden; abnut-
zen, verschleißen

gatear,*t* 42
zerkratzen; stehlen;
klettern

gazmiar,*t* 42
naschen

gemir,*i* 160
seufzen, stöhnen

generalizar,*t* 50
verallgemeinern

generar,*t* 42
erzeugen, generieren

germinar,*i* 42
keimen, sprießen

gestear,*i* 42
gestikulieren

gesticular,*i* 42
gestikulieren

gestionar,*t* 42
betreiben, fördern

gibar,*t* 42
krümmen; belästigen,
plagen

gimotear,*i* 42
winseln, wimmern

girar,*t,i* 42
drehen, kreisen, ro-
tieren

gitanear,*i* 42
schmeicheln; feil-
schen

gloriar,*t* 60
preisen, rühmen

glorificar,*t* 44
verherrlichen

glotonear,*i* 42
gierig essen, schlin-
gen

gobernar,*t* 52
regieren

golear,*i* 42
ein Tor schießen

golfear,*i* 42
ein liederliches Leben
führen, herumstrolchen

golosear,*t* 42
naschen

golosin(e)ar,*t* 42

naschen

golpear,*t* 42
schlagen, klopfen

golpetear,*t,i* 42
wd.holt stoßen, häm-
mern

gorgor(it)ear,*i* 42
trällern

gorjear,*i* 42
trillern, zwitschern;
lallen (Kind); plätschern;
flüstern

gorr(on)ear,*i* 42
schmarotzen,
schnorren

gotear,*i* 42
tropfen, tröpfeln; in
kleinen Gaben geben

gozar,*t* 50
genießen

grabar,*t* 42
eingraben; gravieren

gracejar,*i* 42
witzeln; sich gewandt
ausdrücken

grad(e)ar,*t* 42
eggen

graduar,*t* 62
abstufen

granizar,*im* 50
hageln

gratificar,*t* 44
belohnen, vergüten

gratular,*t* 42
beglückwünschen,
gratulieren

gravar,*t* 42
bedrücken, -schweren,
belasten

grillarse,*r* 42
keimen (Kartoffeln)

gritar,*t* 42
an-, aus-, zurufen, an-
schreien

gruñir,*i* 168
grunzen

guachapear,*t,i* 42
plätschern; pfuschen;
klappern

guadañ(e)ar,*t* 42
mähen

guapear,*i* 42
keck auftreten, protzen

guardar,*t* 42
bewachen; ~ *a alg.
de a.* jn. vor etw. be-
wahren

guarecer,*t* 92
aufbewahren; ~ *de*
(be)schützen vor

guarnecer,*t* 92
(aus)schmücken, aus-
staffieren, garnieren

guarnir,*t* 201
(aus)schmücken, aus-
staffieren, garnieren

guasearse,*r* 42
spötteln, sich lustig
machen

guasquear,*t* 42
peitschen

guerrear,*i* 42
Krieg führen

guiar,*t* 60
führen, leiten

guillotinar,*t* 42
mit der Guillotine
hinrichten

guindar,*t* 42
hissen; wegschnap-
pen

guiñar,*t* 42
(zu)winken; (an)schie-
len

gulusmear,*t* 42
naschen

gustar,*t* 42
gefallen; schmecken

H

►haber,*t* 32
haben

habilitar,*t* 42
befähigen, ermächti-
gen, berechtigen

habitar,*t* 42
(be)wohnen

habituar,*t* 62
~ *a* gewöhnen an

hablar,*t* 42
sprechen

►hacer,*t* 124
machen

hach(e)ar,*t* 42
(ab-, zer)hacken

hadar,*t* 42
verzaubern

halagar,*t* 46
schmeicheln

hallar,*t* 42
auffinden, ausfindig
machen

hamaquear,*t* 42
wiegen, verwöhnen;
vertrösten

hambrear,*i* 42
hungern (lassen),
bettelarm sein

haraganear,*i* 42
faulenzen, herumlun-
gern

hartar,*t,i* 199
(über)sättigen, über-
häufen; anekeln

hastiar,*t* 60
langweilen, anekeln

hechizar,*t* 50
verzaubern, -hexen

heder,*i* 100
stinken

helar,*t* 52
einfrieren, gefrieren
lassen

henchir,*t* 160
einfüllen, stopfen

hender,*t* 100
spalten, teilen, ent-
zweien

hendir,*t* 156
spalten, teilen, ent-
zweien

henificar,*t* 44
heuen, Heu machen

heñir,*t* 166
kneten (Teig)

herbaj(e)ar,*t,i* 42
auf die Weide treiben,
grasen

heredar,*t* 42
erben

herir,*t* 158
verletzen

hermanar,*t* 42
verbrüdern, zs.tun, ver-
einen

hermosear,*t* 42
ausschmücken, ver-
schönen

hervir,*t,i* 158
sieden, brodeln

hesitar,*i* 42
zögern

hibernar,*t,i* 42
in Heilschlaf versetzen;
Winterschlaf halten

hilar,*t* 42
(ver)spinnen

hincar,*t* 44
hineinstecken, ein-
schlagen

hinchar,*t* 42
aufblasen, -pumpen;
aufblähen, -gehen

hipar,*i* 42
Schluckauf haben;
japsen; winseln

hipnotizar,*t* 50
hypnotisieren

hipotecar,*t* 44
belasten (mit einer Hypothek)

historiar,*t* 42, 60
erzählen, darstellen

hocicar,*t,i* 44
wühlen (Sau); abküs-
sen; auf die Nase
fallen

hociquear,*t* 42
(be)schnüffeln; ab-
küssen

hojear,*t* 42
durchblättern

holgar,*i* 72
ausruhen

holgazanear,*i* 42
faulenzen

hollar,*t* 54
be-, auf-, zertreten

homologar,*t* 46
gerichtlich/amtlich
bestätigen/genehmi-
gen

hon(o)rar,*t* 42
ehren, achten, schät-

zen

horadar,*t* 42
duchlöchern, -bohren,
lochen

horripilar,*t* 42
~ a alg. jn. schaudern
machen, mit Entsetzen
erfüllen

horrorizar,*t* 50
mit Schrecken erfüllen

hospedar,*t* 42
beherbergen

hospitalizar,*t* 50
ins Krankenhaus ein-
weisen/einliefern

hostigar,*t* 46
strafen, züchtigen;
necken; quälen, be-
lästigen

hostilizar,*t* 50
anfeinden

hozar,*t,i* 50
(auf)wühlen (Erde),
sich suhlen

►huir,*t* 184
fliehen; vermeiden

humanizar,*t* 50
menschlich(er) ma-
chen

humear,*i* 42
qualmen, rauchen,
glimmen

humectar,*t* 42
an-, befeuchten

humedecer,*t* 92
an-, befeuchten

humillar,*t* 42
demütigen

hundir,*t* 142
versenken, eindrü-
cken

hurgar,*t* 46
schüren, stochern,
wühlen

hurgonear,*t* 42
schüren (Feuer)

huronear,*i* 42
herumstöbern, he-
rumschnüffeln

hurtar,*t* 42
stehlen; betrügen

husmear,*t* 42
herum-, beschnüffeln,
aufspüren

I

idealizar,*t* 50
idealisieren

idear,*t* 42
fassen, begreifen

identificar,*t* 44
identifizieren

idiotizar,*t* 50
verdummen

idolatrar,*t* 42
abgöttisch lieben,
vergöttern

ignorar,*t* 42
nicht wissen

igualar,*t,i* 42
gleich machen,
ausgleichen, ebnen

ijadear,*i* 42
keuchen, schnauben

ilegitimar,*t* 42
gesetz-, rechtswidrig
machen

iluminar,*t* 42
aus-, er-, beleuchten

ilusionar,*t* 42
blenden, täuschen

ilustrar,*t* 42
be-, erleuchten; ver-
anschaulichen, illus-
trieren

imaginar,*t* 42
aus-, erdenken, sich
vorstellen, sich den-
ken

imbuir,*t* 184
einflößen, -prägen

imitar,*t* 42
nachahmen, nach-
machen, imitieren; ~
a alg. sich jn. zum
Vorbild nehmen, sich
nach jm. richten

impartir,*t* 142
mitteilen, gewähren

impedir,*t* 160
verhindern, hem-
men

impeler,*t* 88
wegstoßen, weg-
schieben; antreiben

imperar,*i* 42
herrschen

impetrar,*t* 42
erlangen, -reichen;
erbitten

implantar,*t* 42
einpflanzen, implan-
tieren

implicar,*t* 44
~ a alg. en jn. ver-
wickeln in; mit ein-
schließen

implorar,*t,i* 42
anflehen, inständig
bitten

imponer,*t* 128
~ a. a alg. jm. etw.
auferlegen, ~ a alg.
jm. imponieren

importar,*t,i* 42
importieren; mit sich
bringen; wichtig sein

importunar,*t* 42
belästigen

imposibilitar,*t* 42
unmöglich machen,
vereiteln

imprecar,*t* 44
verfluchen, ver-
wünschen

impresionar,*t* 42
einprägen; beein-
drucken

imprimir,*t* 200
drucken

improbar,*t* 54
tadeln, missbilligen

improvisar,*t,i* 42
improvisieren

impugnar,*t* 42
anfechten, abstreiten,
bestreiten

impulsar,*t* 42
wegstoßen, -schie-
ben; antreiben

impurificar,*t* 44
verunreinigen, ver-
schmutzen

imputar, *t* — 42
anschuldigen; aufbürden, zurechnen; belasten (Konto)

inaugurar, *t* — 42
einweihen, feierlich eröffnen

incapacitar, *t* — 42
unfähig machen, entmündigen

incautarse, *r* — 42
~ de etw. beschlagnahmen, sich etw. bemächtigen

incendiar, *t* — 42
anzünden

incinerar, *t* — 42
einäschern

incitar, *t* — 42
antreiben; aufhetzen

inclinar, *t* — 42
neigen, beugen, schräg stellen

incluir, *t* — 200
einschließen; beifügen, beilegen

incomodar, *t* — 42
belästigen, lästig sein

incomunicar, *t* — 44
absperren, -schließen

incordiar, *t* — 42
ärgern, belästigen

incorporar, *t* — 42
einverleiben, -fügen, eingliedern

incrasar, *t* — 42
(ein)fetten, einschmieren

incrementar, *t* — 42
wachsen lassen, vermehren, -stärken, erhöhen

increpar, *t* — 42
zurechtweisen, ausschelten

incriminar, *t* — 42
~ a alg. de a. jn. einer Sache beschuldigen

incubar, *t* — 42
(aus)brüten

inferir, *t* — 158
~ de/por folgern aus

infestar, *t* — 42
anstecken

inficionar, *t* — 42
anstecken

infiltrar, *t* — 42
beibringen, einflößen

infirmar, *t* — 42
außer Kraft setzen

inflamar, *t* — 42
an-, entzünden

inflar, *t* — 42
aufblasen, -bauschen; anschwellen

infligir, *t* — 150
verhängen (Strafe)

influenciar, *t* — 42
beeinflussen

influir, *t* — 184
beeinflussen

informar, *t* — 42
informieren

infringir, *t* — 150
übertreten (Gesetz)

infundir, *t* — 142
einflößen

ingeniar, *t* — 42
ersinnen, finden

ingerir, *t* — 158
(hinunter)schlucken

ingresar, *t, i* — 42
eintreten (Amt, Heer); eingeliefert werden (Hospital)

ingurgitar, *t* — 42
hinunter-, verschlingen, -schlucken

inhabilitar, *t* — 42
unfähig machen

inhalar, *t* — 42
einatmen, inhalieren

inhumar, *t* — 42
beerdigen, -graben

iniciar, *t* — 42
anfangen, beginnen, einweihen, -führen

injuriar, *t* — 42
beleidigen; beschimpfen

inmergir, *t* — 150

ein-, untertauchen, versenken

inmigrar, *i* — 42
einwandern

inmiscuir, *t* — 184
mischen

inmolar, *t* — 42
opfern, abschlachten

inmovilizar, *t* — 50
unbeweglich machen

inmunizar, *t* — 50
immun machen

inmutar, *t* — 42
um-, verändern

innovar, *t* — 42
modernisieren

inocular, *t* — 42
(ein)impfen

inquietar, *t* — 42
beunruhigen; necken, quälen

inquirir, *t* — 170
nachforschen

inscribir, *t* — 198
einschreiben

insensibilizar, *t* — 50
unempfindlich machen

inserir, *t* — 158
einfügen, -setzen

insertar, *t* — 199
einfügen, -setzen

insidiar, *t* — 42
überlisten; nachstellen, nach dem Leben trachten

insinuar, *t* — 62
andeuten

insistir, *i* — 142
~ en bestehen, beharren auf

insolar, *t* — 42
sonnen

insolentarse, *r* — 42
frech/unverschämt werden

inspeccionar, *t* — 42
be(auf)sichtigen, überprüfen, inspizieren

inspirar, *t* — 42
einatmen; -flößen; in-

247

spirieren

instalar, *t* — 42
einweisen, -führen, aufstellen, installieren

instar, *t, i* — 42
nachdrücklich bitten, ~ *a alg.* in jn. dringen

instaurar, *t* — 42
gründen, errichten, einsetzen

instigar, *t* — 46
anstiften, aufhetzen

instilar, *t* — 42
eintröpfeln, -träufeln, einflößen

instituir, *t* — 184
errichten, gründen

instruir, *t* — 184
einweisen, unterrichten

insuflar, *t* — 42
(ein)blasen

insultar, *t* — 42
beleidigen, beschimpfen

integrar, *t* — 42
einfügen, integrieren

intensar, *t* — 42
intensiver/wirksamer machen

intensificar, *t* — 44
verstärken, intensivieren

intentar, *t* — 42
beabsichtigen, vorhaben

intercalar, *t* — 42
einschalten, einschieben

interceder, *i* — 88
dazwischentreten, einschreiten, ~ *para alg., cerca de alg.* sich für jn. verwenden

interceptar, *t* — 42
hemmen, unterbrechen

interdecir, *t* — 192
untersagen, verbieten

interesar, *t, i* — 42

~ *con/en* interessieren für, ~ *a alg.* für jn. interessiert sein

interferir, *t, i* — 158
überschneiden, überlagern; sich einmischen

interiorizar, *t* — 50
verinnerlichen

intermitir, *t* — 142
aussetzen; unterbrechen

interponer, *t* — 128
dazwischenstellen, dazwischenlegen

interpretar, *t* — 42
auslegen, deuten; dolmetschen

interrogar, *t* — 46
~ *a alg.* jn. befragen, verhören

interrumpir, *t* — 142
unterbrechen

intervenir, *t, i* — 196
nachprüfen; eingreifen; dazwischenkommen

intimar, *t* — 42
ankündigen, -sagen; einschärfen

intimidar, *t* — 42
einschüchtern

intitular, *t* — 42
benennen, -titeln

intoxicar, *t* — 44
vergiften

intranquilizar, *t* — 50
beunruhigen, aufregen

intrigar, *t, i* — 46
neugierig machen; intrigieren

intrincar, *t* — 44
verwirren, -wickeln

introducir, *t* — 148
einführen

intuir, *t* — 184
erkennen, -fassen

inundar, *t* — 42
überschwemmen, überfluten

inutilizar, *t* — 50
unbrauchbar/wertlos machen

invadir, *t* — 142
einfallen

invalidar, *t* — 42
entkräften, ungültig machen, für ungültig erklären

inventar, *t* — 42
erfinden

inventariar, *t* — 60
Inventur machen

invernar, *i* — 52
überwintern; Winterschlaf halten

invertir, *t* — 158
umdrehen, -kehren, umstellen; investieren

investigar, *t* — 46
untersuchen, prüfen

investir, *t* — 160
ausstatten, verleihen

invitar, *t* — 42
einladen

invocar, *t* — 44
anflehen; sich berufen auf

inyectar, *t* — 42
einspritzen, injizieren

ir, *i* — 194
gehen

irisar, *t, i* — 42
schillern lassen, schillern

ironizar, *t* — 50
ironisieren, bespötteln

irradiar, *t, i* — 42
bestrahlen, (aus)strahlen

irrigar, *t* — 46
spülen; bewässern

irritar, *t* — 42
ärgern, reizen

irrogar, *t* — 46
zufügen, antun

irrumpir, *i* — 142
einbrechen, eindringen in

iterar, *t* — 42
wd.holen

izar, *t*   50
   hissen

J

jabonar, *t*   42
   ab-, einseifen
jactarse, *r*   42
   sich brüsten
jadear, *i*   42
   keuchen, schnauben
jalar, *t, i*   42
   (an sich heran)ziehen
jalbegar, *t*   46
   weißen, tünchen
jalonar, *t*   42
   abstecken, markieren
jaquear, *t*   42
   in Schach halten
jaranear, *i*   42
   lärmen, poltern
jarrear, *im*   42
   in Strömen regnen
jarretar, *t*   42
   die Kraft nehmen, ent-
   mutigen
je(re)miquear, *i*   42
   jammern, winseln,
   wimmern
jeringar, *t*   46
   eine Spritze geben;
   quälen
jeringuear, *t*   42
   belästigen, quälen
jinglar, *i*   42
   schaukeln; schnüffeln
jip(i)ar, *i*   42
   seufzen, schluchzen
jonjabar, *t*   42
   prellen, plagen
jorobar, *t*   42
   belästigen
jubilar, *t, i*   42
   pensionieren; jubeln
juerguearse, *r*   42
   sich lustig machen
►jugar, *t, i*   78
   spielen
juguetear, *i*   42
   schäkern
julepear, *t*   42
   durchprügeln; tadeln;

ärgern
jumarse, *r*   42
   sich betrinken
juntar, *t*   42
   vereinigen, -binden,
   zs.fügen
juramentar, *t*   42
   vereidigen
jurar, *t*   42
   (be)schwören
jurunguear, *t*   42
   belästigen
justificar, *t*   44
   rechtfertigen
justipreciar, *t*   42
   (ab-, ein)schätzen
juzgar, *t*   46
   richten, (be)urteilen

L

laborar, *i*   42
   emsig arbeiten
lacerar, *t*   42
   verletzen, quetschen
lacrar, *t*   42
   anstecken; schädigen
lactar, *t*   42
   stillen, säugen
ladear, *t*   42
   schief stellen; (ab)-
   schrägen
ladrar, *t*   42
   (an)bellen; lästern,
   schmähen
lagrimear, *i*   42
   tränen
lamentar, *t*   42
   bedauern, -klagen,
   bejammern
lamer, *t*   88
   (ab)lecken, leicht
   berühren
lamiscar, *t*   44
   (ab)lecken, schlecken
lancinar, *t*   42
   stechen, zerreißen
languidecer, *i*   92
   (dahin)siechen, ver-
   kümmern
lanzar, *t*   50
   werfen

lapidar, *t*   42
   steinigen
lapidificar, *t*   44
   versteinern
laquear, *t*   42
   lackieren
lard(e)ar, *t*   42
   spicken (Braten)
largar, *t*   46
   loslassen, -machen
lastimar, *t*   42
   verletzen; schaden;
   beleidigen
lastrar, *t*   42
   belasten, -schweren
lavar, *t*   42
   waschen
laxar, *t*   42
   lockern
lazar, *t*   50
   festbinden
►leer, *t*   110
   lesen
legalizar, *t*   50
   legalisieren; beglau-
   bigen
legar, *t*   46
   vererben; abordnen,
   entsenden, delegie-
   ren
legislar, *t*   42
   Gesetze erlassen
legitimar, *t*   42
   für gesetzmäßig er-
   klären; rechtfertigen;
   beglaubigen
lenificar, *t*   44
   lindern, mildern
lesionar, *t*   42
   verletzen; schädigen
letificar, *t*   44
   erheitern, -freuen
levantar, *t*   42
   (an)heben
levar, *i*   42
   Anker lichten; verduf-
   ten
liar, *t*   60
   (an-, fest-, zs.)binden
libar, *t*   42
   nippen, kosten

lib(e)rar,*t*   42
  befreien; entlassen;
  ablösen, entlasten
liberalizar,*t*   50
  liberalisieren
libertar,*t*   42
  befreien
licenciar,*t*   42
  erlauben; beurlauben,
  entlassen; Lizenz er-
  teilen
licuar,*t*   62
  verflüssigen
lidiar,*t*   42
  kämpfen
ligar,*t*   46
  verbinden
lijar,*t*   42
  schmirgeln, schleifen
limar,*t*   42
  (aus)feilen; aufreiben
limitar,*t*   42
  begrenzen, be-, ein-
  schränken
limosnear,*i*   42
  betteln
limpiar,*t*   42
  säubern, reinigen
lincear,*t*   42
  erspähen
linchar,*t*   42
  lynchen
lindar,*i*   42
  ~ *con* (an)grenzen an
linear,*t*   42
  linieren
liquidar,*t*   42
  flüssig machen; ab-
  zahlen; auflösen; tö-
  ten
lisiar,*t*   42
  verletzen; -stümmeln
lisonjear,*t*   42
  schmeicheln, ergöt-
  zen
listar,*t*   42
  einschreiben
litigar,*t,i*   46
  ab-, bestreiten; pro-
  zessieren
loar,*t*   42

loben, rühmen
lobreguecer,*im*   92
  finster werden
localizar,*t*   50
  lokalisieren
lograr,*t*   42
  erreichen, -zielen
loquear,*i*   42
  albern, schäkern
lozanear,*i*   42
  üppig wachsen,
  wuchern
lubri(fi)car,*t*   44
  schmieren, ölen
►lucir,*t*   146
  beleuchten
lucrar,*t*   42
  erreichen, -zielen
luchar,*i*   42
  kämpfen, streiten
ludir,*t,i*   142
  aneinander reiben
lustrar,*t*   42
  polieren, wichsen
luxar,*t*   42
  ausrenken

LL

llagar,*t*   46
  verletzen, -wunden
llamar,*t*   42
  an-, auf-, herbeirufen;
  heißen
llegar,*t,i*   46
  nähern; verbinden;
  ankommen
llenar,*t*   42
  ab-, an-, ausfüllen,
  sättigen, (voll) stopfen,
  erfüllen
llevar,*t*   42
  tragen, (mit)bringen
llorar,*t,i*   42
  (de, por) weinen (um)
lloriquear,*i*   42
  wimmern, winseln,
  flennen
llover,*im*   102
  regnen
lloviznar,*im*   42
  nieseln

M

macear,*t*   42
  hämmern, klopfen
macizar,*t*   50
  ausfüllen, -stopfen
macular,*t*   42
  beflecken, -schmutzen
machacar,*t*   44
  zermalmen
machucar,*t*   44
  zerstampfen, -stoßen
madrugar,*i*   46
  früh aufstehen
madurar,*t,i*   42
  zur Reife bringen; reif
  werden
maestrear,*t,i*   42
  bevormunden; Meis-
  ter sein
magnetizar,*t*   50
  magnetisieren
magnificar,*t*   44
  verherrlichen
magullar,*t*   42
  (zer)quetschen,
  zerdrücken
majar,*t*   42
  zerstoßen, hämmern;
  belästigen
malbaratar,*t*   42
  vergeuden, ver-
  schwenden
malcriar,*t*   60
  schlecht erziehen
maldecir,*t*   200
  verfluchen, ver-
  wünschen
malear,*t*   42
  verderben, ver-
  schlechtern
malgastar,*t*   42
  verschwenden
malherir,*t*   158
  (schwer) verwunden
maliciar,*t*   42
  argwöhnen; verfäl-
  schen
malignar,*t*   42
  verderben, ver-
  schlechtern

malograr,*t* 42
vereiteln; -schwenden; -säumen

malparar,*t* 42
übel zurichten

malquerer,*t* 130
übel wollen, hassen

malquistar,*t* 42
entzweien, verfeinden

malrotar,*t* 42
verschwenden

maltratar,*t* 42
missachten, verächtlich behandeln

malvender,*t* 88
unter Preis verkaufen

malversar,*t* 42
veruntreuen, unterschlagen

malvivir,*i* 142
dahinvegetieren

mallar,*t* 42
stricken

mamar,*t,i* 42
saugen; gierig (ver)-schlingen, fressen

mamujar,*i* 42
nuckeln

mamullar,*l* 42
schmatzend essen; stottern

manar,*i* 42
fließen, rinnen; ausströmen; entspringen, entstammen

mancar,*t* 44
verstümmeln

mancillar,*t* 42
beflecken, entehren

manchar,*t* 42
beflecken, -schmutzen

mandar,*t* 42
schicken; befehlen

manducar,*t* 44
essen, futtern

manejar,*t* 42
handhaben, behandeln

mangonear,*i* 42
herumlungern; sich einmischen

manifestar,*t* 52
bekannt machen, kundtun

maniobrar,*t,i* 42
manövrieren, steuern

manipular,*t* 42
handhaben, behandeln; manipulieren

manosear,*t* 42
betasten, -fühlen

manotear,*i* 42
gestikulieren

mantener,*t* 134
stützen; aus-, unterhalten; (aufrecht)er-, in Stand halten

manufacturar,*t* 42
anfertigen, fabrizieren

manumitir,*t* 142
freilassen

manutener,*t* 134
aus-, unterhalten, ernähren

mañanear,*i* 42
sehr früh aufstehen

mañear,*i* 42
mit Geschick vorgehen

maquillar,*t* 42
schminken

maquinar,*t,i* 42
ausdenken; vorhaben; intrigieren

maravillar,*t* 42
bewundern; wundern

marcar,*t* 44
markieren, kennzeichnen

marchar,*i* 42
marschieren

maridar,*t* 42
vereinigen, -binden

mariposear,*i* 42
flatterhaft sein

marrar,*t,i* 42
verfehlen; fehlschlagen

martill(e)ar,*t* 42
hämmern; plagen, quälen

martirizar,*t* 50

(zu Tode) martern

masacrar,*t* 42
massakrieren

mascar,*t* 44
kauen

mascullar,*t* 42
murmeln

masticar,*t* 44
(zer)kauen

matar,*t* 42
töten; schlachten, erlegen

matraquear,*i* 42
knarren, klappern

matricular,*t* 42
einschreiben, immatrikulieren

matutear,*i* 42
schmuggeln

maximizar,*t* 50
maxim(alis)ieren

mecanizar,*t* 50
mechanisieren, mechanisch bearbeiten

mecanografiar,*t,i* 60
Schreibmaschine schreiben

mecer,*t* 90
wiegen, schaukeln

mechar,*t* 42
spicken

mediar,*t* 42
in der Mitte liegen; vermitteln

medicamentar,*t,i* 42
mit Arzneien versorgen, mit Heilmitteln behandeln

medicinar,*t* 42
verabreichen (Arznei)

▶ medir,*t* 160
messen

meditar,*t,i* 42
nachdenken, meditieren

medrar,*i* 42
gedeihen, wachsen

mejorar,*t* 42
verbessern

memorar,*t* 42
(~a) sich erinnern (an)

mencionar, *t*	42	
erwähnen		
mendigar, *t,i*	46	
betteln		
menear, *t*	42	
schütteln		
menguar, *t*	48	
(ver)mindern		
menoscabar, *t*	42	
beeinträchtigen;		
schädigen; vermin-		
dern		
menospreciar, *t*	42	
verachten, gering		
schätzen		
mensurar, *t*	42	
(aus)messen		
mentar, *t*	52	
erwähnen		
mentir, *t,i*	158	
~ a alg. jn. anlügen,		
lügen		
mercadear, *i*	42	
Handel treiben		
mercar, *t*	44	
(ab)kaufen, handeln		
merecer, *t*	92	
verdienen		
merendar, *t,i*	52	
vespern		
mermar, *t,i*	42	
(ver)kürzen, abneh-		
men		
merodear, *t*	42	
plündern, brand-		
schatzen		
mesar, *t*	42	
ausreißen (Haare)		
mesurar, *t*	42	
messen		
meter, *t*	88	
legen, setzen, stellen		
metodizar, *t*	50	
planmäßig durch-		
führen		
mezclar, *t*	42	
mischen		
migar, *t*	46	
einbrocken (Brot)		
mimar, *t*	42	
verhätscheln, ver-		

wöhnen		
minar, *t*	42	
aushöhlen; untergra-		
ben; verminen		
minimizar, *t*	50	
bagatellisieren, mini-		
m(alis)ieren		
ministrar, *t*	42	
bekleiden (Amt), ver-		
walten		
minorar, *t*	42	
vermindern		
mirar, *t*	42	
an-, zusehen		
mistificar, *t*	44	
mystifizieren, irreführen,		
täuschen		
mitigar, *t*	46	
lindern		
mixtificar, *t*	44	
mystifizieren, irreführen,		
täuschen		
mixturar, *t*	42	
vermischen		
moblar, *t*	54	
möblieren		
mocar, *t*	44	
schnäuzen		
modelar, *t*	42	
formen, modellieren		
moderar, *t*	42	
mäßigen, drosseln		
modernizar, *t*	50	
modernisieren		
modificar, *t*	44	
(ver)ändern		
modular, *t*	42	
modulieren		
mofar, *t*	42	
verspotten, -höhnen		
mojar, *t*	42	
anfeuchten		
mold(e)ar, *t*	42	
formen, modellieren		
►moler, *t*	102	
mahlen		
molestar, *t*	42	
stören, belästigen		
molificar, *t*	44	
erweichen		
molturar, *t*	42	

mahlen		
mollizn(e)ar, *im*	42	
nieseln		
mondar, *t*	42	
reinigen, putzen;		
schälen		
monear, *i*	42	
sich zieren		
monologar, *i*	46	
Selbstgespräche		
führen		
montar, *t,i*	42	
aufstellen, montieren;		
be-, hinaufsteigen		
moquear, *i*	42	
heulen, weinen		
moralizar, *t,i*	50	
Sitte beibringen, den		
Sittenprediger spielen		
morder, *t*	102	
beißen		
mordicar, *i*	44	
prickeln, stechen,		
brennen		
mordiscar, *t*	44	
knabbern, nagen		
mordisquear, *t*	42	
knabbern, nagen		
morir, *i*	198	
sterben		
mortificar, *t*	44	
abtöten		
mosconear, *t*	42	
belästigen		
mostear, *i*	42	
mosten		
►mostrar, *t*	54	
zeigen		
motejar, *t*	42	
einen Spitznamen		
geben; ~ a alg. de jn.		
verspotten als		
motivar, *t*	42	
verursachen; motivie-		
ren		
motorizar, *t*	50	
motorisieren		
mover, *t*	102	
bewegen		
movilizar, *t*	50	
mobilisieren		

mudar,*t,i* 42
(ab-, ver)ändern, um-
wandeln, wechseln

mugir,*i* 150
brüllen; heulen (Wind),
tosen (Wasser)

multicopiar,*t* 42
vervielfältigen

multiplicar,*t* 44
multiplizieren

mullir,*t* 168
auflockern, -schütteln

murar,*t* 42
mauern

murmujear,*t,i* 42
murmeln, lispeln

murmurar,*t,i* 42
(vor sich hin) murmeln

musitar,*t,i* 42
zischeln, raunen,
munkeln

mutilar,*t* 42
verstümmeln

N

nacer,*i* 199
geboren werden

nacionalizar,*t* 50
einbürgern; verstaatli-
chen

nadar,*i* 42
schwimmen

najarse,*r* 42
sich davonmachen

narcotizar,*t* 50
narkotisieren, bestäu-
ben

narrar,*t* 42
erzählen

naturalizar,*t* 50
einbürgern

naufragar,*i* 46
Schiffbruch erleiden

nausear,*i* 42
sich ekeln

necesitar,*t* 42
brauchen

▶negar,*t* 66
verneinen

negociar,*t* 42
kaufen und verkaufen;

verhandeln

neutralizar,*t* 50
neutralisieren

nevar,*im* 52
schneien

neviscar,*im* 44
schwach schneien

nidificar,*i* 44
nisten

nombrar,*t* 42
(be)nennen

nominar,*t* 42
(be)nennen

noquear,*t* 42
k.o. (knock out)
schlagen

normalizar,*t* 50
normalisieren; stan-
dardisieren, verein-
heitlichen

notar,*t* 42
bemerken, aufzeich-
nen

noticiar,*t* 42
benachrichtigen

notificar,*t* 44
bekannt geben, mit-
teilen

novar,*t* 42
erneuern, Schuld
umwandeln

numerar,*t* 42
zählen, beziffern,
nummerieren

nutrir,*t* 142
ernähren

O

obedecer,*t* 92
~ *a alg.* jm. gehor-
chen, Folge leisten

objetar,*t* 42
einwenden, entge-
genhalten

obligar,*t* 46
verpflichten

obnubilar,*t* 42
verdunkeln

obrar,*t* 42
verrichten, tun; bear-
beiten; ausüben,

ausführen

obscurecer,*t* 92
verdunkeln, -finstern

obseder,*t* 88
nicht aus dem Sinn
gehen, verfolgen

obsequiar,*t* 42
gefällig sein

observar,*t* 42
beobachten

obsesionar,*t* 42
nicht aus dem Sinn
gehen, verfolgen

obstaculizar,*t* 50
hindern

obstar,*t* 42
hindern, hinderlich
sein

obstinarse,*r* 42
~ en hartnäckig be-
stehen auf

obstruir,*t* 184
verstopfen

obtemperar,*t* 42
~ *a alg.* jm. gehor-
chen, Folge leisten

obtener,*t* 134
erlangen

obturar,*t* 42
verstopfen, abdichten;
plombieren

obviar,*t* 42
vorbeugen, beseitigen

ocasionar,*t* 42
verursachen, zur Folge
haben

ocluir,*t* 184
verstopfen

ocultar,*t* 42
~ *a, de* verbergen,
verheimlichen vor

ocupar,*t* 42
besetzen

ocurrir,*i* 142
vorkommen, sich
ereignen

odiar,*t* 42
hassen

ofender,*t* 88
beleidigen

ofertar,*t* 42

anbieten
oficiar,*t* — 42
  amtieren, ein Amt
  bekleiden, Dienst tun
ofrecer,*t* — 92
  anbieten
ofrendar,*t* — 42
  opfern, spenden
ofuscar,*t* — 44
  verdunkeln; die Ver-
  nunft trüben, verblen-
  den
► **oír,***t* — 182
  hören
► **oler,***t* — 106
  riechen
oliscar,*t,i* — 44
  beschnuppern, wittern
olisquear,*t,i* — 42
  beschnuppern, wittern
olvidar,*t* — 42
  vergessen
omitir,*t* — 142
  auslassen
ondear,*i* — 42
  wellen, wogen (Wasser);
  flattern, wehen
ondular,*t* — 42
  kräuseln, ondulieren
operar,*t,i* — 42
  operieren
oponer,*t* — 128
  entgegensetzen
opositar,*i* — 42
  dagegen sein
oprimir,*t* — 200
  (be-, unter)drücken
optar,*t* — 42
  wählen
opugnar,*t* — 42
  bekämpfen
orar,*t* — 42
  bitten, (er)flehen
ordenar,*t* — 42
  ordnen
orear,*t* — 42
  auslüften, erfrischen
organizar,*t* — 50
  organisieren
orientar,*t* — 42
  orientieren

originar,*t* — 42
  veranlassen, -ursachen
orillar,*t* — 42
  einfassen, säumen
orlar,*t* — 42
  einfassen, säumen
ornamentar,*t* — 42
  verzieren
ornar,*t* — 42
  (aus)schmücken, ver-
  zieren
orvallar,*im* — 42
  nieseln
osar,*t* — 42
  wagen, sich erdreisten
oscurecer,*t* — 92
  verdunkeln
ostentar,*t* — 42
  an den Tag legen,
  vor-, aufweisen
otear,*t* — 42
  spähen, belauern
otorgar,*t* — 46
  bewilligen
ovacionar,*t* — 42
  stürmischen Beifall
  spenden
oxidar,*i* — 42
  oxidieren, (ver)rosten

P

pacer,*t,i* — 92
  (ab)grasen, -weiden
pacificar,*t* — 44
  befrieden; -schwichti-
  gen
pactar,*t* — 42
  Vertrag schließen,
  paktieren
padecer,*t* — 92
  (er)leiden, erdulden,
  ertragen
► **pagar,***t* — 46
  bezahlen
paladear,*t,i* — 42
  kosten, schlürfen
paliar,*t* — 60
  lindern; vertuschen
palidecer,*i* — 92
  erblassen

palmotear,*i* — 42
  applaudieren
palotear,*i* — 42
  hin und her streiten
palpar,*t* — 42
  abtasten, befühlen
palpitar,*i* — 42
  klopfen, pochen,
  schlagen
panificar,*t* — 44
  Brot backen (Bäcker)
papar,*t* — 42
  essen (ohne zu kauen)
papelear,*i* — 42
  herumstöbern; protzen
papelonear,*i* — 42
  protzen
parafrasear,*t* — 42
  umschreiben, para-
  phrasieren
paralizar,*t* — 50
  lähmen
parar,*t* — 42
  auf-, an-, festhalten,
  stilllegen
parch(e)ar,*t* — 42
  flicken, Flicken auf-
  setzen
parecer,*i* — 92
  scheinen
parir,*t* — 142
  gebären
parlamentar,*i* — 42
  ver-, unterhandeln
parlar,*t,i* — 42
  plappern, schwatzen
parlotear,*i* — 42
  schwätzen
parodiar,*t* — 42
  parodieren
parpadear,*i* — 42
  blinzeln, zwinkern;
  schimmern, flimmern
parquear,*t* — 42
  parken
parrandear,*i* — 42
  bummeln
participar,*t* — 42
  mitteilen; ~ de, en
  teilnehmen an
particularizar,*t* — 50

254

genau angeben

▶partir,*t,i* — 142
teilen; abreisen

pasar,*t,i* — 42
hinbringen, (über)reichen; (vorüber)fahren, vorübergehen; verbringen (Zeit)

pasear,*t* — 42
spazieren führen

pasmar,*t* — 42
betäuben; verblüffen

past(ore)ar,*t* — 42
weiden, auf die Weide führen

paste(u)rizar,*t* — 50
pasteurisieren

patalear,*i* — 42
auf den Boden stampfen

patear,*t,i* — 42
mit Füßen treten; trampeln

patentar,*t* — 42
patentieren (lassen)

patentizar,*t* — 50
kundtun; bekunden; patentieren

patinar,*i* — 42
Roll-, Schlittschuh laufen; ins Schleudern geraten

patiquebrar,*t* — 52
brechen (Bein)

patrocinar,*t* — 42
beschützen; unterstützen

patrullar,*i* — 42
Streife gehen, auf Erkundung gehen

pausar,*i* — 42
pausieren

pavimentar,*t* — 42
pflastern, mit Platten belegen

pavonear,*i* — 42
sich aufplustern, großtun

pecar,*i* — 44
sündigen

pedalear,*i* — 42
Rad fahren, radeln

pedantear,*t* — 42
schulmeistern

pedir,*t* — 160
bestellen; verlangen

pegar,*t* — 46
(an)kleben

pegotear,*i* — 42
schmarotzen

peinar,*t* — 42
kämmen

pelar,*t,i* — 42
(aus)rupfen, enthaaren; schälen

peligrar,*i* — 42
in Gefahr sein, Gefahr laufen

pelotear,*i* — 42
Ball spielen

pellizcar,*t* — 44
kneifen, zwicken

penar,*t* — 42
(be)strafen, züchtigen

pender,*t,i* — 88
(herunter-; ab)hängen; unentschieden sein

penetrar,*t* — 42
durchdringen

penitenciar,*t* — 42
auferlegen (Buße)

▶pensar,*t,i* — 52
(~ en) denken (an)

pensionar,*t* — 42
pensionieren

percatar,*t* — 42
bedenken, gewahr werden

percibir,*t* — 142
wahrnehmen

percudir,*t* — 142
abnutzen, beschmutzen

percutir,*t* — 142
schlagen, klopfen

▶perder,*t* — 100
verlieren

perdonar,*t* — 42
verzeihen; begnadigen

perdurar,*i* — 42
dauern, bestehen bleiben

perecer,*i* — 92
zu Grunde gehen

peregrinar,*i* — 42
pilgern

perfeccionar,*t* — 42
vervollkommnen

perforar,*t* — 42
perforieren, durchlöchern

perfum(e)ar,*t* — 42
parfümieren

perifrasear,*t* — 42
umschreiben

perjudicar,*t* — 44
schaden, beschädigen

permanecer,*i* — 92
bleiben

permitir,*t* — 142
erlauben

permutar,*t* — 42
auswechseln, umtauschen

pernear,*i* — 42
strampeln

pernoctar,*i* — 42
übernachten

perorar,*i* — 42
(öffentlich) reden; inständig bitten

perpetrar,*t* — 42
begehen, verüben (Straftat)

perpetuar,*t* — 62
verewigen

perseguir,*t* — 188
verfolgen

perseverar,*i* — 42
ausharren; beharren

persignar,*t* — 42
(ein)segnen

persistir,*i* — 142
~ en bestehen auf; an-, fortdauern

personalizar,*t* — 50
personifizieren, verkörpern

personificar,*t* — 44
verkörpern

persuadir, *t* 142
  ~ *a + inf.* überreden,
überzeugen zu
pertenecer, *i* 92
  (~ a) (an)gehören
perturbar, *t* 42
  beunruhigen, stören,
verwirren
pervertir, *t* 158
  verderben; -führen
pesar, *t* 42
  wiegen
pescar, *t* 44
  fischen, angeln
pesquisar, *t* 42
  nachforschen
pestañear, *i* 42
  blinzeln
petrificar, *t* 44
  versteinern, erstarren
lassen
piar, *i* 60
  piep(s)en; viel trinken
picar, *t,i* 44
  hacken, stechen
picardear, *i* 42
  Schurkereien be-
gehen
picotear, *t,i* 42
  (an)picken
pifiar, *t* 42
  auspfeifen, -buhen
pignorar, *t* 42
  beleihen, verpfänden
pillar, *t* 42
  ausplündern, -rauben,
wegnehmen; ergrei-
fen
pincelar, *t* 42
  anstreichen, (be)malen
pinchar, *t,i* 42
  stechen; aufstacheln;
sticheln, kränken
pindonguear, *i* 42
  umherstrolchen
pingonear, *i* 42
  herumbummeln, ver-
trödeln
pintar, *t* 42
  malen, streichen
pintarraj(e)ar, *t* 42

(hin)klecksen
pintorrear, *t* 42
  sudeln, schmieren
pirarse, *r* 42
  verduften
pirrarse, *r* 42
  schwärmen
piruetear, *i* 42
  hin und her springen,
tänzeln
pisar, *t* 42
  mit Füßen treten,
(be)treten
pisonear, *t* 42
  feststampfen, ein-
rammen
pisotear, *t* 42
  fest-, zertreten
pispar, *t* 42
  klauen, stibitzen
pitar, *i* 42
  pfeifen
pitorrearse, *r* 42
  sich lustig machen
piular, *i* 42
  piepsen
pizcar, *t* 44
  kneifen, zwicken
► placer, *t* 96
  gefallen
plagar, *t* 46
  heimsuchen; verseu-
chen
planchar, *t* 42
  bügeln, plätten
planear, *t* 42
  planen, vorhaben
plant(e)ar, *t* 42
  pflanzen; gründen;
aufstellen
plantificar, *t* 44
  errichten
plañir, *t* 168
  (be)jammern
plasmar, *t* 42
  bilden, formen, ge-
stalten
plastecer, *t* 92
  vergipsen
platicar, *i* 44
  plaudern, sich unter-

halten
plegar, *t* 66
  falten
pleitear, *i* 42
  prozessieren
plisar, *t* 42
  in Falten legen, plis-
sieren
plomar, *t* 42
  mit einem Bleisiegel
versehen, plom-
bieren
pluralizar, *t* 50
  in den Plural setzen
poblar, *t* 54
  besiedeln, be-
völkern
► poder, *t* 126
  können
podrecer, *t* 92
  verderben, -faulen
(lassen)
► podrir, *t* 174
  verderben, -faulen
(lassen)
poetizar, *t* 50
  dichten
politiquear, *i* 42
  politisieren
poltronear, *i* 42
  faulenzen
polvorear, *t* 42
  pudern
pollear, *i* 42
  sich wie ein Back-
fisch benehmen
pompear, *i* 42
  protzen
ponderar, *t* 42
  ab-, erwägen, ein-
schätzen
► poner, *t* 128
  setzen, legen,
stellen
popularizar, *t* 50
  popularisieren
pordiosear, *i* 42
  betteln
porfiar, *t,i* 60
  starrköpfig sein;
streiten

porrear, *i*   42
zudringlich werden

portear, *t, i*   42
fortbringen, befördern;
zuschlagen (Tür)

posar, *t*   42
absetzen, hinlegen

poseer, *t*   199
besitzen

posesionar, *t*   42
in Besitz setzen

posibilitar, *t*   42
ermöglichen

posponer, *t*   128
nachsetzen, hintan-,
zur.set-zen; außer
Acht lassen

postdatar, *t*   42
nachdatieren

postergar, *t*   46
hintan-, zur.setzen,
übergehen; gering
schätzen

postrar, *t*   42
zu Boden werfen; de-
mütigen; schwächen

postular, *t*   42
nachsuchen, sich
bewerben

potabilizar, *t*   50
trinkbar machen

potenciar, *t*   42
potenzieren

potrear, *t*   42
belästigen; züchtigen

practicar, *t*   44
ausüben

precalentar, *t*   52
vorwärmen

precaver, *t*   88
vorbeugen, verhüten

preceder, *i*   88
voran-, ausgehen

preciar, *t*   42
(wert)schätzen

precintar, *t*   42
mit einem Kontroll-
band versehen; zoll-
amtlich abfertigen

precipitar, *t*   42
(hinab)stürzen, herun-

terwerfen

precisar, *t*   42
präzisieren; nötigen,
zwingen

preconcebir, *t*   160
im Voraus bedenken

preconizar, *t*   50
lobpreisen; befür-
worten

preconocer, *t*   92
vorauserkennen

predecir, *t*   192
vorhersagen

predefinir, *t*   142
vorbestimmen

predestinar, *t*   42
vor(her)bestimmen

predeterminar, *t*   42
vorbestimmen

predicar, *t*   44
predigen

predisponer, *t*   128
vorbereiten, prädis-
ponieren

predominar, *t*   42
beherrschen

preelegir, *t*   200
vorauswählen

preexistir, *i*   142
vorher bestehen,
vorher da sein

prefabricar, *t*   44
vorfertigen

preferir, *t*   158
~ *a. a* etw. etw.
anderem vorziehen

prefigurar, *t*   42
andeuten, ahnen
lassen

prefijar, *t*   42
vorher festlegen

prefinanciar, *t*   42
vorfinanzieren

pregonar, *t*   42
öffentlich ausrufen;
ausplaudern, aus-
posaunen

preguntar, *t*   42
fragen, ~ *por* fragen
nach, ~ *a alg.* jn.
ausfragen

prejuzgar, *t*   46
im Voraus/voreilig ab-
urteilen

preludiar, *t, i*   42
vorspielen; phanta-
sieren; in Angriff neh-
men

premeditar, *t*   42
vorher bedenken;
vorsätzlich planen

premiar, *t*   42
belohnen, prämieren

prendar, *t*   42
pfänden; für sich
gewinnen

prender, *t*   199
nehmen, ergreifen

prenotar, *t*   42
vorher anmerken,
vormerken

prensar, *t*   42
(aus)pressen; glätten

prenunciar, *t*   42
vorher anmelden

preocupar, *t*   42
beunruhigen

preparar, *t*   42
vorbereiten

preponderar, *i*   42
überwiegen, vor-
herrschen

preponer, *t*   128
vorsetzen, -ziehen

presagiar, *t*   42
vorhersagen, pro-
phezeien

prescindir, *t, i*   142
trennen, absondern,
~ *de* hinweggehen
über

prescribir, *t*   198
vor-, verschreiben

presenciar, *t*   42
beiwohnen, dabei
sein

presentar, *t*   42
präsentieren, vor-
stellen

presentir, *t*   158
(voraus)ahnen

preservar, *t*   42

~ *de* bewahren, schützen vor

presidir,*t* — 142
den Vorsitz führen

prestar,*t* — 42
leihen

presumir,*t* — 200
annehmen, vermuten

presuponer,*t* — 128
voraussetzen

presupuestar,*i* — 42
Kostenvoranschlag machen, im Haushalt vorsehen

pretender,*t,i* — 88
beanspruchen; fordern

pretextar,*t* — 42
vorgeben, -schützen

prevalecer,*i* — 92
überwiegen

prevaler,*i* — 108
sich zu Nutze machen

prevaricar,*t,i* — 44
verletzen (Pflicht), pflichtwidrig handeln

prevenir,*t* — 196
vorbeugen, vermeiden, unterbinden

prever,*t* — 136
vorhersehen

pringar,*t,i* — 46
(ein-; be)schmieren, einfetten

privar,*t,i* — 42
~ *a alg. de a.* jm. etw. aberkennen, entziehen

privilegiar,*t* — 42
bevorrechten, privilegieren

probar,*t* — 54
versuchen; prüfen

proceder,*i* — 88
fortschreiten; herrühren

procesar,*t* — 42
gerichtlich verfolgen, prozessieren

proclamar,*t* — 42

proklamieren

procrear,*t* — 42
zeugen, fortpflanzen

procurar,*t,i* — 42
besorgen, verschaffen; etw. zu tun suchen

prodigar,*t* — 46
verschwenden

producir,*t* — 148
produzieren

profanar,*t* — 42
entweihen, schänden

proferir,*t* — 158
vorbringen, äußern

profesar,*t* — 42
ausüben (Beruf); lehren

profetizar,*t* — 50
prophezeien, vorhersagen

profundizar,*t* — 50
vertiefen, ergründen

progresar,*i* — 42
Fortschritte machen

prohibir,*t* — 162
verbieten

proliferar,*t* — 42
sich vermehren, wuchern

prolongar,*t* — 46
verlängern

prometer,*t,i* — 88
versprechen; Hoffnung wecken

promover,*t* — 102
(be)fördern

promulgar,*t* — 46
verkünden

pronosticar,*t* — 44
voraussagen

pronunciar,*t* — 42
aussprechen

propagar,*t* — 46
vermehren

propalar,*t* — 42
ausposaunen, bekannt geben

propender,*i* — 199
~ *a + inf.* hinneigen zu

propiciar,*t* — 42

besänftigen

proponer,*t* — 128
vorschlagen

proporcionar,*t* — 42
anpassen, -gleichen

propugnar,*t* — 42
verfechten, -teidigen

prorrogar,*t* — 46
auf-, verschieben

prorrumpir,*i* — 142
aus-, hervorbrechen

proscribir,*t* — 198
verbannen

proseguir,*t,i* — 188
fortfahren, weitermachen

prosperar,*i* — 42
blühen, gedeihen

prosternarse,*r* — 42
niederwerfen; demütigen

proteger,*t* — 98
~ *de* (be)schützen vor

protestar,*t,i* — 42
anfechten, protestieren

protocolar,*t* — 42
protokollieren

protocolizar,*t* — 50
protokollieren

proveer,*t* — 199
~ *de* versehen, versorgen mit; erledigen; anordnen

provenir,*i* — 196
herkommen, stammen

provocar,*t* — 44
hervorrufen, provozieren

proyectar,*t* — 42
planen

publicar,*t* — 44
veröffentlichen

pudrir,*t* — 174
verderben, -faulen (lassen)

pugnar,*i* — 42
kämpfen, streiten; ~ *con* widerstreben

pujar,*t,i* — 42

überbieten; stocken,
innehalten

pulimentar,*t* 42
glätten, polieren

pulir,*t* 142
glätten, polieren

pulsar,*t* 42
drücken (Knopf, Taste);
den Puls fühlen

pulverizar,*t* 50
zerstäuben

puncionar,*t* 42
punktieren, durch-
stechen

pungir,*t* 150
stechen

punir,*t* 142
(be)strafen

punt(ill)ar,*t* 42
punktieren

puntuar,*t* 62
interpunktieren; be-
noten

punzar,*t* 50
stechen

purgar,*t* 46
läutern, reinigen;
büßen

purificar,*t* 44
rcinigon; läutorn

puyar,*t* 42
den Stier mit der
Lanze stechen

Q

quebrantar,*t* 42
zerbrechen, -malmen,
zerreiben

quebrar,*t* 52
(zer)brechen, -drücken

quedar,*i* 42
bleiben

quejarse,*r* 42
sich beklagen

quemar,*t* 42
(ver)brennen

querellarse,*r* 42
sich streiten; sich be-
klagen; Klage führen

➤ querer,*t* 130
wollen, mögen,

lieben

quietar,*t* 42
beruhigen

quillotrar,*t* 42
reizen, verführen

quintuplicar,*t* 44
verfünffachen

quitar,*t* 42
abraten, -bringen

R

rabiar,*i* 42
wüten, toben

racionar,*t* 42
rationieren

radiar,*t* 42
senden (Radio); leuch-
ten, strahlen

radicalizar,*t* 50
radikalisieren, zuspitzen

radicar,*i* 44
wurzeln, seinen
Stammsitz haben; ~
en beruhen auf, be-
stehen in

radiodifundir,*t* 142
senden, übertragen

radiografiar,*t* 60
röntgen

radiotelegrafiar.*t* 60
funken

raer,*t* 114
(ab)kratzen

rajar,*t* 42
spalten, einritzen,
schlitzen

rallar,*t* 42
raspeln, reiben

ramificarse,*r* 44
sich verzweigen

rapar,*t* 42
rasieren; klauen

rapiñar,*t* 42
klauen, mausen,
rauben

raptar,*t* 42
entführen, rauben

rasar,*t* 42
streifen, leicht berüh-
ren

rascar,*t* 44

(zer)kratzen

rasgar,*t* 46
auf-, zerreißen

raspar,*t* 42
ab-, auskratzen, ras-
peln; radieren

rastrear,*t,i* 42
eggen, rechen, har-
ken; nachspüren,
nachschleichen

rasurar,*t* 42
rasieren; abschaben;
radieren

ratonar,*t* 42
benagen

rayar,*t* 42
linieren, aus-, durch-;
unterstreichen;
schraffieren

razonar,*t* 42
belegen, -weisen

reabrir,*t* 198
wd. öffnen

reabsorber,*t* 88
wd. aufsaugen; re-
sorbieren

reaccionar,*i* 42
reagieren

reactivar,*t* 42
wd.beleben, wd. in
Schwung bringen

reagravar,*t* 42
verschärfen

realizar,*t* 50
verwirklichen

realquilar,*t* 42
untervermieten

realzar,*t* 50
erhöhen; rühmen

reanimar,*t* 42
wd.beleben, wd. in
Schwung bringen

reanudar,*t* 42
wd. anknüpfen, wd.
aufnehmen

reaparecer,*i* 92
wd. erscheinen

rearmar,*t,i* 42
durchladen (Waffe); wd.
bewaffnen, aufrüsten

reasegurar,*t* 42

259

wd., rückversichern

reasumir,*t* — 142
wd. aufnehmen

reatar,*t* — 42
wd. anbinden

reavivar,*t* — 42
wd. beleben, wd. in
Schwung bringen

rebajar,*t* — 42
platt drücken; abfeilen,
abhobeln, -schleifen

rebatir,*t* — 142
zur.schlagen; -weisen

rebautizar,*t* — 50
umtaufen

rebelarse,*r* — 42
sich empören, sich
auflehnen

reblandecer,*t* — 92
er-, aufweichen

rebordear,*t* — 42
besetzen, säumen

rebosar,*t,i* — 42
überlaufen; überfüllt
sein

rebozar,*t* — 50
vermummen, ver-
schleiern; panieren,
garnieren

rebrillar,*i* — 42
stark glänzen

rebufar,*i* — 42
schnauben (vor Zorn)

rebujar,*t* — 42
zerknittern, -knüllen

rebullir,*i* — 168
aufwallen; hin und her
laufen

rebuscar,*t* — 44
ab-, nachsuchen

recabar,*t* — 42
erreichen; erflehen,
erbitten

recaer,*t* — 112
zur.-, wd. fallen, ~ en
verfallen in, entfallen
auf, zufallen, ~ sobre/
en alg. auf jn. fallen

recalcar,*t* — 44
(zs.)pressen, voll stop-
fen; betonen

recalcitrar,*i* — 42
zur.weichen; starrköpfig
sein, ~ en a. sich
sträuben

recalentar,*t* — 52
überhitzen, auf-,
vorwärmen

recambiar,*t* — 42
wd. umtauschen

recapacitar,*t,i* — 42
ins Gedächtnis zur.-
rufen, zur.denken

recapitular,*t* — 42
rekapitulieren

recargar,*t* — 46
überladen

recaudar,*t* — 42
einnehmen, -treiben,
einziehen

recavar,*t* — 42
nochmals umgraben

recejar,*t* — 42
zur.weichen, -prallen,
zur.setzen

recelar,*t,i* — 42
(be)fürchten; arg-
wöhnen; ~ de alg. jm.
misstrauen

receptar,*t* — 42
verbergen, -hehlen

recetar,*t* — 42
verschreiben

recibir,*t* — 142
empfangen, erhalten

recitar,*t* — 42
hersagen, vortragen

reclinar,*t* — 42
an-, zur.lehnen;
neigen

recluir,*i* — 200
einschließen

recocer,*t* — 120
nochmals kochen

recochinearse,*r* — 42
sich lustig machen

recoger,*t* — 98
ergreifen

recolectar,*t* — 42
ernten; einheimsen

recolegir,*t* — 186
(ein)sammeln

recomendar,*t* — 52
empfehlen

recomenzar,*t* — 68
~ a + inf. wd. be-
ginnen zu

recompensar,*t* — 42
belohnen; ersetzen,
entschädigen

recomponer,*t* — 128
wd. zs.setzen

reconciliar,*t* — 42
ver-, aussöhnen

reconfortar,*t* — 42
stärken, trösten, be-
leben

reconocer,*t* — 92
wd. erkennen

reconquistar,*t* — 42
wd., zur.erobern

reconstituir,*t* — 184
wd. herstellen

reconstruir,*t* — 184
wd. aufbauen

recontar,*t* — 54
nachzählen

reconvalecer,*i* — 92
genesen, wd. gesund
werden

reconvenir,*t* — 196
überführen, zur Rede
stellen

recopilar,*t* — 42
zs.stellen

recordar,*t,i* — 54
~ a. a alg. jn. an etw.
erinnern; zum Vor-
schein kommen

recorrer,*t* — 88
durchlaufen, -gehen;
durchsehen

recortar,*t* — 42
aus-, be-, zuschnei-
den

recorvar,*t* — 42
biegen, krümmen

recoser,*t* — 88
ausbessern, flicken

recostar,*t* — 54
an-, zur.lehnen, auf-
stützen

recrear,*t* — 42

260

ergötzen

recrecer,*i* 92
zunehmen, größer
werden

recriar,*t* 60
aufziehen

recrudecer,*i* 92
sich verschlimmern,
sich verschärfen

recrujir,*i* 142
krachen, knarren,
knirschen

recruzar,*t* 50
nochmals durchkreu-
zen

rectificar,*t* 44
berichtigen

recubrir,*t* 198
nochmals be-, über-
decken

recular,*i* 42
zur.weichen, -prallen

recuperar,*t* 42
wd. erlangen, zur.ge-
winnen

recurrir,*i* 142
~ a sich wenden an

recusar,*t* 42
ab-, zur.weisen, ver-
weigern

rechazar,*t* 50
ab-, zur.weisen

rechiflar,*t* 42
auspfeifen

rechinar,*t,i* 42
knarren, knirschen

redactar,*t* 42
abfassen, aufsetzen

redimir,*t* 142
loskaufen, ab-, ein-
lösen

redituar,*t* 62
einbringen (Ertrag, Nutzen)

redoblar,*t* 42
verdoppeln

redondear,*t* 42
(ab)runden

reducir,*t* 148
reduzieren

redundar,*i* 42
überlaufen, -fließen

reduplicar,*t* 44
verdoppeln

reedificar,*t* 44
wd. aufbauen

reeditar,*t* 42
herausgeben, neu
auflegen

reelegir,*t* 200
wd. wählen

reembarcar,*t* 44
wd.verschiffen

reembolsar,*t* 42
zur.-, heim-, wd.
bezahlen

reemplazar,*t* 50
ersetzen, ablösen

reensayar,*t* 42
nochmals versuchen

reenviar,*t* 60
weiterbefördern

reexaminar,*t* 42
über-, nochmals
prüfen

reexpedir,*t* 160
weiterbefördern,
nach-, zur.-schicken

reexportar,*t* 42
wd. ausführen

referir,*t* 158
erzählen, berichten

refinar,*t* 42
verfeinern, -edeln,
raffinieren

refirmar,*t* 42
bestätigen

reflectar,*t,i* 42
zur.werfen (Strahlen),
spiegeln, zur.strahlen

reflejar,*t,i* 42
zur.werfen (Strahlen),
spiegeln, zur.strahlen

reflexionar,*t* 42
überlegen, erwägen

reflorecer,*i* 92
wd. aufblühen

refluir,*i* 184
zur.fließen (lassen)

reformar,*t* 42
umbilden, -formen,
umgestalten

reforzar,*t* 74

verstärken

refractar,*t* 42
brechen

refregar,*t* 66
(ab)reiben; vorhalten,
abwerfen

refrenar,*t* 42
zügeln, im Zaum
halten

refrescar,*t* 44
auf-, erfrischen

refrigerar,*t* 42
abkühlen, erfrischen

refugiar,*t* 42
Zuflucht gewähren

refundir,*t* 142
umschmelzen, neu
be-, umarbeiten

refunfuñar,*i* 42
in den Bart murmeln

regalar,*t* 42
(be)schenken, -wirten

regañar,*t* 42
(aus)schimpfen

regañir,*i* 168
heulen, bellen

regar,*t* 66
bewässern, gießen

regatear,*t,i* 42
feilschen, handeln

regenerar,*t* 42
wd. erzeugen; er-
neuern, regenerieren

regir,*t* 186
regieren

registrar,*t* 42
registrieren

reglamentar,*t* 42
gesetzlich regeln

reglar,*t* 42
linieren; regeln, fest-
setzen

regocijar,*t* 42
belustigen, erfreuen

regodearse,*r* 42
sich ergötzen, sich
gütlich tun

regresar,*i* 42
zur.kehren

regular,*t* 42
regeln, ordnen,

261

regulieren

regularizar,*t*   50
  regeln, in Ordnung
  bringen

regurgitar,*t*   42
  wd. auswürgen

rehabilitar,*t*   42
  rehabilitieren

rehacer,*t*   124
  nochmals machen

rehenchir,*t*   160
  ausstopfen

rehervir,*t*   158
  nochmals kochen

rehuir,*t*   184
  vermeiden; ableh-
  nen; verweigern

rehundir,*t*   142
  versenken; -schwen-
  den

rehusar,*t,i*   42
  ablehnen, -schlagen,
  verweigern

reimportar,*t*   42
  wd. einführen

reinar,*t*   42
  regieren, herrschen

reincidir,*i*   142
  rückfällig werden

reincorporar,*t*   42
  wd. eingliedern

reingresar,*t*   42
  wd. eintreten, wd.
  aufgenommen werden

reinstalar,*t*   42
  wd. einsetzen

reintegrar,*t*   42
  wd. einsetzen; zur.er-
  statten

➤reír,*t,i*   164
  auslachen, lachen

reiterar,*t*   42
  wd.holen, erneuern

reivindicar,*t*   44
  zur.fordern, bean-
  spruchen

rejuvenecer,*t,i*   92
  verjüngen, wd. jung
  werden

relacionar,*t*   42
  in Verbindung bringen

relajar,*t*   42
  erschlaffen; entspan-
  nen

relanzar,*t*   50
  zur.stoßen, -werfen

relatar,*t*   42
  erzählen, berichten

releer,*t*   110
  wd. lesen

relegar,*t*   46
  verbannen

relevar,*t*   42
  entlasten, -binden;
  abhelfen

religar,*t*   46
  fester binden

relucir,*t*   146
  glänzen, leuchten,
  strahlen

relumbrar,*i*   42
  stark glänzen, hell
  leuchten

rellenar,*t*   42
  auf-, aus-, nachfüllen

remar,*i*   42
  rudern; schuften

remarcar,*t*   44
  nochmals bezeichnen

rematar,*t*   42
  voll-, beenden, ab-
  schließen

rembolsar,*t*   42
  zur.zahlen; heimzahlen

remecer,*t*   90
  rühren, schütteln

remedar,*t*   42
  nachahmen

remediar,*t*   42
  abhelfen

remedir,*t*   160
  nach-, neu messen

rememorar,*t*   42
  wd. erinnern

remendar,*t*   52
  ausbessern, flicken

remesar,*t*   42
  raufen (Haare)

remeter,*t*   88
  wd. hineinstecken; (ein)-
  reihen

remirar,*t*   42
  sorgfältig ansehen

remitir,*t*   142
  schicken; überweisen

remojar,*t*   42
  einweichen

remoler,*t*   102
  fein mahlen; beläs-
  tigen

remontar,*t,i*   42
  wd. aufstellen, mon-
  tieren; wd. be-, hi-
  naufsteigen

remorder,*t*   102
  wd. beißen; ängsti-
  gen

remover,*t*   102
  entfernen

remozar,*t*   50
  erfrischen, -neuern,
  verjüngen

remudar,*t*   42
  abwechseln; -lösen;
  umkleiden

remullir,*t*   168
  auflockern

remunerar,*t*   42
  be-, entlohnen, ent-
  schädigen

remusgar,*t*   46
  ahnen, vermuten

renacer,*i*   92
  wd. geboren werden

rendir,*t*   160
  bezwingen

renegar,*t,i*   66
  (wd.holt) ableugnen;
  verabscheuen; ~ de
  etw. verleugnen;
  verfluchen, ~ de alg.
  sich von jm. lossagen,
  untreu werden; ab-
  trünnig werden

renovar,*t*   54
  erneuern

renquear,*i*   42
  hinken

rentar,*t*   42
  einbringen, sich ren-
  tieren

renunciar,*t*   42
  ~ a verzichten auf

reñir,t,i 166
ausschelten; sich
zanken

reorganizar,t 50
reorganisieren

repanchigarse,r 46
sich hinlümmeln, sich
rekeln

repantigarse,r 46
sich hinlümmeln, sich
rekeln

repapilarse,r 42
sich satt essen

reparar,t 42
reparieren

repartir,t 142
ver-, austeilen

repasar,t,i 42
nochmals durchgehen,
durchsehen

repelar,t 42
zerzausen; vermindern

repeler,t 88
zur.drängen

repensar,t 52
durchdenken

repercutir,t,i 142
zur.drängen; zur.pral-
len; zur.wirken, sich
auswirken

repesar,t 42
nachwiegen

repetir,t 160
wd.holen

repicar,t 44
zerstückeln; läuten

repintar,t 42
übermalen

replantar,t 42
wd. be-, umpflanzen

replegar,t 66
nochmals falten

repletar,t 42
(aus)füllen, voll stopfen

replicar,t,i 44
schlagfertig erwidern

repoblar,t 54
wd. bevölkern; wd.
aufforsten

reponer,t 128
wd. hinstellen

reportar,t 42
zur.halten, mäßigen;
einbringen (Nutzen)

reposar,t 42
zur Ruhe bringen

repostar,t 42
aufnehmen (Vorräte);
(nach)tanken

repr(eh)ender,t 88
rügen, tadeln

represar,t 42
stauen; aufhalten,
hemmen

representar,t 42
darstellen

reprimir,t 142
unterdrücken

reprobar,t 54
rügen, tadeln; miss-
billigen

reprochar,t 42
tadeln; vorwerfen; zur.-
weisen

reproducir,t 148
wd.erzeugen

reptar,i 42
kriechen, robben

repudiar,t 42
verstoßen; ablehnen,
ausschlagen, verzich-
ten

repugnar,t,i 42
zuwider sein, -laufen;
bestreiten

repulsar,t 42
zur.weisen, abschla-
gen, verweigern

repurgar,t 46
wd. reinigen; anekeln

reputar,t 42
(hoch)schätzen, ach-
ten

requebrar,t,i 52
zerdrücken; (um)-
schmeicheln

requemar,t 42
übermäßig braten,
anbrennen lassen

requerir,t 158
erfordern, auffordern

requisar,t 42

sorgfältig untersuchen;
beitreiben, requirieren

resaber,t 132
sehr gut wissen

resabiarse,r 42
schlechte Angewohn-
heiten annehmen

resalir,i 180
hervorragen, hervor-
springen

resaltar,i 42
ab-, vorstehen; ab-
prallen; abgehen,
abspringen

resaludar,t 42
erwidern (Gruß)

resarcir,t 144
ersetzen, -statten; ~
de entschädigen für

resbalar,i 42
gleiten; ausrutschen

rescaldar,t 42
ab-, verbrühen, heiß
machen

rescatar,t 42
zur.-, loskaufen, aus-
lösen

rescindir,t 142
aufheben, ungültig/
rückgängig machen

rescontrar,t 54
stornieren

resecar,t 44
austrocknen

resellar,t 42
nachprägen; um-
stempeln; wd. versie-
geln

resembrar,t 52
neu besäen, neu
bebauen

resentirse,r 158
allmählich nach-
lassen

reseñar,t 42
beschreiben; kritisch
beurteilen

reservar,t 42
reservieren

resfriar,t 60
abkühlen

263

resguardar,*t*	42	abrechnen, -ziehen		retorcer,*t*	199	
~ *de* (be)schützen, bewahren vor		restaurar,*t*	42	verbiegen, krümmen		
residenciar,*t*	42	wd. herstellen, restaurieren		retornar,*t,i*	42	
zur Rechenschaft ziehen		restituir,*t*	184	zur.geben, -erstatten; zur.-kehren		
residir,*i*	142	wd. herstellen		retortijar,*t*	42	
wohnen		restregar,*t*	66	hin und her winden		
resi(g)nar,*t*	42	(ab)reiben		retozar,*t,i*	50	
abtreten, verzichten		restringir,*t*	150	necken; schäkern; hüpfen		
resistir,*t*	142	beschränken		retractar,*t*	42	
widerstehen		resucitar,*t*	42	widerrufen		
resolver,*t*	104	wd. aufwecken, neu beleben		retraer,*t*	116	
lösen		resudar,*i*	42	zur.ziehen		
resollar,*i*	54	schwitzen		retransmitir,*t*	142	
schnaufen		resultar,*i*	42	rücksenden; übertragen		
resonar,*i*	54	sich ergeben, sich herausstellen		retrasar,*t,i*	42	
erklingen, -tönen, widerhallen		resumir,*t*	142	aufhalten, verzögern; zur.-bleiben, nachgehen, zögern		
resoplar,*i*	42	zs.fassen		retratar,*t*	42	
schnauben		resurgir,*i*	150	abbilden, zeichnen		
resorber,*t*	88	auferstehen		retreparse,*r*	42	
wd. auf-, einsaugen		retardar,*t*	42	sich hinlümmeln, sich rekeln		
respectar,*i*	42	aufhalten, -schieben, verzögern		retribuir,*t*	184	
angehen, betreffen, sich beziehen auf		retazar,*t*	50	vergüten		
respeluzar,*t*	50	in Stücke schneiden		retroceder,*i*	88	
zerzausen		retejar,*t*	42	zur.weichen, -treten, rückwärts gehen		
respetar,*t*	42	neu decken (Dach); neu einkleiden		retrogradar,*i*	42	
(ver)ehren		retemblar,*i*	52	zur.laufen, rückwärts gehen		
respingar,*i*	46	erzittern		retronar,*im*	54	
abstehen; sich sträuben		retener,*t*	134	widerhallen (Donner)		
respirar,*i*	42	zur.behalten		retrotraer,*t*	116	
(ein-; auf)atmen; duften; sich erholen, ausruhen		reteñir,*t*	166	rückwärts ziehen, rückbeziehen, rückdatieren		
resplandecer,*i*	92	auf-, nach-, umfärben		retrovender,*t*	88	
glänzen, funkeln		retiñir,*i*	168	wd., rückverkaufen		
responder,*t*	88	klingen, klirren		retumbar,*i*	42	
~ *a* antworten auf; ~ *de* etw. verantworten		retirar,*t*	42	widerhallen, dröhnen, ertönen		
responsabilizar,*t*	50	zur.-, heraus-; entziehen, wegnehmen, entfernen		reunificar,*t*	44	
~ *de* die Verantwortung übernehmen für		retocar,*t*	44	wd. vereinigen		
restablecer,*t*	92	über-, nacharbeiten		reunir,*t*	176	
wd.herstellen, in Gang bringen		retomar,*t*	42	vereinigen, -sammeln		
restallar,*i*	42	wd. aufnehmen		revacunar,*t*	42	
knallen, krachen		retoñar,*i*	42 ►	wd. impfen		
restar,*t,i*	42	wd. ausschlagen, nachwachsen; erneut auftreten				

revalidar,*t*	42	wider-, zur.rufen, auf-		roncar,*i*	44
wd. gültig machen,		heben		schnarchen	
bestätigen		revolar,*i*	54	roncear,*i*	42
revalorizar,*t*	50	herumflattern, -fliegen		trödeln, lustlos an-	
aufwerten		revol(ot)ear,*i*	42	packen	
revejecer,*i*	92	herumflattern, -fliegen		ronquear,*i*	42
vorzeitig altern		revolcar,*t*	70	heiser sein	
revelar,*t*	42	zu Fall bringen		ronronear,*i*	42
enthüllen; kundtun		revolucionar,*t*	42	schnurren	
revender,*t*	88	revolutionieren		ronzar,*t*	50
wd. verkaufen		revolver,*t*	104	knabbern, geräusch-	
revenir,*i*	196	auf-, durchwühlen		voll kauen	
wd. (zur.)kommen		rezagar,*t*	46	rotar,*i*	42
reventar,*t,i*	52	zur.-, hinter sich lassen,		rotieren	
zerreißen; (zer)platzen		verzögern, aufschie-		rotular,*t*	42
rever,*t*	136	ben		beschriften, etiket-	
wd.sehen		rezar,*t,i*	50	tieren	
reverdecer,*i*	92	beten, die Messe		roznar,*t,i*	42
wd. grünen; verjün-		lesen; hersagen; ver-		geräuschvoll kauen	
gen		künden		rugir,*i*	150
reverenciar,*t*	42	rezongar,*i*	46	brüllen (Löwe); tosen	
(ver)ehren		brummen, murren		(Meer) toben (vor Wut)	
reverter,*i*	100	rielar,*i*	42	rumiar,*t*	42
überfließen, -laufen		flimmern, glänzen,		wd.käuen; nachden-	
revertir,*i*	158	schimmern		ken; brummen, mur-	
heim-, zur.fallen,		rimar,*t,i*	42	ren	
zur.geben		Verse machen, rei-		rumor(e)ar,*i*	42
revestir,*t*	160	men		rauschen (Bäume);	
be-; verkleiden		rivalizar,*i*	50	munkeln	
revezar,*i*	50	wetteifern			
jn. ablösen		rizar,*t*	50	**S**	
revindicar,*t*	44	kräuseln		►saber,*t,i*	132
zur.fordern, bean-		robar,*t*	42	wissen, kennen	
spruchen		(be)rauben, -stehlen		sablear,*t*	42
revirar,*t*	42	robustecer,*t*	92	(an)pumpen	
wenden		kräftigen, stärken		saborear,*t*	42
revisar,*t*	42	rociar,*t,i*	60	schmecken, genießen	
durch-, nachsehen,		begießen, -sprengen,		sabotear,*t*	42
nachprüfen		bespritzen; nieseln		sabotieren, vereiteln	
revistar,*t*	42	rodar,*t*	54	sacar,*t*	44
besichtigen, ab-		rollen, wälzen		herausnehmen, he-	
schreiten, mustern		rodear,*t*	42	rausreißen	
revitalizar,*t*	50	umgeben		saciar,*t*	42
neues Leben/Kraft		►roer,*t*	114	sättigen, befriedigen	
geben		nagen		sacrificar,*t*	44
revivificar,*t*	44	►rogar,*t*	72	opfern	
wd. beleben		bitten, anflehen		sacudir,*t*	142
revivir,*i*	142	rollar,*t*	42	rütteln, schütteln	
wd. aufleben, zu sich		aufrollen, -wickeln		sachar,*t*	42
kommen		romper,*t*	198	jäten	
revocar,*t*	44	brechen		salar,*t,i*	42

265

(ein-, ver)salzen

saldar,*t,i* — 42
saldieren, begleichen, verrechnen

➤ **salir**,*i* — 180
ausgehen

salmodiar,*t* — 42
herunterleiern

salpicar,*t* — 44
be-, verspritzen, beschmutzen

salpimentar,*t* — 52
(mit Salz und Pfeffer) würzen

saltar,*t,i* — 42
(über)springen

saludar,*t* — 42
(be)grüßen

salvar,*t* — 199
retten

sanar,*t* — 42
heilen, erlösen

sancionar,*t* — 42
bestätigen, billigen; bestrafen, sanktionieren

sanear,*t* — 42
Gewähr leisten, bürgen; sanieren

sangrar,*t,i* — 42
Blut abnehmen; bluten

santificar,*t* — 44
heiligen, weihen, widmen

santiguar,*t* — 48
segnen, bekreuzen

saquear,*t* — 42
(aus)plündern

satirizar,*t* — 50
bespötteln, satirisch angreifen

satisfacer,*t* — 124
zufrieden stellen

saturar,*t* — 42
sättigen

secar,*t* — 44
trocknen

seccionar,*t* — 42
in Stücke schneiden; unterteilen

secretear,*i* — 42
flüstern, tuscheln

secuestrar,*t* — 42
beschlagnahmen; entführen; pfänden

secundar,*t* — 42
behilflich sein, beistehen, unterstützen, sekundieren

sedar,*t* — 42
lindern (Schmerz)

seducir,*t* — 148
verführen

segar,*t* — 66
mähen

segmentar,*t* — 42
in Abschnitte gliedern

segregar,*t* — 46
absondern, ausscheiden

➤ **seguir**,*t* — 188
folgen

segundar,*t* — 42
wd.holen

seleccionar,*t* — 42
auswählen, selektieren

sellar,*t* — 42
(ver)siegeln

sembrar,*t* — 52
säen

semejar,*t* — 42
ähneln

sensibilizar,*t* — 50
sensibilisieren

sentar,*t,i* — 52
setzen; ruhen; behagen

sentenciar,*t* — 42
(ver)urteilen

➤ **sentir**,*t* — 158
fühlen

señalar,*t* — 42
kennzeichnen

señorear,*t* — 42
beherrschen, gebieten

separar,*t* — 42
trennen

sepelir,*t* — 200
be-, vergraben

septuplicar,*t* — 44
versiebenfachen

sepultar,*t* — 199
be-, vergraben

➤ **ser**,*i* — 34
sein

serenar,*t* — 42
auf-, erheitern; beruhigen

sermonear,*t,i* — 42
eine Standpauke halten, predigen

serrar,*t* — 52
sägen

servir,*t* — 160
dienen

sesear,*i* — 42
lispeln

sestear,*i* — 42
Siesta halten

sextuplicar,*t* — 44
versechsfachen

sigilar,*t* — 42
(ver)siegeln; verheimlichen

signar,*t* — 42
unterschreiben, unterzeichnen

significar,*t,i* — 44
bedeuten, -zeichnen

silab(e)ar,*t* — 42
nach Silben sprechen, buchstabieren

silbar,*t,i* — 42
auspfeifen, pfeifen

silenciar,*t* — 42
verschweigen

simbolizar,*t* — 50
symbolisieren

simpatizar,*t* — 50
mitfühlen

simplificar,*t* — 44
vereinfachen

simular,*t* — 42
heucheln, vorspiegeln

simultanear,*t* — 42
gleichzeitig machen

sincronizar,*t,i* — 50
synchronisieren, zeitlich zs.fallen

singlar,*i* — 42

segeln
singularizar,*t*   50
   auszeichnen, heraus-
   heben
sintetizar,*t,i*   50
   zs.stellen, umfassen;
   synthetisieren
sisear,*t*   42
   auspfeifen
sistematizar,*t*   50
   systematisieren
sitiar,*t*   42
   belagern, umzingeln;
   belästigen
situar,*t*   62
   legen, stellen
sobar,*t,i*   42
   durchkneten; befum-
   meln; verprügeln
soberanear,*i*   42
   den Herrn spielen
sobornar,*t*   42
   bestechen
sobrar,*t,i*   42
   übrig bleiben/sein,
   überflüssig sein
sobreabundar,*i*   42
   überreichlich vorhan-
   den sein/haben
sobrealimentar,*t*   42
   überernähren, -füttern
sobrealzar,*t*   50
   erheben
sobreañadir,*t*   142
   ferner hinzufügen
sobrearar,*t*   42
   wd. pflügen
sobreasar,*t*   42
   wd. aufbraten
sobrecalentar,*t*   52
   überhitzen
sobrecargar,*t*   46
   überladen
sobrecoger,*t*   98
   be-, überfallen, er-
   schrecken
sobrecoser,*t*   88
   aufnähen
sobreedificar,*t*   44
   überbauen
sobr(e)entender,*t*   100

in Gedanken ergän-
zen, zu verstehen
geben
sobreexcitar,*t*   42
   überreizen, übermä-
   ßig reizen
sobrellenar,*t*   42
   überfüllen
sobrellevar,*t*   42
   aushalten, ertragen
sobrepasar,*t*   42
   überbieten, -steigen,
   übertreffen
sobreponer,*t*   128
   darüber legen, hin-
   zufügen
sobrepujar,*t,i*   42
   überbieten, -steigen,
   übertreffen
sobresalir,*i*   180
   herausragen
sobresaltar,*t*   42
   auf-, erschrecken
sobresaturar,*t*   42
   übersättigen
sobreseer,*t,i*   110
   aussetzen, aufschie-
   ben
sobrestimar,*t*   42
   überschätzen,
   überbewerten
sobrevenir,*i*   196
   hinzukommen, un-
   vemutet ankommen
sobrevivir,*t*   142
   überleben
sobrevolar,*t*   54
   überfliegen
sobrexcitar,*t*   42
   überreizen, übermä-
   ßig reizen
socaliñar,*t*   42
   prellen, betrügen
socarrar,*t*   42
   absengen, anbrennen
socavar,*t*   42
   untergraben, unter-
   minieren
socializar,*t*   50
   sozialisieren
socorrer,*t*   88

helfen, unterstützen
sofisticar,*t,i*   44
   verdrehen, -fälschen;
   (herum)tüfteln
soflamar,*t*   42
   foppen; beschämen
sofocar,*t*   44
   ersticken
sofreír,*t*   200
   leicht rösten, braten
sofrenar,*t*   42
   zügeln, einen Verweis
   erteilen
sojuzgar,*t*   46
   unterjochen, -werfen
solacear,*t*   42
   ergötzen
solapar,*t*   42
   überlappen, über-
   einander legen
solar,*t*   54
   besohlen; mit Fliesen
   belegen
solazar,*t*   50
   ergötzen, laben,
   zerstreuen
soldar,*t*   54
   löten, schweißen
solear,*t*   42
   sonnen; bleichen
solemnizar,*t*   50
   feierlich begehen
soler,*t*   201
   pflegen
solevantar,*t*   42
   hochheben; beun-
   ruhigen
solicitar,*t*   42
   begehren, verlangen,
   erbitten, beantragen
solidar,*t*   42
   verdichten, -stärken
solidarizarse,*r*   50
   sich solidarisch erklären
solidificar,*t*   44
   verdichten, festigen
soliloquiar,*i*   42
   Selbstgespräche füh-
   ren
soliviantar,*t*   42

aufhetzen, -reizen

soliviar,*t* 42
auf-, emporheben

soltar,*t* 199
losmachen, -lassen,
freilassen

solucionar,*t* 42
lösen, erledigen

solventar,*t* 42
entscheiden; beglei-
chen

sollamar,*t* 42
versengen

sollozar,*i* 50
schluchzen

sombrear,*t,i* 42
schattieren, schraf-
fieren; Schatten wer-
fen

someter,*t* 88
unterwerfen

somorgujar,*t* 42
untertauchen

sonar,*t,i* 54
klingeln, klingen, er-
tönen

sond(e)ar,*t* 42
sondieren, untersu-
chen

sonreír,*i* 164
lächeln

sonrojar,*t* 42
beschämen

sonsacar,*t* 44
entlocken; stehlen;
ausfragen

soñar,*t,i* 54
~ *con* träumen von

sopapear,*t* 42
ohrfeigen

sopetear,*t* 42
misshandeln

soplar,*t,i* 42
blasen; einhauchen;
vor der Nase weg-
schnappen

soportar,*t* 42
stützen, tragen; ertra-
gen

sorber,*t* 88
(aus)schlürfen

sorprender,*t* 88
überraschen

sortear,*t* 42
aus-, verlosen; aus-
weichen

sosegar,*t* 66
beruhigen

sospechar,*t,i* 42
Verdacht schöpfen,
vermuten

sostener,*t* 134
unterstützen

soterrar,*t* 52
vergraben

sub → su

subalternar,*t* 42
unterordnen

subarrendar,*t* 52
untervermieten, un-
terverpachten

subastar,*t* 42
öffentlich versteigern,
ausschreiben

subdividir,*t* 142
unterteilen

subentender,*t* 100
zu verstehen geben,
in Gedanken hinzu-
fügen

subir,*t* 142
hinaufbringen, hi-
naufheben, erklim-
men, erhöhen, stei-
gern

sublevar,*t* 42
aufwiegeln, empören

subordinar,*t* 42
unterordnen, -stellen

subrayar,*t,i* 42
unterstreichen; (beson-
ders) betonen

subrogar,*t* 46
in eines anderen
Rechte einsetzen

subsanar,*t* 42
beheben, wd. gut-
machen

subseguir,*t* 188
nachfolgen

subsistir,*i* 142
(weiter)bestehen;

verbleiben

substantivar,*t* 42
substantivieren

subtitular,*t* 42
mit Untertiteln ver-
sehen

subvalorar,*t* 42
unterbewerten, un-
terschätzen

subvencionar,*t* 42
subventionieren

subvenir,*t* 196
beistehen, unterstüt-
zen

subvertir,*t* 158
umstürzen

subyugar,*t* 46
unterdrücken, -jochen

suceder,*t* 88
nachfolgen (Amt, Würde)

sucumbir,*t* 142
er-, unterliegen

sufragar,*t* 46
helfen, unterstützen

sufrir,*t* 142
leiden, ertragen

sugerir,*t* 158
nahe legen

sugestionar,*t* 42
eingeben, suggerieren

suicidarse,*r* 42
Selbstmord begehen

sujetar,*t* 199
unterwerfen, bezwin-
gen; festhalten, be-
festigen

sumar,*t* 42
zs.rechnen, addieren

sumergir,*t* 150
untertauchen

suministrar,*t* 42
an-, verschaffen,
besorgen

sumir,*t* 142
versenken, ein-, unter-
tauchen

supeditar,*t* 42
unterjochen, -werfen

superabundar,*i* 42
überreichlich haben/
vorhanden sein

268

superar,*t* 42
überwinden; -treffen

superponer,*t* 128
übereinander legen

supersaturar,*t* 42
übersättigen

supervalorar,*t* 42
überschätzen, über-
bewerten

supervivir,*t* 142
überleben

suplantar,*t* 42
ausstechen, ver-
drängen

suplicar,*t* 44
bitten, flehen

supliciar,*t* 42
hinrichten

suplir,*t,i* 142
ergänzen, vervoll-
ständigen

suponer,*t* 128
annehmen; voraus-
setzen

suprimir,*t* 142
unterdrücken

suputar,*t* 42
berechnen, über-
schlagen; annehmen,
schätzen

surgir,*i* 150
erscheinen

surtir,*t* 142
versorgen, beliefern

suscitar,*t* 42
aufreizen; hervorrufen;
auf-, erwecken

su(b)scribir,*t* 198
unterschreiben

suspender,*t* 199
(auf)hängen; unter-
brechen; suspendie-
ren

suspirar,*i* 42
(auf)seufzen; ~ por
verliebt sein in, sich
sehnen nach

su(b)stantivar,*t* 42
substantivieren

sustentar,*t* 42
stützen; ernähren, un-

terhalten

su(b)stituir,*t* 200
ersetzen

su(b)straer,*t* 116
subtrahieren; entzie-
hen

susurrar,*i* 42
flüstern, murmeln

sutilizar,*t,i* 50
verfeinern, ausfeilen,
vertüfteln

suturar,*t* 42
(zs.)nähen (Wunde)

T

tabletear,*i* 42
klappern, krachen,
knattern

tacañear,*i* 42
knausern

taconear,*i* 42
aufstampfen

tachar,*t* 42
(aus)streichen; rügen,
tadeln

tajar,*t* 42
ab-, auf-, durch-, zu-
schneiden

taladrar,*t* 42
bohren, lochen;
durchschauen

talonear,*i* 42
rasch gehen; umher-
irren

tallar,*t,i* 42
schnitzen, einkerben;
abschätzen, bewerten

tallecer,*i* 92
keimen

tambalear,*i* 42
schwanken, schau-
keln, taumeln

tambor(il)ear,*t* 42
ausposaunen

tantear,*t* 42
berechnen, über-
schlagen; erwä-
gen; überprüfen

▶tañer,*t* 118
spielen (Instrument)

tapar,*t* 42

ab-, be-, zudecken;
ver-; zustopfen; ver-
decken

tapiar,*t* 42
(ein-, zu)mauern

tapizar,*t* 50
tapezieren

taponar,*t* 42
zustöpseln, abdichten

tapujar,*t* 42
verhüllen, -mummen

taquear,*t,i* 42
zuschnappen (Tür)

taquigrafiar,*t,i* 60
stenografieren

tararear,*t,i* 42
vor sich hin singen,
trällern

tarascar,*t* 44
beißen, anschnauzen

tardar,*i* 42
zögern

tardecer,*im* 92
Abend werden

tarifar,*t* 42
berechnen (Tarif), fest-
setzen (Preis)

tartajear,*i* 42
stottern, stammeln

tartalear,*i* 42
schwanken

tartamudear,*i* 42
lallen, stammeln,
stottern

tasajear,*t* 42
zerlegen, -schneiden

tasar,*t* 42
schätzen, taxieren

tatarear,*t,i* 42
vor sich hin singen,
trällern

tatuar,*t* 62
tätowieren

techar,*t* 42
bedachen, Dach
decken

tediar,*t* 42
verabscheuen

tejar,*t* 42
decken (Dach), beda-
chen

269

tejer,*t*	88	tijeretear,*t*	42	torcer,*t*	199
weben		zerschneiden, zer-		(ver)biegen, -drehen,
telefonear,*t*	42	schnippeln		wenden
telefonieren		timar,*t*	42	torear,*t*	42
telegrafiar,*t*	60	abgaunern, prellen		den Stier reizen;
telegrafieren		timbrar,*t*	42	hänseln
televisar,*t*	42	(ab)stempeln		tornar,*t,i*	42
im Fernsehen übertra-		tintar,*t*	42	zur.geben; umkehren;
gen		färben		verwandeln
temblar,*i*	52	tintin(e)ar,*i*	42	torpedear,*t*	42
zittern		klingeln, läuten		torpedieren
temblequear,*i*	42	tinturar,*t*	42	torrar,*t*	42
bibbern, zittern		färben		rösten
tembletear,*i*	42	tiranizar,*t*	50	torturar,*t*	42
bibbern, zittern		tyrannisieren		foltern, quälen
temer,*t*	88	tirar,*t*	42	toser,*i*	88
(be)fürchten		(ab-, fort-, her-, weg)-		husten
temperar,*t*	42	ziehen		tostar,*t*	54
mäßigen, mildern		tiritar,*i*	42	braten, rösten
templar,*t*	42	frösteln, zittern		totalizar,*t*	50
mäßigen, mildern;		titilar,*i*	42	zs.zählen, -fassen
besänftigen		beben; flackern,		trabajar,*t*	42
tenacear,*i*	42	schimmern		arbeiten
~ *en* beharren, be-		titubear,*i*	42	trabar,*t*	42
stehen auf		schwanken; stottern		verbinden, zs.fügen
tender,*t*	100	titular,*t*	42	trabucar,*t*	44
aufhängen (Wäsche)		benennen, -titeln		durcheinander
►tener,*t*	134	tizonear,*t*	42	bringen; verwech-
haben		schüren (Feuer)		seln
tensar,*t*	42	tocar,*t*	44	traducir,*t*	148
spannen, straffen		berühren		übersetzen
tentar,*t*	52	tolerar,*t*	42	►traer,*t*	116
befühlen; prüfen;		dulden, zulassen, tole-		bringen
verlocken		rieren		traficar,*i*	44
►teñir,*t*	200	tomar,*t*	42	Handel treiben
färben		nehmen		tragar,*t*	46
terciar,*t*	42	tonar,*im*	42	schlucken; schlingen
dritteln, dreiteilen		donnern		traicionar,*t*	42
tergiversar,*t*	42	tontear,*i*	42	verraten
verdrehen (Tatsachen)		Dummheiten bege-		trajear,*t*	42
terminar,*t*	42	hen		(ein)kleiden
beenden		topar,*t,i*	42	trajinar,*t*	42
tersar,*t*	42	(zs.)stoßen; gelingen;		befördern (Güter)
glätten, polieren		~ *con a.* an etw. an-		tramar,*t,i*	42
testar,*t,i*	42	stoßen; *con alg.* jn.		einschlagen, -schie-
durchstreichen; sein		(zufällig) treffen; *en*		ßen; anstiften, -zetteln
Testament machen		*a.* auf etw. stoßen		tramitar,*t*	42
testificar,*t*	44	topetar,*t,i*	42	weiterleiten, in die
bezeugen		(an)stoßen; stolpern		Wege leiten
testimoniar,*t*	42	toquetear,*i*	42	trampear,*t*	42
bezeugen		hin und her stampfen		überlisten

trancar,*t*	44
ver-, zuriegeln	
tranquilizar,*t*	50
beruhigen	
trans → tras	
transcribir,*t*	198
umschreiben	
transcurrir,*i*	142
ablaufen, vergehen (Zeit)	
transigir,*t,i*	150
~ con a. sich etw. fügen	
transitar,*i*	42
verkehren, durchgehen, -fahren, -ziehen	
translimitar,*t*	42
überschreiten (Grenze)	
transmigrar,*i*	42
(aus)wandern	
transparentarse,*r*	42
durchscheinen	
transpirar,*t*	42
ausdünsten, -schwitzen	
transponer,*t*	128
verlegen; -setzen	
transvasar,*t*	42
ab-, umfüllen, umgießen	
trapacear,*i*	42
schwindeln	
trapalear,*i*	42
plappern; trampeln	
trapazar,*i*	50
schwindeln	
trapichear,*i*	42
tüfteln	
trapisondear,*i*	42
krakeelen	
traqu(et)ear,*t*	42
rütteln; schütten	
tra(n)sbordar,*t*	42
umladen	
tra(n)scender,*t,i*	100
ergründen; durchdringen, übergehen auf	
trasechar,*t*	42
eine Falle stellen	
trasegar,*t*	66

umkehren, -stürzen; ab-, umfüllen	
tra(n)sferir,*t*	158
~ en übertragen auf	
trasfigurar,*t*	42
umgestalten, verwandeln	
tra(n)sformar,*t*	42
umbilden, -formen, umgestalten	
tra(n)sfundir,*t*	142
über-, umgießen, abfüllen	
trasguear,*i*	42
poltern, spuken	
trashojar,*t*	42
durchblättern	
trasladar,*t*	42
versetzen, -legen, verschieben	
traslucir,*t,i*	146
ahnen; durchscheinen, ans Licht kommen	
trasmañanar,*t*	42
von Tag zu Tag verschieben	
trasminar,*t*	42
untergraben	
tra(n)smitir,*t*	142
übergeben, -tragen	
trasmontar,*t*	42
überschreiten (Gebirge)	
tra(n)smudar,*t*	42
um-, verwandeln	
tra(n)smutar,*t*	42
um-, verwandeln	
trasnochar,*i*	42
übernachten	
trasoír,*t,i*	182
falsch hören, sich verhören	
traspasar,*t*	42
hinüberschaffen, übertragen	
trasplantar,*t*	42
um-, verpflanzen	
tra(n)sportar,*t*	42
befördern, transportieren	
trastabillar,*i*	42

stolpern; stammeln	
trastear,*t,i*	42
mit dem roten Tuch hetzen (Stier); hin und her laufen	
trastocar,*t*	44
umstürzen, verwirren	
trastornar,*t*	42
umstürzen, -kehren, umstoßen	
trastrabarse,*r*	42
anstoßen (beim Reden)	
trastrabillar,*i*	42
stolpern, taumeln; stottern	
trastrocar,*t*	70
verwechseln, vertauschen	
trasudar,*t,i*	42
leicht schwitzen; durchsickern	
trasvas(ij)ar,*t*	42
ab-, umfüllen, umgießen	
trasver,*t*	136
durchschauen	
trasvolar,*t*	54
(hin)überfliegen	
tratar,*t*	42
bo ; ab-; verhandeln, ~ a alg. mit jm. umgehen; Handel treiben, handeln	
travesar,*t*	52
durchqueren	
travesear,*i*	42
Mutwillen treiben, schäkern	
trazar,*t*	50
zeichnen; ziehen (Linie)	
trebejar,*i*	42
schäkern	
tremolar,*t,i*	42
schwingen, flattern (lassen)	
trepar,*t,i*	42
(er)klettern; hinaufsteigen	
trepidar,*i*	42
zittern, beben, klirren	
tresdoblar,*t*	42

verdreifachen

triar,*t* — 60
aussuchen, -wählen, sortieren

tributar,*t* — 42
entrichten (Steuer)

trillar,*t* — 42
dreschen; immer wd. betreiben; misshandeln

trinar,*i* — 42
tirilieren, trillern, zwitschern

trincar,*t* — 44
zerbrechen; festmachen; -nehmen

trinchar,*t* — 42
zerlegen, transchieren

tripartir,*t* — 142
dritteln

triplicar,*t* — 44
verdreifachen

trisecar,*t* — 44
in drei gleiche Teile teilen

triturar,*t* — 42
zerreiben, -quetschen

triunfar,*i* — 42
triumphieren

trizar,*t* — 50
zerstückeln

▶ **trocar**,*t* — 70
(ver-; um-; ein)tauschen; (ver)wechseln; verändern

trompetear,*i* — 42
trompeten

trompicar,*i* — 44
oft und heftig stolpern

tronar,*im,i* — 54
donnern, wettern gegen

troncar,*t* — 44
abschneiden

tronchar,*t* — 42
abreißen, -brechen

tronzar,*t* — 50
(zer)brechen; zermürben

tropezar,*i* — 68
stolpern, straucheln;

stottern

truncar,*t* — 44
ab-, wegschneiden

tullecer,*t,i* — 92
lahm machen, erlahmen

tullir,*t* — 168
lähmen

tumbar,*t* — 42
nieder-, umwerfen

tun(ante)ar,*i* — 42
faulenzen, dem Müßiggang frönen

tunear,*i* — 42
umherstrolchen

tupir,*t* — 142
zs.pressen, abdichten

turbar,*t* — 42
verwirren, zerrütten

turnar,*i* — 42
abwechseln

tutear,*t* — 42
duzen

U

ufanarse,*r* — 42
stolz werden, sich brüsten

ultimar,*t* — 42
be-, vollenden, abschließen

ultrapasar,*t* — 42
überschreiten

ulular,*i* — 42
heulen, schreien

undular,*i* — 42
wallen, wogen, flattern

ungir,*t* — 150
(ein)salben, -ölen

unificar,*t* — 44
vereinheitlichen, vereinigen

uniformar,*t* — 42
vereinheitlichen, uniformieren

unir,*t* — 142
vereinigen, -binden

universalizar,*t* — 50
verallgemeinern

urgir,*i* — 150

dringend sein

usar,*t,i* — 42
anwenden, benutzen, gebrauchen

usufructuar,*t,i* — 62
die Nutznießung haben

usur(e)ar,*i* — 42
wuchern, Wucher treiben

usurpar,*t* — 42
sich widerrechtlich aneignen, sich anmaßen

utilizar,*t* — 50
anwenden, benutzen, gebrauchen

V

vacar,*i* — 44
offen, unbesetzt, leer sein; Ferien haben; mangeln; ~ a, en sich um etw. bemühen, kümmern

vaciar,*t,i* — 60
aus-, entleeren; münden

vacilar,*i* — 42
wanken, schwanken, taumeln

vacunar,*t* — 42
(ein)impfen, immun machen

vadear,*t* — 42
durchwaten

vagamundear,*i* — 42
herumlungern; sich herumtreiben

vagar,*i* — 46
herumlungern, herumstrolchen; faulenzen

vaguear,*i* — 42
herumstrolchen; faulenzen

vahear,*t,i* — 42
dampfen; ausdünsten

▶ **valer**,*t,i* — 108
einbringen, gelten, wert sein

validar,*t*	42	wittern, schnuppern;		rächen; rechtfertigen	
für gültig erklären,		lüften; wehen		violar,*t*	42
amtlich bestätigen		ventilar,*t*	42	vergewaltigen; über-	
valorar,*t*	42	aus-, ent-, belüften		treten (Gesetz)	
abschätzen, bewerten		ventiscar,*im*	44	violentar,*t*	42
valorizar,*t*	50	schneien und stürmen		Gewalt antun, verge-	
aufwerten		ventisquear,*im*	42	waltigen	
valuar,*t*	62	schneien und stürmen		virar,*t*	42
aufwerten		►ver,*t*	136	drehen, wenden,	
vanagloriarse,*r*	42	sehen		schwenken	
prahlen, sich brüsten		verdecer,*i*	92	visitar,*t*	42
vapor(e)ar,*t*	42	(er)grünen		besuchen	
dämpfen		verificar,*t*	44	visualizar,*t*	50
vaporizar,*t*	50	nach-, überprüfen,		sichtbar machen,	
verdampfen, -dunsten		kontrollieren		veranschaulichen	
lassen		veroniquear,*t*	42	vitalizar,*t*	50
vapul(e)ar,*t*	42	dem Stier das rote		beleben, lebensfähig	
durchpeitschen, ver-		Tuch vorhalten		machen	
prügeln		verraquear,*i*	42	vitorear,*t*	42
varar,*t,i*	42	grunzen, knurren,		hochleben lassen,	
auflaufen, stranden		murren, heulen,		zujubeln	
variar,*t*	60	plärren		vituallar,*t*	42
ab-, verändern		versar,*t,i*	42	verpflegen	
vegetar,*i*	42	herumdrehen; ~		vituperar,*t*	42
wachsen, dahinvege-		*sobre/acerca de*		rügen, tadeln	
tieren		handeln von		vivaquear,*i*	42
vejar,*t*	42	verter,*t,i*	100	biwakieren, im Freien	
plagen, quälen, schi-		aus-, eingießen,		übernachten	
kanieren		einfüllen		vivificar,*t*	44
velar,*t,i*	42	vestir,*t*	160	beleben	
(be)wachen; ver-		an-, be-, einkleiden,		vivir,*t,i*	142
schleiern; wachen,		anziehen		(durch-, er-, ver)leben	
nachts aufbleiben,		vetar,*t*	42	vocear,*t,i*	42
~ *por* wachen über,		sein Veto einlegen		ausrufen; -posaunen	
~ *sobre* genau		viajar,*i*	42	vociferar,*i*	42
Acht geben auf		reisen		schreien, brüllen	
►vencer,*t*	90	vibrar,*t,i*	42	volar,*t*	54
(be)siegen		schwingen, vibrieren,		aufjagen; aufsteigen	
vendar,*t*	42	beben		lassen	
verbinden, banda-		viciar,*t*	42	volati(li)zar,*t*	50
gieren		verderben, -fälschen		verflüchtigen (lassen)	
vender,*t*	88	victimar,*t*	42	volitar,*i*	42
verkaufen		töten, opfern		herumflattern	
venerar,*t*	42	victorear,*t*	42	volquearse,*r*	42
verehren, anbeten		hochleben lassen,		sich wälzen	
vengar,*t*	46	zujubeln		voltear,*t*	42
rächen, ahnden,		vigorizar,*t*	50	umdrehen, -kehren;	
strafen		kräftigen, stärken		umkippen, -stürzen	
►venir,*i*	196	vincular,*t*	42	voltejear,*t*	42
kommen		verbinden, -knüpfen		umdrehen, wenden	
ventear,*t,im*	42	vindicar,*t*	44	►volver,*t,i*	104

273

umdrehen, wenden;
umkehren, zur.gehen

vomitar,*t,i* 42
  erbrechen, sich über-
  geben

votar,*t,i* 42
  abstimmen; geloben

vulnerar,*t* 42
  verletzen, -wunden

Y

▶yacer,*i* 94
  liegen; begraben
  sein; sich befinden

yapar,*t* 42
  hinzugeben

yugular,*t* 42
  die Kehle durch-
  schneiden; unterbin-
  den, vereiteln

Z

zabordar,*i* 42
  stranden

zabullir,*t* 168
  ein- untertauchen,
  gründeln

zafar,*t* 42
  ausstatten, -schmü-
  cken

zaherir,*t* 158
  rügen, tadeln

zahondar,*t* 42
  aus-, umgraben

zalear,*t* 42
  hin und her zerren,
  beschädigen; verja-
  gen

zamarrear,*t* 42
  hin und her schütteln,
  hin und her zerren; in
  die Enge treiben

zambucar,*t* 44
  schnell verschwinden
  lassen

zambullir,*t* 168
  ein-, untertauchen,
  gründeln

zampar,*t,i* 42
  rasch und geschickt

verstecken; mitgehen
lassen

zampuzar,*t* 50
  ein-, untertauchen,
  rasch und geschickt
  verstecken

zancadillear,*t* 42
  ein Bein stellen

zancajear,*i* 42
  geschäftig hin und her
  eilen

zanganear,*i* 42
  herumlungern, he-
  rumschlendern

zangarrear,*i* 42
  herumklimpern (Gitarre)

zango(lo)tear,*t,i* 42
  heftig hin und her be-
  wegen, schütteln;
  (herum)bummeln

zanquear,*i* 42
  die Beine spreizen;
  herumrennen, sich
  abrackern

zapear,*t* 42
  verscheuchen, ver-
  jagen

zaragutear,*t,i* 42
  verwirren, -wickeln;
  vagabundieren

zarcear,*i* 42
  herumsuchen, stöbern

zascandilear,*i* 42
  Ränke schmieden

zigzaguear,*i* 42
  Zickzack gehen/fah-
  ren, taumeln, torkeln

zocolar,*t* 42
  roden

zorzalear,*t* 42
  anpumpen, übers Ohr
  hauen

zozobrar,*i* 42
  scheitern; kentern

zumbar,*t,i* 42
  brummen, summen,
  surren

zunchar,*t* 42
  klammern, auf-
  schrumpfen, aufzie-
  hen

▶zurcir,*t,i* 144
  flicken, stopfen; lü-
  gen

zurrar,*t* 42
  gerben; prügeln,
  züchtigen

zurriagar,*t* 46
  peitschen

zurriar,*i* 60
  summen

zurrir,*i* 142
  summen